Das Mitverschulden des Opfers beim Betrug

Frankfurter kriminalwissenschaftliche Studien

Bd./Vol. 10

Verlag Peter Lang
FRANKFURT AM MAIN · BERN · NEW YORK

Frowin Jörg Kurth

Das Mitverschulden des Opfers beim Betrug

Verlag Peter Lang
FRANKFURT AM MAIN · BERN · NEW YORK

CIP-Kurztitelaufnahme der Deutschen Bibliothek

Kurth, Frowin Jörg:

Das Mitverschulden des Opfers beim Betrug /
Frowin Jörg Kurth. - Frankfurt am Main ; Bern ;
New York : Lang, 1984.
(Frankfurter kriminalwissenschaftliche
Studien ; Bd. 10)
ISBN 3-8204-8006-4
NE: GT

ISSN 0170-6918
ISBN 3-8204-8006-4

Druck und Bindung: Weihert-Druck GmbH, Darmstadt

Meiner Mutter

Vorwort

Diese Arbeit hat dem Fachbereich Rechtswissenschaft der Johann Wolfgang Goethe-Universität in Frankfurt am Main im Sommersemester 1983 als Dissertation vorgelegen.
Ihr Thema ist von Herrn Professor Dr. Wolfgang Naucke angeregt worden, dem ich für seine Anteilnahme an der Arbeit und seine wissenschaftlichen Ratschläge besonders danke.
Ferner danke ich den Herausgebern der Frankfurter Kriminalwissenschaftlichen Studien für die Aufnahme der Arbeit in diese Reihe.
Später erschienene Literatur konnte für den Druck teilweise noch berücksichtigt werden.

Frankfurt, im September 1983

F. K.

Inhaltsverzeichnis

Literaturverzeichnis

Ahrens, Wilfried: Die Einstellung in der Hauptverhandlung gem. §§ 153 II, 153a II StPO - Eine empirische Analyse über neue Formen der Bekämpfung der Bagatellkriminalität, Göttingen 1978 (Ahrens)

Amelung, Knut: Unternehmerpfandrecht und Schadensberechnung beim Betrug, NJW 1975, S. 624 ff

- Irrtum und Zweifel des Getäuschten beim Betrug, GA 1977, S. 1 ff

Amelunxen, Clemens: Strafjustiz und Viktimologie, Kriminalistik 1969, S. 178 ff

- Das Opfer der Straftat. Ein Beitrag zur Viktimologie, Hamburg 1970 (Das Opfer der Straftat)
- Geltungsschwindel. Kriminologische Daten zum Geschäft mit der Eitelkeit, Archiv für Kriminologie 158 (1976), S. 41 ff

Anmerkungen zum Strafgesetzbuche für das Königreich Baiern, 2. Bd., München 1813

Aristophanes: Die Komödien, übersetzt und erläutert von Ludwig Seeger, 1. Bd., Berlin 1940

Arzt, Gunther: Zur Bekämpfung der Vermögensdelikte mit zivilrechtlichen Mitteln - Der Ladendiebstahl als Beispiel, JuS 1974, S. 693 ff

- Offener oder versteckter Rückzug des Strafrechts vom Kampf gegen Ladendiebstahl, JZ 1976, S. 54 ff
- Empfiehlt es sich, in bestimmten Bereichen der kleinen Eigentums- und Vermögenskriminalität, insbesondere des Ladendiebstahls, die strafrechtlichen Sanktionen durch andere, zum Beispiel zivilrechtliche Sanktionen abzulösen, gegebenenfalls durch welche? Referat N zum 51. DJT, in: Verhandlungen des 51. DJT, Sitzungsberichte, München 1976, N 43 ff (Referat)
- Kriminalitätsbekämpfung durch vorbeugende Sicherung - Ausweg oder Sackgasse?, Kriminalistik 1976, S. 433 ff
- Strafrecht, Besonderer Teil, LH 3: Vermögensdelikte (Kernbereich), Bielefeld 1978 (LH 3)
- Rezension von Raimund Hassemer: „Schutzbedürftigkeit des Opfers und Strafrechtsdogmatik", GA 1982, S. 522 f

Aschbach: Commissionsberichte der 2. Kammer über den Strafgesetz-Entwurf des Großherzogthums Baden, Demme's Annalen, 16. Bd. (1841), S. 30 ff

Assmann, Heinz-Dieter: Informationspflicht des Anlagevermittlers und Mitverschulden des Anlegers, NJW 1982, S.1083 ff

Bader, Karl Siegfried: Soziologie der Deutschen Nachkriegskriminalität, Tübingen 1949 (Bader)

Barsch: Adele Spitzeder und Genossen, in: Der Neue Pitaval, Neue Serie, 8.Bd., Leipzig 1873, S. 353 ff (Barsch)

Baumann, Jürgen: Strafrecht, Allgemeiner Teil, 8. Aufl., Bielefeld 1977 (AT)

Beger, Fritz: Die rückfälligen Betrüger, Leipzig 1929 (Beger)

Berner, Albert Friedrich: Die Strafgesetzgebung in Deutschland vom Jahre 1751 bis zur Gegenwart, Leipzig 1867 (Strafgesetzgebung)

Berning, Walter: Die Behandlung des Betrugs im spanischen Strafrecht, Diss. Göttingen, 1971 (Berning)

Berz, Ulrich: Tagungsbericht. Die Disskussionsbeiträge der Strafrechtslehrertagung 1977 in Gießen, ZStW 90 (1978), S. 210 ff

Beseler, Georg: Kommentar über das Strafgesetzbuch für die Preußischen Staaten und das Einführungsgesetz vom 14. April 1851, Leipzig 1851 (Kommentar)

Beulke, Werner: Anmerkung zu LG Mannheim, NJW 1977, 160, in: NJW 1977, S. 1073 f

- Anmerkung zu OLG Stuttgart, JR 1978, 388, in: JR 1978, S. 390

Binding, Karl: Lehrbuch des Gemeinen Deutschen Strafrechts, Besonderer Teil, 1. Bd., 2. Aufl, Leipzig 1902 (BT 1)

Bindokat, Heinz: Versari in re illicita und Erfolgszurechnung, JZ 1977, S. 549 ff

Birnbaum: Beitrag zur Lehre von Fälschung und Betrug, ArchCrim., NF., Jahrgang 1834, S. 527 ff

Blankenburg, Erhard/Sessar, Klaus/Steffen, Wiebke: Die Staatsanwaltschaft im Prozeß strafrechtlicher Sozialkontrolle, Berlin 1978 (Staatsanwaltschaft)

Blei, Hermann: Rezension der Peters-Festschrift, JA 1974, S. 681 ff

- Rezension von Knut Amelung: „Irrtum und Zweifel des Getäuschten beim Betrug", JA 1977, S. 91 f

- Strafrecht II, Besonderer Teil, 12. Aufl, München 1983 (Strafrecht II)

Bloy, René: Zur Systematik der Einstellungsgründe im Strafverfahren, GA 1980, S. 161 ff

Bockelmann, Paul: Strafrecht, Allgemeiner Teil, 3. Aufl., München 1979 (AT)

Bohnert, Joachim: Das Tatbestandsmerkmal „List" im Strafgesetzbuch, GA 1978, S. 353 ff

Bopp: Handbuch der Criminalgesetzgebung für das Großherzogthum Hessen. Ein praktischer Commentar, Darmstadt 1852 (Handbuch)

Brackenhöft, T.: Über die Natur der Fälschung an Maaßen oder Gewicht und an Waaren, ArchCrim., NF., Jahrgang 1848, S. 227 f

Broszat, Martin: Zur Perversion der Strafjustiz im Dritten Reich, Vierteljahreshefte für Zeitgeschichte (VjHZG) 1958, S. 390 ff

Bruns, Hans-Jürgen: Strafzumessungsrecht. Gesamtdarstellung, 2. Aufl., Köln/Berlin/Bonn/München 1974 (Strafzumessungsrecht)

- Leitfaden des Strafzumessungsrechts, Köln/Berlin/Bonn/München 1980 (Leitfaden)

Burgstaller, Manfred: Das Fahrlässigkeitsdelikt im Strafrecht, Wien 1974 (Burgstaller)

Buri, M. von: Über Causalität und deren Verantwortung, Leipzig 1873

Buschmann, Edgar: Die Entwicklung des strafrechtlichen Betrugsbegriffs im 19. Jahrhundert, Diss. Rostock, Würzburg 1939 (Entwicklung)

Ceram, C. W.: Götter, Gräber und Gelehrte. Roman der Archäologie, Reinbek bei Hamburg 1972 (Götter, Gräber und Gelehrte)

Cleric, G. F. von: Der Hochstapler, SchwZStR 39 (1926), S. 16 ff

Cramer, Peter: Vermögensbegriff und Vermögensschaden im Strafrecht, Bad Homburg v.d.H./Berlin/Zürich 1968 (Vermögensbegriff)

- Ahndungsbedürfnis und staatlicher Sanktionsanspruch. Bemerkungen zu einer Reform der Verfahrenseinstellung aus Gründen der Opportunität, in: Festschrift für Reinhart Maurach, Karlsruhe 1972, S. 487 ff

Cucumus, Conrad: Über das Verbrechen des Betrugs als Beytrag für Criminalgesetzgebung. Ein Programm, Würzburg 1820 (Programm)

- Über die Eintheilung der Verbrechen und die Folgerungen daraus für die Gesetzgebung, NArchCrim., 10. Bd. (1829), S. 47 ff

- Von dem Unterschiede zwischen Fälschung und Betrug, NArchCrim., 10. Bd. (1829), S. 513 ff, 681 ff

- Bemerkungen über das Verbrechen des Betrugs in Vertragsverhältnissen, ArchCrim., NF., Jahrgang 1837, S. 431 ff

Dästner, Christian: Straffreiheit für den Prozeßbetrug im automatisierten Mahnverfahren? ZRP 1976, S. 36 ff

Dahm, Georg: Betrug, in: Das kommende deutsche Strafrecht, Besonderer Teil, hrsgg. von Franz Gürtner, Berlin 1936, S. 458 ff (Dahm)

Daniels, Doris: Die Opfer des Betrugs, Diss. Freiburg 1950 (Daniels)

Deubner, Karl G.: Kausalität und Verantwortlichkeit - LG Hamburg, NJW 1969, 615, in: JuS 1969, S. 561 ff

Deutsch, Erwin: Empfiehlt es sich, in bestimmten Bereichen der kleinen Eigentums- und Vermögenskriminalität, insbesondere des Ladendiebstahls, die strafrechtlichen Sanktionen durch andere, zum Beispiel zivilrechtliche Sanktionen abzulösen, gegebenenfalls durch welche? Gutachten E für den 51. DJT, in: Verhandlungen des 51. DJT München 1976 (Gutachten)

Dohna, Alexander Graf zu: Erpressung und Betrug seit dem Zeitalter der Aufklärung,in: Festschrift für Adolf Zycha, Weimar 1941, S. 469 ff

Dransfeld, Alfons: Betrug, Schmuggel und Preistreiberei. Eine kriminalsoziologische Untersuchung mit besonderer Berücksichtigung typischer Fälle im Schöffengericht Coesfeld und im Bezirk des Hauptzollamtes Borken/Westf., Diss. Münster 1947 (Dransfeld)

Dreher, Eduard/Tröndle, Herbert: Strafgesetzbuch und Nebengesetze, 41. Aufl., München 1983 (Dreher/Tröndle)

Dunkel, Wolfgang: Der Scheckkartenmißbrauch in strafrechtlicher Sicht, GA 1977, S. 329 ff

Ebert, Udo: Fortschritt oder Rückschritt? - Bemerkungen zum Verhältnis von Rechtsgeschichte und Kriminalpolitik -, ZStW 90 (1978), S. 377 ff

- Verbrechensbekämpfung durch Opferbestrafung? JZ 1983, S. 633 ff

Ebert, Udo/Kühl, Kristian: Kausalität und objektive Zurechnung, Jura 1979, S. 561 ff

Ehrlich, Camillo: Der Betrüger, sein Handwerkszeug und seine Opfer, Kriminalistik 1957, S. 365 ff

- Betrüger und ihre Opfer, Hamburg 1967 (Betrüger)

Eipeldauer, Hans: Heiratsschwindel - leicht gemacht, Kriminalistik 1959, S. 510 ff

Eisenberg, Ulrich: Zum Opferbereich in der Kriminologie, GA 1971, S. 168 ff

- Kriminologie, Köln/Berlin/Bonn/München 1979

Entwurf eines Strafgesetzbuches (StGB) E 1962 mit Begründung, Bundestagsvorlage

Eschenbach: Der Betrüger und seine Opfer, in: Betrug und Urkundenfälschung, Arbeitstagung BKA, Wiesbaden 1956, S. 27 ff (Eschenbach)

Escher, Heinrich: Die Lehre vom strafbaren Betruge und von der Fälschung, Zürich 1840 (Betrug)

Eser, Albin: Strafrecht I, Schwerpunkt Allgemeine Verbrechenselemente, 3. Aufl., München 1980 (StrafR I)

- Strafrecht IV, Schwerpunkt Vermögensdelikte, 3. Aufl., München 1979 (StrafR IV)

Feuerbach, Anselm Ritter von: Lehrbuch des gemeinen in Deutschland gültigen Peinlichen Rechts, 14. Originalausgabe, hrsgg. von C.J.A. Mittermaier, Gießen 1847 (LB)

- Merkwürdige Verbrechen, hrsgg. von Rainer Schrage, Frankfurt a.M. 1981

Finger, August: Das Strafrecht, 2. Bd., 2. Aufl., Berlin 1910

Frank, Reinhard: Das Strafgesetzbuch für das Deutsche Reich nebst dem Einführungsgesetz, 18. Aufl., Tübingen 1931 (RStGB)

Franzheim, Horst: Kriminogene Faktoren der Wirtschaftskriminalität, Kriminalistik 1980, S. 278 ff

Friedreich: Betrachtungen über das Verbrechen des Betrugs vom legislativen Standpuncte aus, Demme's Annalen, 16. Bd. (1841), S. 305 ff

Friedsam, Ludwig: Der Begriff der Thatsache im § 263 des Reichsstrafgesetzbuches, Diss. Erlangen, München 1893 (Begriff)

Frisch, Peter: Das Fahrlässigkeitsdelikt und das Verhalten des Verletzten, Berlin 1973 (Fahrlässigkeitsdelikt)

Frisch, Wolfgang: Funktion und Inhalt des „Irrtums" im Betrugstatbestand, in: Festschrift für Paul Bockelmann, München 1979, S. 647 ff

Frühwald, W. Th.: Praktisches Handbuch für die strafgerichtliche Wirksamkeit der k.k. Bezirksgerichte in Uebertretungsfällen, Wien 1874 (Handbuch)

Gampp, Friedrich: Lehrbuch des österreichischen Strafrechtes, 3. Aufl., Kremsier/Wien/Leipzig 1923 (Gampp)

Gasser, Rudolf: Victimologie. Kritische Betrachtungen zu einem neuen kriminologischen Begriff, Diss. Zürich, 1965 (Gasser)

Geerds, Friedrich: Über den Unrechtsgehalt der Bestechungsdelikte und seine Konsequenzen für Rechtsprechung und Gesetzgebung, Tübingen 1961 (Unrechtsgehalt)

- Zur Problematik der strafrechtlichen Deliktstypen, in: Festschrift für Karl Engisch, Frankfurt a.M. 1969,S.406 ff
- Krimineller Okkultismus. Der Aberglaube als Verbrechenstechnik und als Ursache kriminellen Verhaltens, in: Festschrift für Thomas Würtenberger, Berlin 1977, S. 341 ff
- Kriminelle Ansteckung und kriminelle Nachahmung, Archiv für Kriminologie 168 (1981), S. 1 ff

Geib, Gustav: Über die Gränze zwischen civilrechtlichem und criminellem Betruge, ArchCrim. NF., Jahrgang 1840, S. 97 ff, 195 ff

Geppert, Klaus: Rechtfertigende „Einwilligung" des verletzten Mitfahrers bei Fahrlässigkeitsstraftaten im Straßenverkehr? ZStW 83 (1971), S. 947 ff

Gerland, Heinrich B.: Deutsches Reichsstrafrecht, 2. Aufl., Berlin und Leipzig 1932 (Gerland)

Germann, Oskar Adolf: 10 Jahre Schweizerisches Strafgesetzbuch, SchwZStR 67 (1952), S. 1 ff

- Schweizerisches Strafgesetzbuch mit kurzen Erläuterungen, 8. Aufl., Zürich 1966 (Schweizerisches StGB)

Giehring, Heinz: Prozeßbetrug im Versäumnis- und Mahnverfahren - zugleich ein Beitrag zur Auslegung des Irrtumsbegriffs in § 263 StGB, GA 1973, S. 1 ff

Giesen, Dieter: Urteilsanmerkung, NJW 1971, S. 1795 ff

Glaser, Julius: Abhandlungen aus dem Oesterreichischen Strafrecht, 1. Bd., Wien 1858 (Abhandlungen)

Gönner, Nicolaus Th.: Soll die Untersuchung bei Verbrechen wider veräußerliche Privatrechte, wenn sie nicht mit gemeiner Gefahr verbunden sind, von Amtswegen oder nur auf Anzeige des Beleidigten eintreten? NArchCrim., 7. Bd. (1825), S. 459 ff

Göppinger, Hans: Kriminologie, 4. Aufl., München 1980

Goethes Sprüche in Prosa, Maximen und Reflexionen, hrsgg. von Hermann Krüger-Westend, Leipzig 1908 (Sprüche in Prosa)

Goltdammer, Theodor: Die Materialien zum Strafgesetzbuche für die Preußischen Staaten, aus den amtlichen Quellen nach den Paragraphen des Gesetzbuches zusammengestellt und in einem Kommentar erläutert, Theil II (Besonderer Theil), Berlin 1852 (Materialien II)

Grebing, Gerhardt: Strafrecht und unlauterer Wettbewerb - zur Reform des § 4 UWG, wistra 1982, S. 83 ff

Grob, Paul: Bedeutung victimologischer Erkenntnisse bei der Aufklärung von Mordfällen anhand jüngster Beispiele, Kriminalistik 1964, S. 6 ff

Gross, Hanns: Der Raritätenbetrug, Berlin 1901 (Raritätenbetrug)

Groß, Hans/Geerds, Friedrich: Handbuch der Kriminalistik, 10. Aufl., Bd. I, Berlin 1977 (Groß/Geerds I)
Bd. II, Berlin 1978 (Groß/Geerds II)

Gross, Karl-Heinz: Betrug ohne Irrtum, NJW 1973, S. 600 ff

Grünwald, Gerald: Der Vorsatz des Unterlassungsdelikts, in: Festschrift für Hellmuth Mayer, Berlin 1966, S. 281 ff

Gryziecki, Felix: Studien über den strafbaren Betrug, Lemberg 1870 (Betrug)

Günther: Betrug, in: Rechtslexikon für Juristen aller teutschen Staaten, redigiert von Julius Weiske, 2. Bd. (Bericht - Confiscation), Leipzig 1840, S. 73 ff (Weiskes Rechtslexikon)

Haag, Delev: Betrügerische Hochstapelei und Schwindel. Tat, Täter und Opfer, Diss. Freiburg i.Br., 1977 (Haag)

Hälschner, Hugo: Das Preußische Strafrecht, 2. Theil, Bonn 1858

- Das Preußische Strafrecht, 3. Theil, Bonn 1868

Häusler, Karl: Die Dummen sterben nicht aus, Kriminalistik 1970, S. 444 f

Hahn, Carl: Strafgesetzbuch für den Norddeutschen Bund, Breslau 1870 (StGB für den Norddt. Bund)

Happe, Ferdinand: Die Betrugs- und Diebstahlskriminalität im Amtsgerichtsbezirk Paderborn in den Jahren 1949-1955, Diss. Bonn, 1960 (Happe)

Hardwig, Werner: Die Zurechnung. Ein Zentralproblem des Strafrechts, Hamburg 1957 (Zurechnung)

- Verursachung und Erfolgszurechnung, JZ 1968, S. 289 ff

Hassemer, Raimund: Schutzbedürftigkeit des Opfers und Strafrechtsdogmatik. Zugleich ein Beitrag zur Auslegung des Irrtumsmerkmals in § 263 StGB, Berlin 1981 (Schutzbedürftigkeit)

Hassemer, Winfried: Strafrechtsdogmatik und Kriminalpolitik, Reinbek bei Hamburg 1974

- Einführung in die Grundlagen des Strafrechts, München 1981 (Einführung)

Hegel, Georg Wilhelm Friedrich: Grundlinien der Philosophie des Rechts, Frankfurt a.M., 1970 (RPhil.)

Hegler, August: Betrug, in: Vergleichende Darstellung des deutschen und ausländischen Strafrechts, Besonderer Teil, Bd. VII, Berlin 1907, S. 405 ff (Betrug)

Heimann-Trosien, Georg: Zur strafrechtlichen Beurteilung des Scheckkartenmißbrauchs, JZ 1976, S. 549 ff

Heinz, Wolfgang: Bestimmungsgründe der Anzeigebereitschaft des Opfers, Diss. Freiburg i.B., 1972 (Heinz)

Hellwig, Albert: Betrügerische Ausnutzung spiritistischer Leichtgläubigkeit, Archiv für Kriminologie 86 (1930), S. 220 ff

Henke, Eduard: Handbuch des Criminalrechts und der Criminalpolitik, 3. Theil, Berlin und Stettin, 1830 (Handbuch)

Hentig, Hans von: Zur Psychologie der Einzeldelikte III, Der Betrug, Tübingen 1957 (Psychologie)

- Das Verbrechen I, Der kriminelle Mensch im Kräftespiel von Zeit und Raum, Berlin/Göttingen/Heidelberg 1961 (Das Verbrechen I)
- Das Verbrechen II, Der Delinquent im Griff der Umweltkräfte, Berlin/Göttingen/Heidelberg 1962 (Das Verbrechen II)
- Betrüger und beglückte Opfer, in: Mord-Genetik und sieben andere Verbrecherstudien, Hamburg 1971, S. 37 ff (Betrüger)

Herbst, Eduard: Handbuch des allgemeinen österreichischen Strafrechtes, 1. Bd., Wien 1855

Hertwig, Volker: Die Einstellung des Strafverfahrens wegen Geringfügigkeit. Eine empirische Analyse der Handhabung der §§ 153, 153a StPO in der staatsanwaltschaftlichen und gerichtlichen Praxis, Göttingen 1982 (Hertwig)

Herzberg, Rolf Dietrich: Funktion und Bedeutung des Merkmals „Irrtum" in § 263 StGB, GA 1977, S. 289 ff

Hillenkamp, Thomas: Vorsatztat und Opferverhalten, Göttingen 1981 (Vorsatztat)

- 36 Probleme aus dem Strafrecht, Besonderer Teil, 4. Aufl., Frankfurt a.M. 1982 (36 Probleme)
- Der Einfluß des Opferverhaltens auf die dogmatische Beurteilung der Tat. Einige Bemerkungen zum Verhältnis zwischen Viktimologie und Dogmatik, Bielefeld 1983 (Einfluß)

Hirsch, Hans Joachim: Soziale Adäquanz und Unrechtslehre, ZStW 74 (1962), S. 78 ff

- Zur Behandlung der Bagatellkriminalität in der Bundesrepublik Deutschland - Unter besonderer Berücksichtigung der Staatsanwaltschaft, ZStW 92 (1980), S. 218 ff

Hirschberg, Rudolf: Der Vermögensbegriff im Strafrecht, Berlin 1934 (Vermögensbegriff)

Hirtler, Karl Johann: Fahnen raus! Der Daubmann kommt! Die Endinger Köpenickiade, Freiburg i.Br. 1981 (Hirtler)

Höinghaus, Richard: Das neue Strafgesetzbuch für den Norddeutschen Bund mit den vollständigen amtlichen Motiven, 3. Aufl., Berlin 1870 (Das neue StGB)

Hohenlohe-Oehringen, Peter Prinz zu: Anmerkung zu OLG München, NJW 1980, 794, in: BB 1980, S. 231 f

Honig, Richard: Kausalität und objektive Zurechnung, in: Festgabe für Reinhard von Frank, Bd. I, Tübingen 1930, S. 174 ff

Hotz, J.H.: Leitfaden für Geschworne, Zürich 1853 (Leitfaden)

Hruschka, Joachim: Methodologische Bemerkungen zur Auslegung des § 236 StGB, JR 1968, S. 454 ff

Huber, Ulrich: Normzwecktheorie und Adäquanztheorie. Zugleich eine Besprechung des Urteils des BGH vom 7.6.1968, JZ 1969, S. 677 ff

Hufnagel: Commentar über das Strafgesetzbuch für das Königreich Württemberg, 2. Bd., Stuttgart 1842 (Württ.StGB)

Jagemann, Ludwig von: Über Fälschung und Betrug, ArchCrim., NF., Jahrgang 1846, S. 206 ff

Jakobs, Günther: Regreßverbot beim Erfolgsdelikt. Zugleich eine Untersuchung zum Grund der strafrechtlichen Haftung für Begehung, ZStW 89 (1977), S. 1 ff

- Strafrecht, Allgemeiner Teil. Die Grundlagen und die Zurechnungslehre. Lehrbuch, Berlin/New York 1983 (AT)

Janka, Karl: Das österreichische Strafrecht, Prag und Leipzig 1884

Jescheck, Hans-Heinrich: Lehrbuch des Strafrechts, Allgemeiner Teil, 3. Aufl., Berlin 1978 (AT)

- Grundfragen der Dogmatik und Kriminalpolitik im Spiegel der Zeitschrift für die gesamte Strafrechtswissenschaft, ZStW 93 (1981), S. 3 ff

Joecks, Wolfgang: Zur Vermögensverfügung beim Betrug, Köln 1982 (Joecks)

Jung, Heike: Die Stellung des Verletzten im Strafprozeß, ZStW 93 (1981), S. 1147 ff

Kämpchen, Fritz: Latente und offene Kriminalität beim Betrug. Eine kriminalsoziologische Untersuchung mit besonderer Berücksichtigung des Landgerichtsbezirks Essen, Diss. Münster, 1938 (Kämpchen)

Kaessmann, Otto: Das Delikt des Betruges im Bezirk des Amtsgerichts Dortmund unter Benutzung der Strafakten aus den Jahren 1936-1940, Diss. Bonn, o.J. (1942) (Kaessmann)

Kahrs, Hans Jürgen: Das Vermeidbarkeitsprinzip und die conditio-sine-qua-non-Formel im Strafrecht, Hamburg 1968 (Vermeidbarkeitsprinzip)

Kaiser, Günther: Viktimologie an der Schwelle der 80er Jahre - Ein kritisches Resümee, in: Kirchhoff/Sessar, Das Verbrechensopfer, Bochum 1979, S. 481 ff

- Kriminologie, Ein Lehrbuch, Heidelberg/Karlsruhe 1980 (Kriminologie)

Kamptz, von: Aktenmäßige Darstellung der Preußischen Gesetz-Revision, Berlin 1842 (Aktenmäßige Darstellung)

Karstendiek, Helmut: Erscheinungsformen und Strafzumessung beim Betrug, dargestellt auf Grund der Gerichtsakten des Amtsgerichtes in Freiburg i.Br. aus den Jahren 1930-1934, Diss. Freiburg i.Br., 1947 (Karstendiek)

Katzenstein, Dietrich Edgar: Das Betrugsdelikt im Bezirk des Amtsgerichts Hamburg-Wandsbek in den Jahren 1912-1946, Diss. Hamburg, 1948 (Katzenstein)

Kaufmann, Arthur: Subsidiaritätsprinzip und Strafrecht, in: Festschrift für Heinrich Henkel, Berlin/New York 1974, S. 89 ff

Kausch, Erhard: Der Staatsanwalt. Ein Richter vor dem Richter? Untersuchungen zu § 153a StPO, Berlin 1980 (Kausch)

Kirchhoff, Gerd Ferdinand/Sessar, Klaus: Einführung, in: Das Verbrechensopfer, hrsgg. von G.F.Kirchhoff und K. Sessar, Bochum 1979, S. 3 ff

Kleinschrod, Gallus Alois: Ueber den Begriff und die Erfordernisse des Verbrechens der Verfälschung, ArchCrim., 2. Bd. (1800), S. 135 ff

Klien, Carl: Beiträge zur richtigen Bestimmung und naturgemäßen Entwicklung der Theorie über das Verbrechen des Betrugs und der Fälschung in seinen verschiedenen Arten, NArchCrim., 1. Bd. (1816), S. 124 ff

Knauth, Alfons: Die Verwendung einer nicht gedeckten Kreditkarte als Straftat, NJW 1983, S. 1287 ff

Koch, Karsten: Betrug durch Warentermingeschäfte, JZ 1980, S. 704 ff

Köstlin, Christian Reinhold: Neue Revision des Kriminalrechts, Neudruck der Ausgabe Tübingen 1845, Aalen 1970 (Neue Revision)

- Über die Grenze zwischen dem strafbaren und dem bloß civilrechtlich zu verfolgenden Betruge, Zeitschrift für Civilrecht und Prozeß, NF., 14. Bd. (1857), S.294 ff (Zeitschrift)
- Abhandlungen aus dem Strafrechte, hrsgg. von Th. Geßler, Tübingen 1858 (Abh.)

Kohler, Josef: Treue und Glauben im Verkehr. Ein Beitrag zur Lehre vom strafbaren Betrug, Berlin 1893 (Treue und Glauben)

Kohlmann, Ernst: Die strafrechtliche Behandlung des Betruges, Materialien zur Strafrechtsreform, 2. Bd., Rechtsvergleichende Arbeiten, II. Besonderer Teil, Bonn 1955, S. 349 ff (Betrug)

Kohlrausch, Eduard/Lange, Richard: Strafgesetzbuch mit Erläuterungen und Nebengesetzen, 43. Aufl., Berlin 1961 (Kohlrausch/Lange)

Krey, Volker: Strafrecht, Besonderer Teil, Bd. 2, Vermögensdelikte, 5. Aufl., Stuttgart/Berlin/Köln/Mainz 1982 (BT 2)

Krümpelmann, Justus: Schutzzweck und Schutzreflex der Sorgfaltspflicht, in: Festschrift für Paul Bockelmann, München 1979, S. 443 ff

Krug, August Otto: Commentar zu dem Strafgesetzbuche für das Königreich Sachsen, 3. Abtheilung, Besonderer Teil, Leipzig 1855 (Kommentar III)

Kube, Edwin: Verbrechensopfer und Täter, Kriminalistik 1980, S. 152 ff

Kühne, Hans Heiner: Geschäftstüchtigkeit oder Betrug? Wettbewerbspraktiken im Lichte des § 263 StGB; zugleich ein Beitrag zur Problematik der unechten Unterlassungsdelikte, Kehl am Rhein 1978 (Geschäftstüchtigkeit)

Küper, Wilfried: Entwicklungstendenzen der Strafrechtswissenschaft in der Gegenwart. Die Festschrift für Paul Bockelmann, GA 1980, S. 201 ff

Kunz, Karl-Ludwig: Die Einstellung wegen Geringfügigkeit durch die Staatsanwaltschaft (§§ 153 Abs., 1, 153a Abs. 1 StPO), Königstein/Ts. 1980 (Kunz)

Lackner, Karl: Strafgesetzbuch mit Erläuterungen, 15. Aufl., München 1983 (StGB)

Lammasch, Heinrich: Grundriß des Strafrechts, 4. Aufl., Leipzig 1911 (Lammasch)

Lampe, Ernst-Joachim: Strafrechtliche Aspekte der „Unterschriftserschleichung" durch Provisionsvertreter, NJW 1978, S. 679 ff

Landsberg, Ernst: Geschichte der Deutschen Rechtswissenschaft, 3. Abteilung, 2. Halbband, München und Berlin 1910 (Geschichte)

Larenz, Karl: Hegels Zurechnungslehre und der Begriff der objektiven Zurechnung. Ein Beitrag zur Rechtsphilosophie des kritischen Idealismus und zur Lehre von der „juristischen Kausalität", Diss. Göttingen, Lucka i.Th. 1927 (Hegels Zurechnungslehre)

- Tatzurechnung und „Unterbrechung des Kausalzusammenhanges", NJW 1955, S. 1009 ff

- Methodenlehre der Rechtswissenschaft, 4. Aufl., Berlin 1979 (Methodenlehre)

- Lehrbuch des Schuldrechts, 1. Bd., Allgemeiner Teil, 13. Aufl., München 1982 (SchuldR, AT)

Leemann, Urs: Der junge Betrüger und seine kriminelle Entwicklung. Eine phänomenologische Untersuchung von verurteilten Betrügern, Diss. Zürich 1972 (Leemann)

Leipziger Kommentar zum Strafgesetzbuch (LK): 10. Aufl., Berlin/New York 1978 ff, hrsgg. von H.H. Jescheck, W. Ruß und G. Willms; im übrigen 9. Aufl., 1970 bis 1974, hrsgg. von P. Baldus und G. Willms, zitiert mit Angabe des Verfassers nach §§ und Randnummern. Ferner J. Nagler in Leipziger Kommentar, 6. Aufl., Einleitung und §§ 1 - 152, Berlin 1944

Lenckner, Theodor: Vermögensschaden und Vermögensgefährdung beim sog. Eingehungsbetrug, JZ 1971, S. 320 ff

Lenz, Edgar: Der Betrogene. Eine kriminologische Untersuchung, Diss. Mainz 1960 (Lenz)

Liepmann, Moritz: Die Bedeutung Adolf Merkels für Strafrecht und Rechtsphilosophie, ZStW 17 (1897), S. 638 ff

Liszt, Franz von: Lehrbuch des Deutschen Strafrechts, 3. Aufl., Berlin und Leipzig 1888 (LB)

Lübtow, Ulrich von: Zur Anfechtung von Willenserklärungen wegen arglistiger Täuschung, in: Festschrift für Horst Bartholomeyczik, Berlin 1973, S. 249 ff

Lüderssen, Klaus: Karl Joseph Anton Mittermaier und der Empirismus in der Strafrechtswissenschaft, JuS 1967, S. 444 ff

- Strafrecht und „Dunkelziffer", in: Seminar, Abweichendes Verhalten I, Die selektiven Normen der Gesellschaft, hrsgg. von K. Lüderssen und F. Sack, Frankfurt a.M. 1975, S.244 ff (Strafrecht und Dunkelziffer)

Maaß, Wolfgang: Betrug verübt durch Schweigen, Diss. Gießen 1982 (Maaß)

Maeck, Manfred: Die Bedeutung des Opfers für die richterliche Strafzumessung. Ein Beitrag zur Systematik und Dogmatik der Strafzumessung, Diss. München 1982 (Maeck)

Maihofer, Werner: Zur Systematik der Fahrlässigkeit. Die sog. vier Maßstäbe der Fahrlässigkeit als Grundelemente einer personalen Zurechnungslehre, ZStW 70 (1958), S. 159 ff

Maiwald, Manfred: Zum fragmentarischen Charakter des Strafrechts, Festschrift für Reinhart Maurach, Karlsruhe 1972, S. 9 ff

Mannkopff, A.J.: Preussisches Strafrecht, Berlin 1838

Marezoll, Theodor: Das gemeine deutsche Criminalrecht als Grundlage der neueren deutschen Strafgesetzgebungen, 3. Ausgabe, Leipzig 1856 (Marezoll)

Marxen, Klaus: Der Kampf gegen das liberale Strafrecht, Eine Studie zum Antiliberalismus in der Strafrechtswissenschaft der zwanziger und dreißiger Jahre, Berlin 1975 (Der Kampf gegen das liberale Strafrecht)

Marxen, Klaus/Winter, Eggert: Der praktische Fall - Strafrecht: Die verhängnisvolle Silvesterfahrt, JuS 1979, S. 204 ff

Maurach, Reinhart: Adäquanz der Verursachung oder der Fahrlässigkeit, GA 1960, S. 97 ff

Maurach, Reinhart/Zipf, Heinz: Strafrecht, Allgemeiner Teil, Teilband 1, 6. Aufl., Heidelberg/Karlsruhe 1983 (AT 1)

Maurach, Reinhart/Gössel, Karl Heinz/Zipf, Heinz: Strafrecht, Allgemeiner Teil, Teilband 2, 5. Aufl., Heidelberg/Karlsruhe 1978 (AT 2)

Maurach, Reinhart/Schroeder, Friedrich-Christian: Strafrecht, Besonderer Teil, Teilband 1, 6. Aufl., Heidelberg/Karlsruhe 1977 (BT 1)

Mayer, Hellmuth: Das Strafrecht des Deutschen Volkes, Stuttgart 1936 (Strafrecht 1936)

- Strafrecht, Allgemeiner Teil, Stuttgart und Köln 1953 (AT)

- Die Untreue, Materialien zur Strafrechtsreform, 1. Bd., Bonn 1954, S. 333 ff (Materialien I)

- Strafrechtsreform für heute und morgen, Berlin 1962 (Strafrechtsreform)

- Strafrecht, Allgemeiner Teil, Stuttgart/Berlin/Köln/Mainz 1967 (Studienbuch)

Mergen, Armand: Die Kriminologie, 2. Aufl., München 1978

Merkel, Adolf: Kriminalistische Abhandlungen, 2 Bände, Leipzig 1867 (Abh. I bzw. Abh. II)

- Betrug, in: Handbuch des Deutschen Strafrechts, hrsgg. von Franz von Holtzendorff, 3. Bd., Berlin 1874, S. 750 ff

Meurer, Dieter: Betrug als Kehrseite des Ladendiebstahls? - OLG Koblenz, NJW 1976, 63, in: JuS 1976, S. 300 ff

Meyer, Hugo: Grundzüge des Strafrechts, Leipzig 1877 (Grundzüge)

Meyer-Goldau, Hans-Wilhelm: Der Begriff der „geringen Schuld" im § 153 der Strafprozeßordnung, Diss. Kiel, München 1972 (Meyer-Goldau)

Mittermaier, C. J. A.: Über die richtige Begriffsbestimmung der Verbrechen des Betrugs, der Fälschung, Unterschlagung und Erpressung durch die Wissenschaft und die Gesetzgebung - erläutert durch einen merkwürdigen Criminalfall, in Demme's Annalen, 6. Bd. (1838), S. 1 ff

- Das Wesen des strafbaren Betrugs, GS 10 (1858), S. 122 ff

Mittermaier, W.: Urteilsanmerkung, JW 1924, S. 305 f

Mohrbotter, Kurt: Grenzen des Vermögensschadens beim Betrug, GA 1975, S. 41 ff

Motive zum Entwurf des Strafgesetzbuchs für die Preußischen Staaten, Berlin 1847 (Motive von 1847)

Münch, Eva Marie von: „Biedermeier - oder nicht?" in: DIE ZEIT vom 7.5.1982, S. 64

Münch, Ingo von: Staatliche Wirtschaftshilfe und Subsidiaritätsprinzip, JZ 1960, S. 303 ff

Münchener Kommentar zum Bürgerlichen Gesetzbuch in sieben Bänden, hrsgg. von Kurt Rebmann und Franz-Jürgen Säcker
- Bd. 1: Allgemeiner Teil (§§ 1 - 240), Redakteur Franz-Jürgen Säcker, bearbeitet u.a. von Ernst A. Kramer, München 1978
- Bd. 2: Schuldrecht, Allgemeiner Teil (§§ 241 - 432), Redakteur Helmut Heinrich, bearbeitet u.a. von Wolfgang Grunsky, München 1979

Nagel, Willem H.: Strukturelle Viktimisation, in: Kirchhoff/Sessar, Das Verbrechensopfer, Bochum 1979, S. 61 ff

Naucke, Wolfgang: Zur Lehre vom strafbaren Betrug. Ein Beitrag zum Verhältnis von Strafrechtsdogmatik und Kriminologie, Berlin 1964 (Betrug)

- Über das Regreßverbot im Strafrecht, ZStW 76 (1964), S. 409 ff
- Der Nutzen der subjektiven Auslegung im Strafrecht, in: Festschrift für Karl Engisch, Frankfurt a.M. 1969, S. 274 ff
- Der Begriff der „geringen Schuld" (§ 153 StPO) im Straftatsystem, in: Festschrift für Reinhart Maurach, Karlsruhe 1972, S. 197 ff
- Der Kausalzusammenhang zwischen Täuschung und Irrtum beim Betrug. Zum Verhältnis zwischen Kriminalpolitik und Strafrechtsdogmatik, in: Festschrift für Karl Peters, Tübingen 1974, S. 109 ff
- Tendenzen in der Strafrechtsentwicklung, Juristische Studiengesellschaft Karlsruhe, Karlsruhe 1975 (Tendenzen)
- Empfiehlt es sich, in bestimmten Bereichen der kleinen Eigentums- und Vermögenskriminalität, insbesondere des Ladendiebstahls, die strafrechtlichen Sanktionen durch andere, zum Beispiel zivilrechtliche Sanktionen abzulösen, gegebenenfalls durch welche? Gutachten D für den 51. DJT, in: Verhandlungen des 51. DJT, München 1976 (Gutachten)
- Diskussionsbemerkung (Bagatellkriminalität) in: Sitzungsbericht N zum 51. DJT, München 1976, N 65 ff (Sitzungsbericht)
- Die Kriminalpolitik des Marburger Programms 1882, ZStW 94 (1982), S. 525 ff
- Strafrecht. Eine Einführung, 4. Aufl., Frankfurt a.M. 1982 (Einführung)

Niethammer, Emil: Lehrbuch des Besonderen Teils des Strafrechts, Tübingen 1950 (BT)

Niggemeyer, B.: Vorbeugung - das „Stiefkind" der Verbrechensbekämpfung, in: Vorbeugende Verbrechensbekämpfung, Arbeitstagung BKA, Wiesbaden 1964, S. 7 ff (Niggemeyer)

Nitsche: Einrichtung und Tätigkeit einer Betrugsberatungsstelle in Köln, Kriminalistik 1930, S. 65 ff

Olshausen, Justus von: Kommentar zum Strafgesetzbuch für das Deutsche Reich, 2. Bd., neubearbeitet von Karl Lorenz u.a., 11. Aufl., Berlin 1927 (Olshausen)

Oppenhoff, F.C.: Das Strafgesetzbuch für die Preußischen Staaten, 2. Aufl., Berlin 1858 (PrStGB)

Oppenhoff, Friedrich/Oppenhoff, Theodor/Delius, Hans: Das Strafgesetzbuch für das Deutsche Reich, 14. Ausgabe, Berlin 1901 (Oppenhoff/Delius)

Ortloff, Hermann: Lüge, Fälschung, Betrug, Jena 1862 (Betrug)

Osenbrüggen, Eduard: Abhandlungen aus dem deutschen Strafrecht, 1. Bd., Erlangen 1857 (Abhandlungen)

Otto, Harro: Kausaldiagnose und Erfolgszurechnung im Strafrecht, in: Festschrift für Reinhart Maurach, Karlsruhe 1972, S. 91 ff

- Grenzen der Fahrlässigkeitshaftung im Strafrecht - OLG Hamm, NJW 1973, 1422, in: JuS 1974, S. 702 ff

- Risikoerhöhungsprinzip statt Kausalitätsgrundsatz als Zurechnungskriterium bei Erfolgsdelikten, NJW 1980, S.417 ff

- Probleme des Kreditbetrugs, des Scheck- und Wechselmißbrauchs, Jura 1983, S. 16 ff

Paasch, Fritz R.: Grundprobleme der Viktimologie, Diss. Münster 1965 (Paasch)

Padowetz, Marianne: Der Heiratsschwindel. Eine kriminologische Studie, Wien 1954 (Padowetz)

Palandt, Otto: Bürgerliches Gesetzbuch, bearbeitet u.a. von Helmut Heinrichs, 42. Aufl., München 1983 (Palandt/Bearbeiter)

Peters, Karl: Die Begrenzung des Strafrechts bei zivilrechtlichen Verhältnissen als materiellrechtliches und prozessuales Problem; Eine kriminalpolitische Studie, in: Festschrift für Eberhard Schmidt, Göttingen 1961, S. 488 ff

- Beschränkung der Tatbestände im Besonderen Teil, ZStW 77 (1965), S. 470 ff

Pfeiffer, Gerd/Maul, Heinrich/Schulte, Benno: Strafgesetzbuch, Kommentar an Hand der Rechtsprechung des Bundesgerichtshofes, Essen 1969 (Pfeiffer/Maul/Schulte)

Preuschen, Friedrich Freiherr von: Beiträge zur Lehre von dem strafbaren Betruge und der Fälschung, Gießen 1837 (Betrug)

Puppe, Ingeborg: Kausalität der Sorgfaltspflichtverletzung-BGH, NJW 1982, 292, in: JuS 1982, S. 660 ff

Quistorp, Johann Christian Edler von: Grundsätze des deutschen Peinlichen Rechts, 1. Theil, 5. Aufl., Rostock und Leipzig 1794 (Grundsätze)

Ramsauer, Ulrich: Die Bestimmung des Schutzbereichs von Grundrechten nach dem Normzweck, VerwArchiv 72 (1981), S. 89 ff

Recken, H.M. Josef: Das Delikt des Betruges im Landgerichtsbezirk Krefeld in den Jahren 1945-1951. Eine kriminologische Untersuchung, Diss. Bonn 1957 (Recken)

Reese, Jürgen: Täuschung und Irrtum beim Betrug, Diss. Kiel 1975 (Betrug)

Regge, Jürgen: Gesetzrevision (1825-1848), I. Abteilung, Straf- und Strafprozeßrecht, Bd. 1 Strafrecht, hrsgg. und eingeleitet von Jürgen Regge; mit einer Einführung in die Gesamtedition von Werner Schubert und Jürgen Regge, Vaduz 1981 (Gesetzrevision)

Rengier, Rudolf: Kriminologisches Lernen durch tägliche Zeitungslektüre, JuS 1983, S. 402 ff

Restemeier, Jürgen: Die kriminologische Beziehung zwischen Wirtschaftsbetrug und White-collar-crime, Diss. Münster 1976 (Restemeier)

Riegger, Ernst-Jürgen: Die Regelung des Betrugs im iberoamerikanischen Strafrecht, Frankfurt a.M./Bern/Cirencester 1981 (Betrug)

Riess, Peter: Statistische Beiträge zur Wirklichkeit des Strafverfahrens, in: Festschrift für Werner Sarstedt, Berlin/New York 1981, S. 253 ff

Rochus, Reinhard: Betrügerischer Handel mit Rohstoffoptionen, NJW 1981, S. 736 f

Röhmel, K.: Rezension von Rolf Dietrich Herzberg: „Funktion und Bedeutung des Merkmals ‚Irrtum' in § 263 StGB", JA 1977, S. 584 f

Rössmann, Egon: Über den kriminologischen Aspekt des Begriffs „Beziehung", Kriminalistik 1969, S. 420 ff

Rogall, Klaus: Stillstand oder Fortschritt in der Strafrechtsreform? Möglichkeiten und Grenzen ihrer Erneuerung, ZRP 1982, S. 124 ff

Rommel, Otto: Der Betrug, Leipzig 1894 (Betrug)

Roos, Gerhard: Entkriminalisierungstendenzen im Besonderen Teil des Strafrechts, Frankfurt a.M./Bern 1981 (Roos)

Rotering: Betrug. Willenserschleichung. Willensumgehung, GS 60 (1902), S. 241 ff

Roxin, Claus: Sinn und Grenzen staatlicher Strafen, JuS 1966, S. 377 ff

- Gedanken zur Problematik der Zurechnung im Strafrecht, in: Festschrift für Richard M. Honig, Göttingen 1970, S. 133 ff
- Kriminalpolitik und Strafrechtssystem, 2. Aufl., Berlin/New York 1973
- Zum Schutzzweck der Norm bei fahrlässigen Delikten, in: Festschrift für Wilhelm Gallas, Berlin/New York 1973, S. 241 ff

Rudolphi, Hans-Joachim: Vorhersehbarkeit und Schutzzweck der Norm in der strafrechtlichen Fahrlässigkeitslehre, JuS 1969, S. 549 ff

Rupprecht, Reinhard/Kinzl, Hans: Wie schütze ich mich vor Betrug, 200 Tips zum Schutz vor Schwindel und Schaden, München 1975 (Rupprecht/Kinzl)

Sack, Fritz: Die Chancen der Kooperation zwischen Strafrechtswissenschaft und Kriminologie - Probleme und offene Fragen, in: Seminar, Abweichendes Verhalten II, Die gesellschaftliche Reaktion auf Kriminalität, Bd. 1, Strafgesetzgebung und Strafrechtsdogmatik, hrsgg. von K. Lüderssen und F. Sack, Frankfurt a.M. 1975, S. 346 ff (Sack)

Samson, Erich: Hypothetische Kausalverläufe im Strafrecht. Zugleich ein Beitrag zur Kausalität der Beihilfe, Frankfurt a.M. 1972 (Hypothetische Kausalverläufe)

- Grundprobleme des Betrugstatbestandes, JA 1978, S. 469 ff

Sangmeister, W.: Kriminalpolizeiliche Beratung zum Schutze gegen das Verbrechen, in: Vorbeugende Verbrechensbekämpfung, Arbeitstagung BKA, Wiesbaden 1964, S. 115 ff (Sangmeister)

Sauer, Wilhelm: Kriminalsoziologie, Berlin und Leipzig 1933

- System des Strafrechts, Besonderer Teil, Köln/Berlin 1954 (BT)

Sauter, Ehrenfried: Erscheinungsformen und Strafzumessung beim Betrug (§§ 263 - 264a StGB), dargestellt an Hand der Gerichtsakten des Amts- und Schöffengerichts in Schwäbisch Gmünd aus den Jahren 1927 bis einschließlich 1938, Diss. Freiburg i.Br. 1950 (Sauter)

Sax, Walter: „Tatbestand" und Rechtsgutsverletzung. Überlegungen zur Neubestimmung von Gehalt und Funktion des „gesetzlichen Tatbestandes" und des „Unrechtstatbestandes", JZ 1976, S. 9 ff, 80 ff

Schäfer, Herbert: Das Verhalten von Okkultbetrogenen, Kriminalistik 1957, S. 61 ff

- Der Okkulttäter (Hexenbanner - magische Heiler - Erdentstrahler), Diss. Bonn 1958 (Okkulttäter)

Schaffstein, Friedrich: Soziale Adäquanz und Tatbestandslehre, ZStW 72 (1960), S. 369 ff

- Die Risikoerhöhung als objektives Zurechnungsprinzip im Strafrecht, insbesondere bei der Beihilfe, in: Festschrift für Richard M. Honig, Göttingen 1970, S. 169 ff

Scheu, Udo: Zur strafrechtlichen Beurteilung hoher Vermittlungsaufschläge bei Rohstoff-Optionen. Zugleich eine Anmerkung zu OLG Hamburg, MDR 1980, 1041, in: MDR 1981, S. 467 f

- Anmerkung zu BGHSt 30, 177, in: JR 1982, S. 121 f

Schlüchter, Ellen: Grundfälle zur Lehre von der Kausalität, JuS 1976, S. 312 ff; JuS 1977, S. 104 ff

Schmidhäuser, Eberhard: Strafrecht, Allgemeiner Teil, Lehrbuch, 2. Aufl., Tübingen 1975 (Lehrbuch)

- Strafrecht, Allgemeiner Teil, Studienbuch, unter Mitarbeit von Heiner Alwart, Tübingen 1982 (Studienbuch)

- Strafrecht, Besonderer Teil, Grundriß, Tübingen 1980 (BT)

Schmidt, Eberhard: Einführung in die Geschichte der deutschen Strafrechtspflege, 3. Aufl., Göttingen 1965 (Einführung)

Schmidt, Uwe: Warentermingeschäfte, Kriminalistik 1981, S.18 ff

Schneickert, Hans: Leichtsinn und Leichtgläubigkeit des Publikums und Kriminalität, Archiv für Kriminal-Anthropologie und Kriminalistik (Archiv Kriminalistik), 18 (1905), S. 193 ff

Schneider, Hans Joachim: Viktimologie. Wissenschaft vom Verbrechensopfer, Tübingen 1975 (Viktimologie)

- Stichwort Viktimologie, in: Handwörterbuch der Kriminologie, begründet von A. Elster und H. Lingemann, 2. Aufl., hrsgg. von Rudolf Sieverts und H.J. Schneider, Bd. 3: Rechtsfriedensdelikte - Zwillingsforschung, Berlin 1975, S. 532 ff (HWBdK)

- Das Verbrechensopfer im Sozialprozeß. Fortschritte der Viktimologie-Forschung, JZ 1977, S. 620 ff

- Viktimologie - die Wissenschaft vom Verbrechensopfer, DRiZ 1978, S. 141 ff

- Das Opfer und sein Täter - Partner im Verbrechen, München 1979 (Das Opfer und sein Täter)

- Das Geschäft mit dem Verbrechen, München 1980

Schöch, Heinz: Stichwort Typologie, in: Kleines Kriminologisches Wörterbuch, hrsgg. von Günther Kaiser, Fritz Sack, Hartmut Schellhoss, Freiburg i.Br. 1974, S. 362 ff (Schöch)

Schönke, Adolf/Schröder, Horst: Strafgesetzbuch, Kommentar, bearbeitet von Theodor Lenckner, Peter Cramer, Albin Eser und Walter Stree, 21. Aufl., München 1982 (S/S/Bearbeiter)

Schoreit, Armin: Der in Zusammenhang mit dem Alternativentwurf eines Strafgesetzbuches vorgelegte Entwurf eines Gesetzes gegen Ladendiebstahl (AE-GLD) im Lichte der Kriminalstatistik 1974 und moderner Opferforschung, JZ 1976, S. 49 ff

Schroth, Hans-Jürgen: Scheckkartenbetrug und Einlösungsgarantie, NJW 1983, S. 716 ff

Schubarth, Martin: Das Verhältnis von Strafrechtswissenschaft und Gesetzgebung im Wirtschaftsstrafrecht, ZStW 92 (1980), S. 80 ff

Schubert, Werner: Die Quellen zum Strafgesetzbuch von 1870/71, GA 1982, S. 191 ff

Schüler, G. C.: Bemerkungen über das Verbrechen des Betrugs und der Fälschung nach dem Sächsischen Criminalgesetzbuch, in: Juristische Abhandlungen und Rechtsfälle, hrsgg. von F. Ortloff, C.W.E. Heimbach, G.C. Schüler, C.J. Guyet, 1. Bd., Jena 1847, S. 95 ff (Jur.Abh.)

Schüler-Springorum, Horst: Über Victimologie, in: Festschrift für Richard M. Honig, Göttingen 1970, S. 201 ff

Schülert, Heinz: Zur Frage der Berechtigung viktimologischer Untersuchungen, Die Polizei 1965, S. 119 ff

- Jugendliche als Opfer krimineller Handlungen, Die Polizei 1965, S. 151 ff

Schünemann, Bernd: Moderne Tendenzen in der Dogmatik der Fahrlässigkeits- und Gefährdungsdelikte, JA 1975, S. 715 ff

- Methodologische Prolegomena zur Rechtsfindung im Besonderen Teil des Strafrechts, in: Festschrift für Paul Bockelmann, München 1979, S. 117 ff

- Einige vorläufige Bemerkungen zur Bedeutung des viktimologischen Ansatzes in der Strafrechtsdogmatik, in:Schneider, Hans Joachim (Hrsg.), Das Verbrechensopfer in der Strafrechtspflege, Berlin/New York 1982, S. 407 ff

Schünemann, Hans-Wilhelm: Viktimologie in der Referendarausbildung - Ein Beitrag zur Integration der Sozialwissenschaften in der Juristenausbildung, DRiZ 1972, S. 384 ff

Schütze, Theodor Reinhold: Lehrbuch des Deutschen Strafrechts, 2. Aufl., Leipzig 1874 (LB)

Schulte, Rainer: Betrugskriminalität Heranwachsender, dargestellt anhand von Akten des Landgerichtsbezirks Mannheim aus den Jahren 1960 und 1961, Diss. Mainz 1967 (Schulte)

Schultz, Hans: Kriminologische und strafrechtliche Bemerkungen zur Beziehung zwischen Täter und Opfer, SchwZStR 71 (1956), S. 171 ff

Schulz, Helmut: Der Heimkehrer und der Major. Der Fall Oskar Daubmann, in: Der Neue Pitaval (2. Neue Serie), Band: „Die Hölle", München/Wien/Basel 1963, S. 47 ff (Fall Oskar Daubmann)

- Der Meisterfälscher. Der Fall Han van Meegeren, in: Der Neue Pitaval (2. Neue Serie), Band: „Betrug", München/Wien/Basel 1964, S. 13 ff (Der Meisterfälscher)

Schwabacher, William Donald: Diebstahl und Betrug, Diss. Heidelberg, Berlin 1907 (Betrug)

Schwarze, Friedrich Oskar: Kritik des Entwurfs eines Strafgesetzbuchs für die Preußischen Staaten, ArchCrim.NF., Beilageheft zu 1843, S. 163 ff

- Commentar zum Strafgesetzbuch für das Deutsche Reich, 3. Aufl., Leipzig 1873 (Kommentar)

Schweichel, Heinrich: Anmerkung zu OLG Köln JZ 1968, 340, in: JZ 1968, S. 340 f

Schwind, Hans-Dieter u.a.: Dunkelfeldforschung in Göttingen 1973/74. Eine Opferbefragung zur Aufhellung des Dunkelfeldes und zur Erforschung der Bestimmungsgründe für die Unterlassung von Strafanzeigen, Wiesbaden 1975 (Dunkelfeldforschung)

- Viktimologie in der Praxis von Polizei und Justiz, Kriminalistik 1979, S. 514 ff

Seelmann, Kurt: Betrug beim Handel mit Rohstoffoptionen, NJW 1980, S. 2545 ff

- Anmerkung zu BGHSt 30, 177, in: NJW 1981, S. 2132
- Grundfälle zu den Straftaten gegen das Vermögen als Ganzes, JuS 1982, S. 268 ff

Sessar, Klaus: Empirische Untersuchungen zu Funktion und Tätigkeit der Staatsanwaltschaft, ZStW 87 (1975), S. 1033 ff

Sicking, Kurt: Der Betrug, Eine kriminalsoziologische Untersuchung mit besonderer Berücksichtigung typischer Fälle im Landgerichtsbezirk Bonn, Breslau/Neukirch 1940 (Sicking)

Siegel, Stefan T.: Der Hochstapler und seine Tat. Phänomenologische und typologische Untersuchungen, Diss. Freiburg i.Br. 1975 (Siegel)

Sonnen, Bernd-Rüdeger: Anmerkung zu OLG Hamburg, NJW 1980, 2593, in: NStZ 1981, S. 24 f

- Strafrechtliche Grenzen des Handels mit Optionen auf Warentermin-Kontrakte, wistra 1982, S. 123 ff

Spendel, Günter: Fahrlässige Teilnahme an Selbst- und Fremdtötung, JuS 1974, S. 749 ff

Sprung, E.: Nepper und Bauernfänger, Kriminalistik 1956, S. 320 ff

Staff, Ilse: Justiz im Dritten Reich. Eine Dokumentation, 2. Aufl., Frankfurt a.M. 1978 (Staff)

Stecker, Josef: Der Betrug, insbesondere im Landgerichtsbezirk Osnabrück. Eine kriminalsoziologische Untersuchung, Diss. Münster 1947 (Stecker)

Stenglein, M.: Sammlung der deutschen Strafgesetzbücher, 3 Bändchen, München 1857 (Sammlung)

- Zeitschrift für Gerichtspraxis und Rechtswissenschaft in Deutschland, hrsgg. von M. Stenglein, NF. 1872 ff (Zeitschrift)

Stephan, Egon: Die Stuttgarter Opferbefragung. Eine kriminologisch-viktimologische Analyse zur Erforschung des Dunkelfeldes unter besonderer Berücksichtigung der Einstellung der Bevölkerung zur Kriminalität, Wiesbaden 1976 (Opferbefragung)

- Opfertypologien und der Vorschlag einer sozial-psychologisch fundierten Alternative: Zu einer Taxonomie viktimogener Situationen, in: Kirchhoff/Sessar, Das Verbrechensopfer, Bochum 1979, S. 219 ff

Stratenwerth, Günter: Zum Streit der Auslegungstheorie, in: Festschrift für Oscar Adolf Germann, Bern 1969, S. 257 ff

- Schweizerisches Strafrecht, Besonderer Teil I, Straftaten gegen Individualinteressen, Bern 1973 (Schweizerisches Strafrecht)

- Strafrecht, Allgemeiner Teil I, 3. Aufl., Köln/Berlin/Bonn/München 1981 (AT)

Systematischer Kommentar (SK) zum Strafgesetzbuch: hrsgg. von Hans-Joachim Rudolphi, Eckhard Horn und Erich Samson.
- Bd. 1, Allgemeiner Teil (§§ 1-79b), 3. Aufl., Frankfurt a.M., Stand: April 1981
- Bd. 2, Besonderer Teil (§§ 80-358), 2. Aufl., Frankfurt a.M., Stand: September 1982

Temme, Jodokus D.H.: Die Lehre vom strafbaren Betruge nach Preußischem Recht, Berlin 1841 (Lehre vom Betrug)

- Lehrbuch des Preußischen Strafrechts, Berlin 1853 (Lehrbuch)

Teufel, Manfred: Zur Kriminologie des Betrügers, Die Polizei 1977, S. 81 ff

Thilo, Wilhelm: Strafgesetzbuch für das Großherzogthum Baden, Karlsruhe 1845 (Bad. StGB)

Tippelskirch, von: Das Strafgesetzbuch für das Königreich Bayern vom 10. November 1861 in seinem Verhältnisse zum Preußischen vom 14. April 1851, GA 13 (1865), S. 3 ff

Tittmann, Carl August: Handbuch der Strafrechtswissenschaft und der deutschen Strafgesetzkunde, 2. Bd., 2. Aufl., Halle 1823 (Handbuch)

Tönnies, Sibylle: Die Ausdehnung des Täuschungsbegriffs durch die Konstruktion des Betruges durch schlüssiges Verhalten, Diss. Kiel 1971 (Tönnies)

Triffterer, Otto: Die „objektive Voraussehbarkeit" (des Erfolges und des Kausalverlaufs) - unverzichtbares Element im Begriff der Fahrlässigkeit oder allg. Verbrechenselement aller Erfolgsdelikte? in: Festschrift für Paul Bockelmann, München 1979, S. 201 ff

Tröndle, Herbert: Rezension von Hans-Joachim Rudolphi: „Unrechtsbewußtsein, Verbotsirrtum und Vermeidbarkeit des Verbotsirrtums", NJW 1973, S. 31 f

- Einheit und Vielfalt des Strafrechts, JR 1974, S. 221 ff

Ulsenheimer, Klaus: Erfolgsrelevante und erfolgsneutrale Pflichtverletzungen im Rahmen der Fahrlässigkeitsdelikte, JZ 1969, S. 364 ff

Visini, Andreas: Beyträge zur Criminal-Rechtswissenschaft mit besonderer Rücksichtnahme auf das österreichische Criminal-Recht, 1. Bd., Wien 1839 (Beyträge)

Vogler, Theo: Möglichkeiten und Wege einer Entkriminalisierung, ZStW 90 (1978), S. 132 ff

Volk, Klaus: Strafrecht und Wirtschaftskriminalität - Kriminalpolitische Probleme und dogmatische Schwierigkeiten, JZ 1982, S. 85 ff

Vormbaum, Thomas: Die strafrechtliche Beurteilung des Scheckkartenmißbrauchs - OLG Köln NJW 1978, 713, in: JuS 1981, S. 18 ff

Wachenfeld, Friedrich: Lehrbuch des deutschen Strafrechts, München 1914 (Wachenfeld)

Walder, Hans: Die Kausalität im Strafrecht, SchwZStR 93 (1977), S. 113 ff

Wallmann: Das Preußische Strafgesetzbuch in seiner praktischen Anwendung, Berlin 1866 (Wallmann)

Weber, Joachim: Zur Psychodiagnostik der Täter-Opfer-Beziehung, Heidelberg 1980 (Weber)

Wehrle, Heinz: Betrug und Untreue im englischen und nordamerikanischen Strafrecht, Diss. Freiburg i.Br. 1951 (Betrug)

Weis, Kurt: „Viktimologie" und „Viktorologie" in der Kriminologie, MSchrKrim 1972, S. 170 ff

Weis, Ludwig: Das Strafgesetzbuch für das Königreich Bayern, 2. Bd., Nördlingen 1865 (Bayr.StGB)

Welzel, Hans: Studien zum System des Strafrechts, ZStW 58 (1939), S. 491 ff

- Das Deutsche Strafrecht, 11. Aufl., Berlin 1969 (Strafrecht)

Werfel, Franz: Nicht der Mörder, der Ermordete ist schuldig, München 1920

Wessels, Johannes: Strafrecht, Allgemeiner Teil, 12. Aufl., Heidelberg 1982 (AT)

- Strafrecht, Besonderer Teil-2, 6. Aufl., Heidelberg 1983 (BT-2)

Wharton, Francis: Wharton's Criminal Law, Bd. 2, 12. Edition with large additions by J.C. Ruppenthal, Rochester, N.Y. 1932 (Wharton)

Wimmer, Wolf: Sektenschwindel und Titelschacher, Kriminalistik 1972, S. 70 ff

Wimmer, Wolf/Lutz, Rüdiger: Magische Strahlenfühligkeit. Ein Heilpraktiker als medizinischer Okkultist, Kriminalistik 1980, S. 16 ff

Wolff, Ernst Amadeus: Kausalität von Tun und Unterlassen. Eine strafrechtliche Untersuchung, Heidelberg 1965 (Wolff)

Wolter, Jürgen: Adäquanz- und Relevanztheorie. Zugleich ein Beitrag zur objektiven Erkennbarkeit beim Fahrlässigkeitsdelikt, GA 1977, S. 257 ff

Wulffen, Erich: Kriminalpsychologie, Psychologie des Täters, Berlin 1926 (Kriminalpsychologie)

- Einiges aus der Psychologie des Betrogenen, Kriminalistik 1932, S. 245 ff

Zimmermann, Friedrich: Beitrag zur Lehre vom Betruge, GS 29 (1878), S. 120 ff

Zipf, Heinz: Die Bedeutung der Viktimologie für die Strafrechtspflege, MSchrKrim 1970, S. 1 ff

- Rechtskonformes und sozialadäquantes Verhalten im Strafrecht, ZStW 82 (1970), S. 633 ff
- Die Strafzumessung, Heidelberg/Karlsruhe 1977 (Strafzumessung)
- Kriminalpolitik; Ein Lehrbuch, 2. Aufl., Heidelberg/Karlsruhe 1980 (Kriminalpolitik)

Zirpins, Walter: Die Täterpersönlichkeit des Betrügers, in: Betrug und Urkundenfälschung, Arbeitstagung BKA, Wiesbaden 1956, S. 13 ff (Betrüger)

- Stichwort Betrug, in: Handwörterbuch der Kriminologie, begründet von A. Elster und H. Lingemann, 2. Aufl., hrsgg. von Rudolf Sieverts, Bd. 1: Aberglaube - Kriminalbiologie, Berlin 1966, S. 81 ff (HWBdK)

Abkürzungsverzeichnis

a.A.	anderer Ansicht
a.a.O.	am angegebenen Ort
Abh.	Abhandlung(en)
abl.	ablehnend
Abs.	Absatz
a.E.	am Ende
a.F.	alter Fassung
(Pr)ALR	Allgemeines Landrecht für die Preußischen Staaten
Anh.	Anhang
Anm.	Anmerkung
ArchCrim. (NF.)	Archiv des Criminalrechts (Neue Folge)
Art.	Artikel
AT	Allgemeiner Teil
Aufl.	Auflage
Az.	Aktenzeichen
BayObLG	Bayerisches Oberstes Landgericht
BayStGB	Bayerisches Strafgesetzbuch
BB	Der Betriebs-Berater
Bd.	Band
BGB	Bürgerliches Gesetzbuch
BGBl.	Bundesgesetzblatt
BGH	Bundesgerichtshof
BGHSt	Entscheidungen des Bundesgerichtshofs in Strafsachen
BGHZ	Entscheidungen des Bundesgerichtshofs in Zivilsachen
BKA	Bundeskriminalamt
BT	Besonderer Teil
bzgl.	bezüglich
bzw.	beziehungsweise

CCC (PGO)	Constitutio Criminalis Carolina (Peinliche Gerichtsordnung Kaiser Karl V. von 1532)
c.p.	code pénal
Demme's Annalen	Annalen der deutschen und ausländischen Criminalrechtspflege; begründet von J.E. Hitzig und fortgeführt von W.L. Demme und K.S.E. Klunge
ders.	derselbe
d.h.	das heißt
Diss.	Dissertation
DJT	Deutscher Juristentag
DÖV	Die öffentliche Verwaltung
DRiZ	Deutsche Richterzeitung
DStRZ	Deutsche Strafrechts-Zeitung
E (1962)	Entwurf (eines StGB von 1962)
f (ff)	folgende(n)
FAZ	Frankfurter Allgemeine Zeitung
Fn.	Fußnote
FS	Festschrift
GA	Goltdammer's Archiv für Strafrecht
GG	Grundgesetz
GS	Der Gerichtssaal
HGB	Handelsgesetzbuch
h.L.	herrschende Lehre
h.M.	herrschende Meinung
HPflG	Haftpflichtgesetz
HRR	Höchstrichterliche Rechtsprechung
Hrsg.	Herausgeber
hrsgg.	herausgegeben
HWBdK	Handwörterbuch der Kriminologie
i.d.S.	in diesem Sinne
JA	Juristische Arbeitsblätter
JGG	Jugendgerichtsgesetz

Jh.	Jahrhundert
JR	Juristische Rundschau
Jura	Juristische Ausbildung
JuS	Juristische Schulung
JW	Juristische Wochenschrift
JZ	Juristenzeitung
Kap.	Kapitel
KG	Kammergericht
Kriminalistik	Zeitschrift für die gesamte Kriminalistische Wissenschaft und Praxis
LB	Lehrbuch
LG	Landgericht
LK	Leipziger Kommentar
LuftVG	Luftverkehrsgesetz
Mat.	Materialien
MDR	Monatsschrift für Deutsches Recht
m.E.	meines Erachtens
MSchrKrim	Monatsschrift für Kriminologie und Strafrechtsreform
m.w.N.	mit weiteren Nachweisen
N.	Note
NArchCrim	Neues Archiv des Criminalrechts
NF.	Neue Folge
n.F.	neuer Fassung
NJW	Neue Juristische Wochenschrift
Nr.	Nummer
NStZ	Neue Zeitschrift für Strafrecht
OLG	Oberlandesgericht
OT (PrOT)	Preußisches Obertribunal
PrStGB	Preußisches Strafgesetzbuch
RdO	Rechtsprechung des Königlichen Obertribunals in Strafsachen, hrsgg.von F.C.Oppenhoff (1861 ff)

RG	Reichsgericht
RGBl.	Reichsgesetzblatt
RGSt	Entscheidungen des Reichsgerichts in Strafsachen
RMilitärG	Entscheidungen des Reichsmilitärgerichts
Rn.	Randnummer
Rspr.	Rechtsprechung
RStGB	Reichsstrafgesetzbuch
S.	Seite
s. (o.)	siehe(oben)
Sammlung	Sammlung von Entscheidungen des obersten Gerichtshofes für Bayern in Gegenständen des Strafrechts und Strafprozesses, 1872 ff
SchwStGB	Schweizerisches Strafgesetzbuch
SchwZStR	Schweizerische Zeitschrift für Strafrecht
SK	Systematischer Kommentar
sog.	sogenannte(r)
Sp.	Spalte
StGB	Strafgesetzbuch
StPO	Strafprozeßordnung
StVG	Straßenverkehrsgesetz
u.a.	unter anderem
UWG	Gesetz gegen den unlauteren Wettbewerb
Verf.	Verfasser
VerwArchiv	Verwaltungsarchiv
vgl.	vergleiche
Vorbem.	Vorbemerkung
VRS	Verkehrsrechts-Sammlung
WiKG	Gesetz zur Bekämpfung der Wirtschafts-Kriminalität
wistra	Zeitschrift für Wirtschaft, Steuer, Strafrecht

z.B.	zum Beispiel
Ziff.	Ziffer
ZRP	Zeitschrift für Rechtspolitik
ZStW	Zeitschrift für die gesamte Strafrechtswissenschaft
zust.	zustimmend

Einleitung

I. Problemstellung

In jüngerer Zeit sind Fälle bekannt geworden, die eindrucksvoll zeigen, auf welch plumpe Art und Weise es Betrügern gelingt, ihre Opfer zu einer Vermögensverfügung zu bewegen.

So ließ sich eine pensionierte Oberstudienrätin von einem Betrüger, der ihr schon vor seiner ersten Bestrafung 70.000 DM abgeschwindelt hatte, dazu überreden, ihm nochmals 560.000 DM (!) ohne Gegenleistung zu überlassen[1].
In einem anderen Fall zahlten wahrscheinlich mehrere tausend Apotheker in verschiedenen Städten der Bundesrepublik jeweils 99 DM für eine fingierte Nachnahmesendung, die bezeichnenderweise von den Betrügern als „Forschungsauftrag über betrügerische Manipulation bei Nachnahmesendungen" ausgewiesen wurde. Als Absender wurde ein (nicht existentes) „Bundesaufsichtsamt für Handel, Gewerbe und freie Berufe in Bonn" genannt[2].
Anhand dieser beiden Fälle springt einem neutralen Beobachter das Phänomen des besonderen Leichtsinns bzw. der Leichtgläubigkeit des Betrugsopfers geradezu in die Augen. Als weitere Synonyme für das Mitverschulden des Opfers werden genannt: Dummheit, Nach- oder Fahrlässigkeit, Unerfahrenheit, Neugier, Mitleid, mangelnde Sorgfalt, Eitelkeit, Geltungsbe-

---

1) LG Frankfurt a.M., FAZ vom 5.8.1981, S.29 und 8.8.1981, S. 28

2) FAZ vom 13.8.1981, S.7; vgl. ferner FAZ vom 17.11.1981, S. 34 unter der Überschrift: „Palme per Nachnahme". Danach wurden fünf DM zuzüglich 70 Pfennig Porto für eine Nachnahmesendung eingelöst, die lediglich aus einem Briefkuvert und einem Zettel bestand, auf dem zu lesen war: „Vielen Dank für die fünf Mark. Sie sind jetzt glücklicher Besitzer einer Palme auf Tahiti. Die fünf Mark gelten als Spende für den Neger, der Ihre Palme gießt und bewacht". Siehe auch das Schreiben eines nicht existenten Instituts für Infrastrukturforschung und Arbeitsmarktanalyse an 2800 Firmen des Bundesgebietes im Frühjahr 1970, in dem ein Betrag von 96 DM erhoben wurde; Restemeier, S. 119 ff.

dürfnis, Gewinnsucht, Bequemlichkeit, Ängstlichkeit, Einfältigkeit, Vertrauensseligkeit, Aberglaube und anderes[1].
Bislang ist diesem Verhalten des Getäuschten[2] bei der Behandlung des § 263 StGB kaum Beachtung geschenkt worden, oder es wurde nur dessen Unerheblichkeit betont[3].
Unter Bezug auf das Fehlen einer dem § 254 BGB[4] entsprechenden Norm im Strafrecht wird dem „Mitverschulden" des Opfers keine strafausschließende Funktion beigemessen[5], sondern es wird allenfalls als strafmildernder Grund bei der Strafzumessung anerkannt[6].
Es fehlt überhaupt an einer strafrechtsdogmatischen Klassifizierung des Begriffs „Mitverschulden" des Opfers beim Betrugstatbestand. Dennoch soll von dieser, auch im Schrifttum[7] üb-

---

1) vgl. Eschenbach, S. 29; Sicking, S. 46; Sauer, Kriminalsoziologie, S. 402; Beger, S. 35 f; Karstendiek, S. 31; Daniels, S. 55 ff
2) Da insbesondere der Getäuschte den Vorspiegelungen des Betrügers erliegt, soll er als „Betrugsopfer" angesehen werden. Dies gilt auch für die Fälle fehlender Personengleichheit zwischen Getäuschtem und Geschädigtem. Soll vom Geschädigten als „Betrugsopfer" die Rede sein, so wird dies ausdrücklich hervorgehoben; vgl. Daniels, S. 4; Haag, S. 150
3) h.M., siehe Lackner in LK, § 263 Rn. 80, 91; (ders., StGB, § 263 Anm. 4b); Dreher/Tröndle, § 263 Rn. 19; Maurach/Schroeder, BT 1, S. 408
Für die Rspr.: RG HRR 1940 Nr. 474; OLG Hamburg,NJW 1956, 392; BGH bei Dallinger, MDR 1972, 387
4) vgl. auch §§ 846 BGB, 4 HPflG, 34 LuftVG, 9 StVG
5) P. Frisch, Fahrlässigkeitsdelikt, S. 41 m.w.N. in Fn. 180
6) P. Frisch, a.a.O., S. 42 m.w.N. in Fn. 183; vgl. auch Urteil des LG Frankfurt a.M. (s.o.S. 1), in dem das Mitverschulden des Betrugsopfers ausdrücklich als Strafmilderungsgrund angesehen wurde.
Vgl. bzgl. der Berücksichtigung des Mitverschuldens im Rahmen der Strafzumessung: Dreher/Tröndle, § 46 Rn.34; Zipf, Strafzumessung, S. 32
7) so wird dieser Begriff u.a. von folgenden Autoren verwandt: P. Frisch, Fahrlässigkeitsdelikt, S. 41, 161; Maurach/Schroeder, BT 1, S. 408; Mohrbotter, GA 1975, 51; Arzt, LH 3, S. 120; ders., Referat, N 57 f; Kunz, S. 62; Siegel, S. 34; Paasch, S. 119 f; Geppert, ZStW 83 (1971), S. 947 ff, 999 f; Hillenkamp, Vorsatztat, S. 10 f, 37, 40; Bruns, Strafzumessungsrecht, S. 430 ff; ders., Leitfaden, S. 139 ff

lichen, Terminologie nicht abgewichen werden, da der Begriff „Mitverschulden" noch am besten die Fälle mit einbezieht, in denen der Verletzte aufgrund unbegründeten Vertrauens die Rechtsgutsverletzung leicht hätte vermeiden können.
Allerdings soll unter mitwirkendem „Verschulden" nicht ein Verschulden im strafrechtlichen Sinne verstanden werden, da dies eine rechtswidrige Tatbestandsverwirklichung des Opfers voraussetzen würde, und es auch kein gesetzliches Verbot bezüglich der Verletzung eigener Rechtsgüter gibt[1].
Anhand der näheren Betrachtung des Mitverschuldens des Betrugsopfers läßt sich auch die Beeinflussung des „Besonderen Teils" durch den „Allgemeinen Teil" des Strafgesetzbuches darstellen, wenn man zu einer Neubestimmung der Rolle des Verbrechensopfers aufgrund veränderter Zurechnungsüberlegungen kommt. Es ist zu untersuchen, inwieweit Schutzbedürftigkeitsgesichtspunkte gegenüber dem Opfer mit dem „Prinzip der Subsidiarität strafrechtlichen Rechtsgüterschutzes" zu vereinbaren sind, denn bei der Berücksichtigung des Mitverschuldens spielen die Schutzbedürftigkeit und Schutzwürdigkeit eine wesentliche Rolle, da nur solchen Rechtsgütern Schutz gebührt, die anders nicht wirksam geschützt werden können[2].
Eine generell stärkere Berücksichtigung des Opferverhaltens kann möglicherweise auch bei anderen Straftatbeständen des „Besonderen Teils" des Strafgesetzbuches (insbesondere bei „Beziehungsverbrechen"[3]) seinen Niederschlag finden. Hier soll aber nur dem Mitverschulden des Betrugsopfers besondere Aufmerksamkeit gewidmet werden.

1) P. Frisch, Fahrlässigkeitsdelikt, S. 41; vgl. Hillenkamp, Vorsatztat, S. 296 f; Siegel, S. 34
2) Arthur Kaufmann, Henkel-FS, S. 89, 102; Amelung, GA 1977, 6; vgl. Rudolphi in SK, vor § 1 Rn. 14
3) vgl. z.B. §§ 177, 211 ff StGB

Inzwischen läßt sich auch eine Entwicklung feststellen, die nicht nur auf die strafbare Handlung des Täters abstellt, sondern auch das Verhalten des Opfers kriminologisch und strafrechtsdogmatisch berücksichtigen will[1]. Aber auch schon früher waren Ansätze einer „viktimologischen" Betrachtungsweise erkennbar, wie es in der pointierten Annahme Werfels zum Ausdruck kam, daß „nicht der Mörder", sondern „der Ermordete ... schuldig"[2] sei.
Die traditionelle Dogmatik des „Besonderen Teils" des Strafgesetzbuches leidet unter der Reduktion des strafbaren Geschehens auf die beiden Pole: „Täterverhalten" - „Rechtsgutsbeeinträchtigung" und läßt damit eine genügende dogmatische Erfassung des Opferverhaltens vermissen[3]. Diese Arbeit soll ein (weiterer) Versuch sein, dem Opfer zu einer stärkeren dogmatischen Berücksichtigung zu verhelfen, d.h. es soll die „Tendenzwende" mit der verstärkten „Blickwendung vom Täter zum Opfer" und der „Wiederentdeckung des Opfers für die Unrechtslehre"[4] unterstützt werden.

---

1) vgl. Schultz, SchwZStR 71 (1956), 171 ff; Daniels, Die Opfer des Betrugs; Lenz, Der Betrogene; Eschenbach, Der Betrüger und seine Opfer; Eisenberg, GA 1971, 168 ff; Gasser, Victimologie; Paasch, Grundprobleme der Viktimologie; Schüler-Springorum, Honig-FS, S. 201 ff; Zipf, MSchrKrim 1970, 1 ff; Schneider, Viktimologie; v.Hentig, Psychologie, S. 187 ff; Kaiser, Kriminologie, S. 179 ff; R. Hassemer, Schutzbedürftigkeit; Hillenkamp, Vorsatztat
2) Werfel, Nicht der Mörder, der Ermordete ist schuldig; vgl. Paasch, S. 8; Hillenkamp, Vorsatztat, S. 7, 197 Fn. 681: Der Titel dieser Novelle beruht auf einem alten albanischen Sprichwort; so auch Schneider, HWBdK, S. 536. vgl. auch schon Feuerbach, Merkwürdige Verbrechen, S. 201 ff, der sich in der Schilderung des Vatermordes auf der Schwarzmühle im Sittentale der Rolle des Opfers besonders gewidmet hat.
3) W. Frisch, Bockelmann-FS, S. 647, 655
4) Küper, GA 1980, 201, 217

II. (Dogmatische) Lösungsmöglichkeiten einer Berücksichtigung des Mitverschuldens des Betrugsopfers

Das zentrale dogmatische und kriminalpolitische Problem beim Betrugstatbestand nach § 263 StGB liegt in der Frage, wie der Gedanke der Mitverantwortlichkeit des Opfers für den Schutz seiner Rechtsgüter nutzbar gemacht werden kann[1], d.h. wie die mit einer Berücksichtigung des Mitverschuldens einhergehende Restriktion dogmatisch erreichbar sein kann.
Es scheinen sich dafür folgende Lösungsmöglichkeiten anzubieten, die im folgenden Text immer Bezugsgegenstand der Erörterungen sein sollen:
1. Einmal kann durch eine Beschränkung der Täuschungshandlung auf geschickte (arglistige), nicht leicht durchschaubare Täuschungen erreicht werden, daß besonders plumpe, allzu offensichtliche Vorspiegelungen nicht mehr von § 263 StGB erfaßt werden. Hier würden also besondere Qualifikationen vom Täuschungsmittel verlangt werden.

2. Zum anderen kann man den Irrtumsbegriff in der Weise begrenzen, daß der leicht vermeidbare Irrtum ausgeschlossen wird. Bei dieser zweiten Entscheidungsalternative ist zu untersuchen, ob es dem Täter zugute kommen soll, wenn das Opfer bei gewöhnlicher Vorsicht den Täuschungen des Betrügers nicht erliegen konnte. Dabei wird auch die Diskussion mit einzubeziehen sein, ob (konkrete) Zweifel des Getäuschten am Wahrheitsgehalt der betrügerischen Vorspiegelungen zu einer Verneinung des Irrtums des Opfers führen sollen[2].

3. Ferner kann man an den Kausalzusammenhang zwischen Täuschung und Irrtum denken, indem man statt auf die Äquivalenztheorie auf die „Adäquanz" der Täuschungshandlung bezüglich einer Irrtumserregung abstellt[3]. Damit wird versucht, nicht

---

1) Arzt, LH 3, S. 121
2) so Amelung, GA 1977, 1 ff; vgl. R. Hassemer, Schutzbedürftigkeit
3) Naucke, Peters-FS, S. 109 ff

jeden billigen Schwindel als Strafvoraussetzung zu akzeptieren und jede änderbare intellektuelle Schwäche durch das Strafrecht schützen zu müssen[1]. Der eklatanten Unvorsichtigkeit des Betrugsopfers soll nicht durch § 263 StGB noch Hilfestellung gegeben werden.

4. Als vierte strafbarkeitseinschränkende Korrekturmöglichkeit, die sich nicht an die gesetzlichen Tatbestandsvoraussetzungen anlehnt, kommt der aus dem Zivilrecht stammende Gedanke des „Schutzzwecks der Norm" in Betracht[2]. Danach wären nur die Fälle, in denen Täuschungen noch in den Schutzbereich des Betrugstatbestandes fallen, als strafbar anzusehen, sofern die sonstigen Strafbarkeitsvoraussetzungen erfüllt wären. Mit diesem „Institut" könnte ein „Transmissionsbegriff" gefunden werden, der die unter den bisherigen Lösungsmöglichkeiten auftretenden Gesichtspunkte übergreifend erfassen könnte, um dem betreffenden jeweiligen Einzelfall gerecht werden zu können.

Insbesondere hier, aber auch bei den anderen Entscheidungsalternativen, dürften sich bestimmte Fallgruppen ergeben, die aus dem Schutzbereich des § 263 StGB herausgenommen werden könnten, z.B. bestimmte Täter-Opfer-Beziehungen, wie die übertriebene Gewinnsucht des Opfers.
Kommt man zu dem Ergebnis, daß bestimmte Fallkonstellationen aus dem Strafbarkeitsbereich herausfallen könnten, so ist insbesondere kriminalpolitisch zu diskutieren, ob sie dies auch sollten. Dabei stellt sich die Frage, inwieweit es notwendig ist, daß der Betrogene von der Pflicht, um sein Vermögen eigenverantwortlich und selbständig zu sorgen, durch das Strafrecht entbunden werden soll.

5. Als letzte Lösungsmöglichkeit bietet sich die Berücksichtigung des Mitverschuldens des Betrogenen bei der Strafzumessung gegenüber dem Betrüger an. Hierbei stellt sich die

1) Naucke, Peters-FS, S. 118
2) vgl. Rudolphi in SK, vor § 1 Rn. 71 ff

Frage, ob und inwieweit das leichtsinnige Verhalten des Betrugsopfers sich bei der Bestimmung der Rechtsfolgen, d.h. der Strafhöhe, niederschlagen könnte bzw. sollte.

Schließlich ist das Augenmerk auch auf strafprozessuale Einstellungsmöglichkeiten zu richten.

Teil 1: Zur geschichtlichen Entwicklung der Berücksichtigung des Mitverschuldens des Opfers beim Betrug bis 1871

Um beurteilen zu können, unter welchen Bedingungen eine Berücksichtigung des Mitverschuldens des Betrugsopfers bei den in der Einleitung skizzierten dogmatischen Lösungsalternativen möglich und der Diskussion wert erscheint, ist ein Blick in die historische Entwicklung der modernen Betrugsdogmatik seit dem 19. Jahrhundert nützlich und aufschlußreich.
Da in der heutigen Literatur die einstigen Meinungen und Argumente zu der hier interessierenden Problematik nicht mitgeführt werden, ja größtenteils noch nicht einmal als Literaturhinweise in Anmerkungen erwähnt sind, sollen die folgenden Untersuchungen auch der Aufarbeitung des historischen Materials dienen. Dies erscheint auch deshalb geboten, weil dieser historische Stoff in der Regel nur schwer zugänglich ist und damit die historischen Grundlagen der Diskussion zum Mitverschulden des Betrugsopfers nicht (oder nur kaum) vorhanden sind.
Anhand der in der Vergangenheit behandelten Argumente und Beispiele dürften sich Fälle und Anhaltspunkte von Fallgruppen ergeben, die in die heutige aktuelle Diskussion mit einbezogen werden sollten, das heißt, es läßt sich aufzeigen, inwieweit sich die damaligen von den heutigen Gesichtspunkten unterscheiden.
Schließlich dürfte der Exkurs in die Geschichte der Betrugsdogmatik (im Rahmen der hier interessierenden Lösungsmöglichkeiten) Aufschluß über politische Grundeinstellungen und Tendenzen zur Eigenverantwortlichkeit des (betrogenen) Bürgers geben.
Methodisch wird bei der Darstellung der geschichtlichen Entwicklung in der Weise vorgegangen werden, daß einmal das (kaum mitgeführte) historische Material vorgestellt und dieses andererseits in Zusammenfassungen unter besonderer Beachtung der in der Einleitung beschriebenen Lösungsmöglichkeiten verarbeitet wird.

I. Berücksichtigung des Mitverschuldens des Betrugsopfers in der Gesetzgebung vom PrALR bis zum RStGB von 1871

Es stellt sich die Frage, inwieweit die Gesetzgebungen des frühen 19. Jh., bis zum Inkrafttreten des Reichsstrafgesetzbuches von 1871, die Leichtgläubigkeit oder die Nachlässigkeit (das Mitverschulden) des Betrugsopfers bei der Regelung der Betrugsstrafbarkeit berücksichtigten. Es ist insbesondere darauf zu achten, ob der jeweilige Strafgesetzgeber einer der in der Einleitung genannten Lösungsmöglichkeiten folgte bzw. unter welchen Voraussetzungen statt strafrechtlicher nur zivilrechtliche (oder polizeiliche) Sanktionen Anwendung finden sollten.

1. Allgemeines Landrecht für die Preußischen Staaten von 1794

Ausgangspunkt der modernen Rechtsentwicklung[1] bezüglich des Betrugstatbestandes war das Allgemeine Landrecht für die Preußischen Staaten (PrALR) von 1794, das unter Betrug gemäß § 1256 (2. Theil, 20. Titel, 15. Abschnitt) „jede vorsätzliche Veranlassung eines Irrthums, wodurch jemand an seinem Rechte gekränkt werden soll" verstand.[2]
Von dieser die weitere Diskussion beeinflussenden Betrugsdefinition[3] ausgehend, unterschied man drei Formen betrüge-

---

1) Zur älteren Geschichte des Betrugstatbestandes, insbes. zum römischen Recht, Canonischen Recht und zur CCC(PGO) siehe Merkel, Abh. II,S.1 ff; Hälschner,Preuß.Strafrecht, 3.Teil,S.333 ff; Köstlin, Abh. S.124 ff; Ortloff, Betrug, S. 147 ff; Temme, Lehre vom Betrug,S.9 ff; Naucke, Betrug, S.62 ff; Mittermaier in Feuerbach, LB § 410,Note I,II (S.647 ff); Lackner in LK, § 263 Rn. 2;
Zur Geschichte und zur Struktur des PrALR im Allgemeinen: Berner, Strafgesetzgebung, S.25 ff

2) Inwieweit mit § 1256 PrALR der Betrug auf Vermögensbeschädigungen beschränkt werden sollte, ist umstritten. Bejahend: Naucke, Betrug, S.66 Fn. 6 mwN.; Temme, Lehrbuch,S.974; Köstlin,Zeitschrift,S.304 Fn.2 mwN.; Merkel, Abh.II, S.62 Fn.1; Beseler, Kommentar,S.460; Buschmann, Entwicklung, S.11,31; a.A. Cramer, Vermögensbegriff,S.24 Anm.9

3) Naucke, Betrug,S.65 f; Lackner in LK, § 263 Rn.2; vgl. Ortloff,Betrug,S. 201

rischer Handlungen. Während der „gemeine Betrug" gemäß § 1325 PrALR, der bei „Kontrakten oder sonst im Handel und Wandel" nur zivilrechtliche Konsequenzen nach sich ziehen sollte, war der „grobe" Betrug gemäß § 1326 PrALR zwar strafbar, sollte aber nur bei Gelegenheit eines Zivilrechtsstreits vom Zivilrichter im Urteil über die Hauptsache (des Zivilrechtsstreits) gerügt werden[1]. In § 1328 PrALR war als einzige Betrugsform, die von Amts wegen untersucht werden sollte, der „qualifizierte Betrug" geregelt, der die Untreue (§§ 1329 ff), Fälschungsdelikte (§§ 1377 ff), den sogenannten Betrug mit Verletzung anderer Pflichten, d.h. im wesentlichen Meineid (§§ 1404 ff) und den sogenannten Betrug des Publici (§§ 1441 ff) zum Inhalt hatte[2].
Gestaltungen, die heute als Betrug angesehen werden. d.h. insbesondere Vermögensverletzungen durch Täuschungen regeln, waren beinahe ausschließlich über den gemeinen und groben Betrug erfaßt, die aber kaum strafbar waren[3].
Der Grund für die getroffene Unterscheidung zwischen grobem und gemeinem Betrug liegt nicht offen zu Tage[4], aber es scheint doch die überwiegende Ansicht damals gewesen zu sein, daß der grobe Betrug der mit feinen und listigen Mitteln begangene und mit gewöhnlicher Aufmerksamkeit nicht zu vermeidende Betrug sei[5]. Das PrALR sah somit in zivil-

---

1) vgl. Goltdammer,Materialien II,S.534; Naucke,Betrug,S.69; Diese Einschränkung ist allerdings durch das Reskript vom 15.8.1815 wertlos gemacht worden, indem (entgegen des Wortlauts) festgelegt wurde, daß auch unabhängig von der Führung eines Zivilprozeßes eine Strafe verhängt werden könne; Mannkopf,Preuß.Strafrecht,S.473 f; vgl.Mittermaier in Feuerbach,LB, § 411,Note V. (S.663); Naucke,a.a.O., S.69 Fn.23

2) vgl.insbes.Naucke,Betrug,S.68; Friedsam,Begriff,S.35 Fn.2

3) Naucke, Betrug,S.68

4) so kritisiert v.Preuschen,Betrug,S.81 f, daß für eine Abgrenzung zwischen zivilrechtlichem und strafrechtlichem Betrug bei § 1325 f PrALR keinerlei Kennzeichnung vorgenommen wurde; Köstlin,Zeitschrift,S.385 Anm.1, kritisiert die „bodenlose Prinziplosigkeit und Begriffsverwirrung des ALR in dieser Materie".

5) Naucke,Betrug,S.68; Temme, Lehre vom Betrug,S.55 f,60,101; Goltdammer, Materialien II,S. 534

rechtlichen Sanktionen weitgehend einen ausreichenden Schutz gegen betrügerisches Verhalten[1], wobei es für einen strafbaren Betrug auf eine Täuschung durch besonders listige Mittel abstellte[2].
Daraus folgt, daß beim PrALR nicht schon jede Veranlassung eines Irrtums (d.h. nicht jede Täuschung) auch kriminell strafbar sein sollte[3]. Vielmehr bleibt festzuhalten, daß Betrug nach heutigem Verständnis nach dem PrALR kaum strafbar war.

1) Lackner in LK, § 263 Rn. 2; Naucke, Betrug, S.69
2) Temme, Lehre vom Betrug,S.31; vgl. auch § 1377 PrALR, der strafschärfend solche Betrügereien behandelte, die auf vorzüglich listige und schwer zu entdeckende Weise verübt wurden
3) vgl. Goltdammer, Materialien II, S. 534; Naucke, Betrug, S.68; Nach Temme,Lehre vom Betrug,S. 56, stimmt diese Auffassung auch mit den Ansichten der Redaktoren des PrALR überein.

2. Bayerisches StGB von 1813 (bzw. 1861)

Das auf Feuerbach zurückgehende Bayerische Strafgesetzbuch von 1813 stellte als erstes einen wissenschaftlichen Begriff des Betruges auf[1] und normierte ihn in Art. 256 so: „ wer, um einen Andern in Schaden zu bringen, oder sich selbst einen unerlaubten Vortheil zu verschaffen, wissentlich und vorsätzlich falsche Tatsachen für wahr ausgibt..."[2].
Anscheinend wollte der Gesetzgeber einer Ausdehnung dieses „vagen" Betrugstatbestandes entgegenwirken[3], indem er einen Betrug gemäß Art. 258 erst bei einem größeren Schaden als 25 Gulden als Verbrechen einstufte und Betrügereien bei Eingehung zweiseitiger, auf gegenseitigen Vorteil gerichteten Verträgen nebst den bürgerlichrechtlichen Nachteilen nach Beschaffenheit der Umstände nach Art. 259 nur polizeiliche Ahndung zur Folge haben sollten[4].
Bei Verträgen, die ursprünglich bloß zum Vorteil oder Gewinn des anderen Teils gereichen sollten, wie Schenkungen, Leihverträge, Darlehen wurde gemäß Art. 260 der Versprechende, der den anderen durch betrügliche Vorenthaltung oder Schmälerung der vertragsmäßigen Vorteile hintergeht, nur nach bürgerlichem Recht beurteilt[5].

---

1) Ortloff, Betrug, S. 204; Mittermaier, GS 10 (1858), 122, 135
2) Stenglein, Sammlung, 1. Bändchen, I.; vgl. Visini, Beyträge, S. 57 ff.
Das StGB für die Herzoglich-Oldenburgischen Lande von 1814 (Stenglein, Sammlung, 1.Bändchen, II) entspricht im Art. 261 ff wörtlich dem Bay.StGB von 1813. Zur Geschichte und zum Aufbau des BayStGB vgl. Berner, Strafgesetzgebung, S. 78 ff
3) Buschmann, Entwicklung, S.12; vgl. Mittermaier, GS 10 (1858), 135 f
4) Mit Ausnahme des Art. 263 IV., wenn sich jemand u.a. in seinem Gewerbe falscher Maße und Gewichte bedient; vgl. insgesamt kritisch: Mittermaier, GS 10 (1858), 136
5) vgl. Ortloff, Betrug, S. 406; Mittermaier, Demme's Annalen, 6.Bd., 24, sieht in Art. 260 ein Zuviel an Straflosigkeit; vgl. auch Köstlin, Zeitschrift, S. 386 Fn. 4, der Art. 260 von Mittermaier als mißverstanden ansieht. Die Praxis soll aber gelehrt haben, daß diese Art. zu eng gefaßt waren; Mittermaier in Feuerbach, LB, §411 Note V (S.664).

Daraus wird ersichtlich, daß das Bay.StGB von 1813 nicht jeden Betrug als strafbare Handlung einstufte, was sich aber aus der Betrugsdefinition des Art. 256 nicht ablesen ließ, da diese auch solche Handlungen mitumfaßte, die ihrer Natur nach nur zivilrechtliche Konsequenzen haben sollten[1]. Ebensowenig gibt das Gesetz Anhaltspunkte darüber, ob bei der Täuschungshandlung ein bestimmter Grad an List erforderlich war[2].

Nach Art. 314 des neuen Bayerischen StGB von 1861 sollte mit den Worten „oder mittels Anwendung a r g l i s t i g e r Kunstgriffe eine Täuschung hervorruft"[3] der gesetzgeberische Wille besser zum Ausdruck gebracht werden[4]. Allerdings wird in der Kommentierung des Art. 314 betont, daß es beim vollendeten Betrug nicht darauf ankommen könne, ob es leichter oder schwerer war, die betrügerische Absicht zu durchschauen, oder ob es möglich gewesen wäre, durch die angewendeten Täuschungsmittel „auch einen vorsichtigen und erfahrenen Menschen zu täuschen"[5].

Auf eine Regelung von Betrügereien bei Verträgen wurde verzichtet[6].

---

1) v.Preuschen, Betrug,S.87; Ortloff,Betrug,S.204 bemängelt das Fehlen einer sichtbaren Grenze zwischen strafrechtlicher und zivilrechtlicher Verfolgung des Betruges
2) Nach den (amtlichen) Anmerkungen zum StGB für das Königreich Baiern (1813), 2.Bd., S.212 ff,230 bedurfte es für den Begriff der Täuschung keiner näheren gesetzlichen Regelung
3) vgl. Merkel, Abh.II, S.52; Kohler, Treue und Glauben, S.41; v.Tippelskirch, GA 13 (1865),3,7; so auch Art.189 hamb.StGB (zitiert nach Hegler, Betrug, S.413,Anm.6)
4) Mittermaier, GS 10 (1858), 137; Ortloff, Betrug, S.409; Weis, Bayr.StGB, 2.Bd.,S.205 f
5) Weis,(a.a.O.,Anm. 4) S. 208
6) vgl. Ortloff, Betrug, S.487; Mittermaier, GS 10(1858), 137 f

3. Weitere Strafgesetzbücher der Länder

a) StGB für das Königreich Württemberg von 1839

Das Strafgesetzbuch für das Königreich Württemberg von 1839[1] regelt in Art. 351 ff den Betrug und bestimmt in seinem Art. 352, daß in den Fällen, „wo in Vertragsverhältnissen nach civilrechtlichen Grundsätzen wegen rechtswidriger Täuschung auf Aufhebung des Geschäftes oder auf Schadensersatz geklagt werden kann, hat es hierbei sein Bewenden", und das Strafgesetz kann nur dann zur Anwendung kommen, „wenn ein Theil den andern durch b e s o n d e r e A r g l i s t[2] zur Eingehung des Vertrages verleitet hatte" (keine Untersuchung von Amts wegen[3]). Betrug in Vertragsverhältnissen war damit nur dann einer strafrechtlichen Verfolgung ausgesetzt, wenn durch besondere Arglist getäuscht[4] wurde und ein Strafantrag des Geschädigten vorlag[5].

b) Criminalgesetzbuch für das Herzogtum Braunschweig von 1840

Das Criminalgesetzbuch für das Herzogtum Braunschweig von 1840[6] behandelt in §§ 224 ff den Betrug und stellt diesen in Verträgen gemäß § 227 nur dann unter Strafe, „wenn dem

---

1) Stenglein, Sammlung, 1.Bändchen, IV
2) Hervorhebung des Verfassers;
Mittermaier, Demme's Annalen, 6.Bd.,S.26 f, kritisiert die große Unbestimmtheit des Ausdrucks „besondere Arglist", die zur größten Verschiedenheit richterlicher Ansichten führen würde; i.d.S. auch Aschbach, Demme's Annalen, 16.Bd.(1841), S.30, 45; vgl. Hufnagel, Württ. StGB, 2.Bd., zu Art. 352: S.591 ff, 593
3) Diese Bestimmung soll Anlaß für Streitigkeiten gewesen sein; vgl. Berner, Strafgesetzgebung, S.128; kritisch zum diesbezügl.Entwurf: Cucumus, ArchCrim. NF. 1837, 431, 442 f
4) Bei der Formulierung des Erfordernisses „arglistiger" Wahrheitsentstellungen dürfte vielfach die bei der actio doli vorausgesetzte „magna et evidens calliditas" im Hintergrund gestanden haben; vgl. Merkel, Abh. II, S. 312
5) vgl. Ortloff, Betrug, S. 206
6) Stenglein, Sammlung, 1.Bändchen, V;
vgl. Ortloff, Betrug, S. 207; Merkel, Abh.II, S. 54

Betrogenen der erlittene Schaden auf sein Anfordern nicht sofort ersetzt wird"[1]. Somit wird auch hier die Möglichkeit zivilrechtlichen Ersatzes in Betracht gezogen.

c) StGB für das Königreich Hannover von 1840

Das Criminalgesetzbuch für das Königreich Hannover von 1840[2] bestimmt in Art. 308 ff die Strafbarkeit des Betruges. Diese erfährt gemäß Art. 312 eine Einschränkung, da nach Ziffer 1 bei zweiseitigen Verträgen geringere Betrügereien, die die Gültigkeit des Vertrages nicht berühren, keine strafrechtliche, sondern nur polizeiliche Ahndung finden können. Nach Ziffer 2 werden Betrügereien bei Verträgen, die ursprünglich bloß den Vorteil des anderen Teils bezweckten, z.B. Schenkungen und Leihverträge[3], nur nach bürgerlichem Recht beurteilt.

d) Criminalgesetzbuch für das Herzogtum Sachsen-Altenburg von 1841

Das Criminalgesetzbuch für das Herzogtum Sachsen-Altenburg von 1841 (entspricht dem königlich Sächsischen Criminalgesetzbuch von 1838)[4] regelt in Art. 245 ff den Betrug. Bei Betrug in Vertragsverhältnissen bedarf es gemäß Art. 246 eines Antrages des Geschädigten und dieser ist nach Ziffer 1 u.a. nur dann strafbar, wenn bei zweiseitigen Verträgen die Täuschung des Anderen sich auf wesentliche Gegenstände des Vertrages bezieht[5].

---

1) Schüler, Jur.Abh.,S.145, kritisiert, daß nach § 227 ein „Reicher" wegen Betruges nie bestraft werden könne; vgl. Aschbach,Demme's Annalen, 16.Bd.(1841), S. 43
2) Stenglein, Sammlung, 2.Bändchen, VI; vgl. Ortloff, Betrug, S. 207 f; Mittermaier in Feuerbach, LB, § 411 Note V (S.664); kritisch: Köstlin, Zeitschrift, S. 306
3) wie bei Art. 260 des bayr. StGB v. 1813, s.o.S. 12
4) Stenglein, Sammlung, 1.Bändchen, III; vgl. Schüler, Jur. Abh., S.95 ff; Ortloff, Betrug, S.205 f; Merkel, Abh. II, S. 52
5) vgl. Schüler, Jur.Abh.,S.145 ff,150,153; kritisch zu Art. 246: Mittermaier, Demme's Annalen, 6.Bd., S.25, und Aschbach, Demme's Annalen, 16.Bd.(1841),S.44, die die Unbestimmtheit der Norm rügen

e) StGB für das Großherzogtum Hessen von 1841

Das StGB für das Großherzogtum Hessen von 1841[1] regelt in Art. 391 ff den Betrug und erklärt in Art. 392 (wie im Art. 352 des Württembergischen StGB), daß, wo in Vertragsverhältnissen auf Aufhebung des Geschäfts oder Schadensersatz nach zivilrechtlichen Grundsätzen wegen rechtswidriger Täuschung geklagt werden kann, es damit sein Bewenden hat und das Strafgesetz nur zur Anwendung kommt, „wenn ein Teil den Anderen durch besondere Arglist[2] zur Eingehung des Vertrags im Ganzen oder einzelner Bestimmungen desselben" bewog. Auch dieser Betrug war nicht von Amts wegen zu untersuchen. Nach der allgemeinen Betrugsdefinition des Art. 391 lag Betrug dann vor, wenn jemand „auch ohne Verletzung einer besonderen Rechtspflicht arglistiger Weise täuschende Handlungen vornimmt"[3].

f) StGB für das Großherzogtum Baden von 1845

Nach dem StGB für das Großherzogtum Baden von 1845[4] macht sich derjenige gemäß § 450 strafbar, der „einen Anderen aus gewinnsüchtiger Absicht durch arglistige Entstellung der Wahrheit . . . wissentlich zu einer das Vermögen desselben beschädigenden Handlung oder Unterlassung verleitet." Bei Betrug hinsichtlich des Abschlusses von Verträgen wird gemäß § 452 Ziffer 2 ebenfalls die Möglichkeit zivilistischen Ersatzes in Betracht gezogen, so daß strafbarer Betrug nur dann angenommen wird, wenn „der Täuschende sich zugleich den Entschädigungsansprüchen des Anderen zu entziehen sucht oder daß er doch sein Unvermögen zur Entschädi-

---

1) Stenglein, Sammlung,2.Bändchen,VII; Ortloff,Betrug,S.209 f; Köstlin, Zeitschrift,S.306; Abh.,S.142 stuft das hessische StGB als prinzipienlos ein

2) Hervorhebung des Verfassers; vgl. grundsätzlich zustimmend Schüler,Jur.Abh.,S.143 f und Urteile des Cassationshofes aus den Jahren 1845 und 1846 bei Bopp, Handbuch, S. 198

3) vgl. ebenfalls Ortloff,Betrug,S.486; Merkel,Abh.II, S.53

4) Stenglein, Sammlung, 2.Bändchen, VIII; vgl. Ortloff, Betrug, S.210 f; Merkel, Abh.II, S. 54; Thilo, Bad.StGB, S. 379 ff

gungsleistung bei künftiger Erhebung jener Klagen vorausgesehen haben müsse"[1].

g) StGB für das Herzogtum Nassau von 1849

Das StGB für das Herzogtum Nassau von 1849[2] stimmt mit dem Wortlaut der entsprechenden Normen des StGB für das Großherzogtum Hessen vollkommen überein[3] und fordert in Art. 386 bei Betrug in Vertragsverhältnissen bezüglich einer strafrechtlichen Ahndung „besondere Arglist" des Täuschenden.

h) StGB für die Thüringischen Staaten von 1850

Das StGB für die Thüringischen Staaten von 1850[4] handelt im 13. Kapitel von betrügerischen Handlungen und Fälschungen. Während der Betrug in Art. 236 ähnlich anderen Gesetzen definiert wird, ist in Art. 238 geregelt, daß nicht als Betrug bestraft wird, „wenn der Irrthum des Anderen auf seiner eigenen N a c h l ä s s i g k e i t oder U n v o r s i c h t i g k e i t[5] beruht und der den Irrthum Benützende sich rücksichtlich desselben nur unthätig verhalten hat"[6]. Ferner ist an selber Stelle (Art. 238) festgehalten, daß keine Betrugsbestrafung eintritt, wenn der Irrtum des Anderen durch bloße Anpreisungen oder Urteile veranlaßt wird und daß bei Eingehung von Verträgen (Strafantrag notwendig) nur dann Strafe verhängt werden soll, wenn der Irrtum des Anderen sich auf Verhältnisse bezieht, bei welchen den Umständen nach anzunehmen ist, daß der Andere den Vertrag gar nicht oder anders abgeschlossen haben würde bei Kenntnis der wahren Verhältnisse. Bemerkenswert an diesen Normierungen ist die Tatsache, daß hier die Berücksichtigung der eigenen Nachlässig-

---

1) vgl. Kohler, Treue und Glauben, S. 40 Fn. mit weiteren Nachweisen schweizerischer Strafgesetzbücher
2) Stenglein, Sammlung, 2. Bändchen, IX
3) vgl. Ortloff, Betrug, S. 210
4) Stenglein, Sammlung, 3. Bändchen, X
5) Hervorhebung des Verfassers
6) vgl. Ortloff, Betrug,S.211 f; Merkel, Abh. II, S. 53

keit und Unvorsichtigkeit des Geschädigten ausdrücklich festgehalten wird, sei es auch mit der Einschränkung, daß der Betrüger sich nur untätig verhalten und nicht positiv aktiv getäuscht hat[1].

i) Österreichisches StGB von 1852

Das Strafgesetzbuch für das Kaiserthum Österreich von 1852[2] nennt in § 197, im wesentlichen übereinstimmend mit dem alten österreichischen StGB von 1803 in § 176[3], Betrug, „wenn jemand durch l i s t i g e Vorstellungen oder Handlungen einen Anderen in Irrthum führt, durch welchen Jemand, sei es der Staat, eine Gemeinde oder andere Person, an seinem Eigenthum oder anderen Rechten Schaden leiden soll".

Der Ausdruck „listig" wurde gewählt, um dadurch zum Ausdruck zu bringen, daß sich Jemand besonderer Mühe und Künste bediente, um die Anderen zu täuschen und in der Täuschung zu erhalten, und daß die Verstellung oder Handlung geeignet war zu täuschen[4].

---

1) Zur Kritik an diesem Gesetz vgl. Ortloff, Betrug, S.412 f
2) Stenglein, Sammlung, 3. Bändchen, XII
3) Ortloff, Betrug, S. 448; Merkel, Abh.II, S. 51; vgl. Visini, Beyträge, S. 52 ff
4) Herbst, Handbuch des österr. Strafrechts, S. 341, betont, daß somit nicht jede Unwahrheit als List angesehen werden dürfe, „am allerwenigsten jene, die bei Anwendung gewöhnlicher Aufmerksamkeit sofort als solche erkannt werden konnte". Glaser, Abhandlungen (1.Bd.), S.475 f; vgl. Mittermaier, GS 10 (1858) 137; Gryziecki, Betrug, S.67, 180 f; Gross, Raritätenbetrug, S.66; vgl. auch Janka, Österr.Strafrecht, S.281, der als listig „die mit erhöhter Verschlagenheit ins Werk gesetzte und daher auch bei gesteigerter Aufmerksamkeit schwer zu durchblickende Täuschung" bezeichnet.
a.A. Finger, Strafrecht, 2.Bd., S. 357, der keine besondere „Raffiniertheit und Geriebenheit" verlangt; Lammasch, S. 101, will auch ganz plumpe Vorspiegelungen genügen lassen; ähnlich Gampp, S. 122

Schon die constitutio criminalis Theresiana von 1768 (Art. 72) zählte unter das Laster „des Falsches" die Tat derer, „welche einen besonders hinterlistigen Betrug, den auch sonst verständige Leute nicht wohl fürsehen und verhüten können und derley schalkhafte Parthiten und Schelmenstück wissentlich und vorsätzlich begehen"[1].
Die Größe des Schadens und die Beschaffenheit der List stellten beim StGB von 1852 Strafzumessungsgründe dar[2].

k) StGB für das Königreich Sachsen von 1855

Das StGB für das Königreich Sachsen von 1855[3] definiert in Art. 284 den Betrug und behandelt den Betrug bei Verträgen nach Art. 286 in der Regel nur als Antragsdelikt.

1) Kohler, Treue und Glauben, S. 42; Ortloff, Betrug, S.201; Rotering, GS 60,241,258 Fn. 2; Merkel, Abh. II, S. 51
2) Ortloff, Betrug, S. 202
3) Stenglein, Sammlung, 3. Bändchen, VIII; vgl. Ortloff, Betrug, S. 214; Merkel, Abh. II, S. 53; Krug, Kommentar III, S. 31 ff

4. Preußisches StGB von 1851 (mit Vorentwürfen)

Mit den Vorarbeiten zum Strafgesetzbuch für die Preußischen Staaten von 1851 (PrStGB) gelingt der eigentliche Durchbruch zu einem Betrugstatbestand moderner Prägung, d.h. der unabhängig von den Fälschungsdelikten ist und den Vermögensschutz in den Vordergrund stellt[1].

Nach § 241 des PrStGB begeht derjenige einen Betrug, „wer in gewinnsüchtiger Absicht das Vermögen eines Anderen dadurch beschädigt, daß er durch Vorbringen falscher oder durch Entstellen oder Unterdrücken wahrer Tatsachen einen Irrtum erregt". Dieser Betrugstatbestand, der in seinem Wortlaut bis heute fast unverändert geblieben ist, war das Ergebnis vieler Beratungen und Entwürfe zwischen 1828 und 1851[2].

a) Entwurf von 1828

Im Entwurf von 1828 galt hinsichtlich einer Betrugsregelung der Grundsatz, daß das Strafrecht nur als „ultima ratio" angewandt werden dürfe, da es nicht angebracht sei, wo es andere Wege zur Genugtuung gebe, wie der durch die„liberale Gewährung des Schadensersatzes"[3]. Durch die Normierung des Betruges dürfe nicht erreicht werden, daß „eine große Anzahl im gewöhnlichen Lebensverkehr vorkommender täuschender Handlungen zum Verbrechen gestempelt würden"[4]. Das Hintergehen habe somit nicht einmal immer zivilrechtliche Folgen[5].

1) Lackner in LK, § 263 Rn.3; Naucke,Betrug,S.69; Cramer, Vermögensbegriff,S.21 bezeichnet das PrStGB von 1851 als die Geburtsstunde moderner Systematik von Vermögensdelikten.
2) Naucke,Betrug,S.70 Fn.2 mit Übersicht über die Materialien zum PrStGB; vgl. auch v.Kamptz, Aktenmäßige Darstellung, S.142 ff; Berner, Strafgesetzgebung, S.213 ff; Hirschberg, S.261 ff; vgl. zur Entstehung des PrStGB v. 1851: Eb.Schmidt, Geschichte, S.314; Regge, Gesetzrevision
3) Beseler, Kommentar, S. 458; Naucke, Betrug,S.72; Goltdammer, Materialien II, S. 535
4) Beseler, Kommentar, S. 458
5) Beseler, Kommentar, S. 458; Goltdammer, Materialien II, S. 535

b) Entwurf von 1830

In den Erörterungen für den Entwurf von 1830 wurde festgehalten, daß es sich bei der Formulierung eines allgemeinen Betrugstatbestandes nur darum handeln könne, gewisse Anhaltspunkte aufzustellen[1]. Als Anhaltspunkt würde eine Beschränkung des Betruges auf die arglistige Täuschung genügen, „denn dadurch werde angedeutet, daß nicht jede Täuschung, nicht jede im gewöhnlichen Leben vorkommende unrichtige Empfehlung einer Sache als strafbarer Betrug betrachtet werden solle"[2].

Dies führte zu folgender Definition des Betruges nach § 395 des Entwurfes: „Wer des Vorteils wegen durch vorsätzliche[3] Veranlassung eines Irrtums jemanden zum Nachteil seines Rechts am Vermögen beschädigt, ist des Betruges schuldig"[4].

Diese Regelung wurde durch die §§ 396, 397 in der Weise beschränkt, daß entweder nach § 396 bei entsprechender Erforderlichkeit eines Antrages beim Diebstahl dieser auch beim Betrug verlangt oder dieser Antrag gemäß § 397 auch bei „Betrug bei Verträgen" gefordert wurde, wobei bei letzterem die Bestrafung überdies davon abhängig gemacht wurde, daß „der beabsichtigte Gewinn im Verhältnis zum Gegenstand des Vertrages beträchtlich" sei[5].
Aus diesen einschränkenden Normen im Entwurf von 1830 lassen sich folgende, damals zugrunde gelegte kriminalpolitische Überlegungen feststellen. Einerseits ist die Betrugsstraf-

1) Beseler, Kommentar, S. 459
2) Beratungs-Protokolle zitiert nach Beseler, Kommentar, S. 459 Fn. d
3) vgl. Naucke,Betrug, S.75 Fn.34, wonach sich nicht ermitteln läßt, wieso statt des in den Beratungen diskutierten Wortes „arglistig" der Begriff „vorsätzlich" in den Entwurf aufgenommen wurde
4) Beseler, Kommentar, S. 459
5) Goltdammer, Materialien II, S. 537; Naucke, Betrug,S.75. Diese besonders beschränkende Rücksicht auf Betrug bei Verträgen wurde auch in den Entwürfen von 1833 und 1836 beibehalten: Goltdammer, Materialien II, S. 537

barkeit entbehrlich, wenn der Betrogene die Bestrafung des Betrügers nicht will (da Antragsdelikt). Andererseits ist eine strafrechtliche Sanktionierung größtenteils dann überflüssig, wenn der Schaden beim Betrogenen durch zivilrechtliche Ansprüche gedeckt ist[1].

c) Entwürfe 1833 - 1847

Die weiteste Fassung im Laufe der Gesetzgebungsarbeiten besaß der Entwurf von 1833, der auch die Verletzung „persönlicher Rechte" aufnahm[2].
Erst durch den Entwurf von 1843 fand in § 448 eine Begrenzung des Betrugstatbestandes statt, wobei sich hier für einen allgemeinen und umfassenden Betrugstatbestand entschieden wurde[3]. So wurde erneut versucht, die Täuschungshandlung genau zu umfassen, so daß als Formulierungen „List und Ränke", „List und Schlauheit" erörtert wurden[4].
Letztlich einigte man sich auf die Fassung: „a r g l i s t i g e r w e i s e in einen Irrtum versetzen"[5], wobei mit dem Wort „arglistig" „dem richterlichen Ermessen eine gewisse Leitung" gegeben werden sollte[6].

Auch hier macht sich die kriminalpolitische Sorge vor einem zu großen Umfang der Betrugsstrafbarkeit, da allzu viele Staatsbürger zu vorbestraften Betrügern werden könnten, und die Meinung, bei Betrügereien komme man weitgehend mit dem Zivilrecht aus, in der Weise bemerkbar, daß ein enger Betrugstatbestand formuliert wird[7].

---

1) Naucke, Betrug, S. 75
2) Naucke, Betrug, S. 76; Hirschberg, Vermögensbegriff,S.265
3) Naucke, Betrug, S. 84
4) Goltdammer, Materialien II, S. 538; Naucke, Betrug,S. 77
5) Goltdammer, Materialien II, S. 538; vgl. Hirschberg, Vermögensbegriff, S. 266; F.O.Schwarze, ArchCrim. NF. 1843 (Beilage), S.163
6) Beseler, Kommentar, S. 461; Naucke, Betrug, S. 77
7) Naucke, Betrug, S. 84 (vgl. auch ders. a.a.O., S. 72, 79)

Die Revision von 1845 hielt aufgrund starker Kritik am Entwurf von 1843[1] den Ausdruck „arglistig" im Rahmen der Täuschungshandlung für zu unbestimmt[2], da es für eine Abgrenzung zwischen plumpen und arglistigen Täuschungen kein hinreichend bestimmtes Kriterium gäbe[3], und ersetzte ihn durch die Worte „durch Vorbringen falscher oder Unterdrücken wahrer Tatsachen". Die Aufnahme des Begriffs „Tatsache" sollte sicherstellen, daß allgemein anpreisende und tadelnde Äußerungen nicht in den Bereich der Täuschung fallen sollten[4].

Mit dem Entwurf von 1845 ist das Problem der Täuschungshandlung im wesentlichen geklärt[5] und der Entwurf von 1847 wird unverändert in das PrStGB von 1851 übernommen[6]. Eine Regelung über den Betrug in Verträgen wurde gänzlich weggelassen.

Aufgrund der von Goltdammer überlieferten Zielsetzung des Gesetzgebers des PrStGB ergibt sich, daß dieser mit der Streichung des Begriffes „arglistig" im Entwurf von 1845 eine bewußte Entscheidung für den strafrechtlichen Schutz des leichtgläubigen Betrugsopfers getroffen hat[7], wobei aber allein die „Unbestimmtheit" dieses Merkmals der Täuschungshandlung ausschlaggebend war und nicht Überlegungen hinsichtlich der Schutzwürdigkeit des Opfers.

---

1) Naucke, Betrug, S. 77 Fn. 43 m.w.N.; F.O. Schwarze, ArchCrim. NF., 1843 Beilage, S. 163
2) Goltdammer, Materialien II, S. 538; Temme, Lehrbuch, S.978 Fn.2; Motive von 1847, S. 77; vgl. Merkel, Abh.II, S. 313; Buschmann, Entwicklung, S.51; Friedsam, Begriff, S. 37; F.O.Schwarze, Kommentar, S.664 Anm. 3; Schwabacher, Betrug, S. 43; Naucke, Betrug, S. 77
3) Amelung, Irrtum, GA 77, 1, 9; Auch eine Abgrenzung wie im ALR zwischen strafbarem gemeinen Betrug im „Handel und Wandel" und dem groben Betrug werden wegen unklarer, schwankender Auslegung der Begriffe abgelehnt, Goltdammer, Materialien II, S.536 f, 542
4) Goltdammer, Materialien II, S. 538; Beseler, Kommentar, S. 461; vgl. Hegler, Betrug, S. 420
5) Naucke, Betrug, S. 79
6) Naucke, Betrug, S. 80
7) Goltdammer, Materialien II, S. 543-545; vgl. auch Amelung, GA 77, 9; Hillenkamp, Vorsatztat, S. 87; Lackner in LK, § 263 Rn. 80

5. StGB für den Norddeutschen Bund von 1870 und das Reichsstrafgesetzbuch von 1871

Der § 241 PrStGB diente sowohl dem Reichsstrafgesetzbuch von 1871 als auch dessen unmittelbaren Vorläufer, dem Strafgesetzbuch für den Norddeutschen Bund von 1870 als Grundlage[1]. Der Wortlaut der Betrugsbestimmung des Preußischen StGB stimmt inhaltlich und fast wörtlich mit § 263 RStGB überein[2], der sich bis heute nicht verändert hat. Auch die Motive des PrStGB wurden sowohl vom StGB für den Norddeutschen Bund als auch vom RStGB übernommen, ohne daß eine eingehende Erörterung des Betrugstatbestandes stattgefunden hätte[3].
Daraus folgt, daß die durch die Formulierung des PrStGB von 1851 getroffene Entscheidung hinsichtlich des Schutzes des leichtsinnigen Betrugsopfers auch vom Reichsstrafgesetzbuch mit übernommen wurde[4].

1) Naucke, Betrug, S. 97; Hirschberg, Vermögensbegriff,S.268
2) Hirschberg, a.a.O., S. 268 ff; Reese, Betrug, S. 13; Naucke, Betrug, S. 97 ff; Friedsam, Begriff, S. 37; Hahn, StGB für Norddt.Bund, § 263 Fn. 510; Lackner in LK, § 263 Rn. 3; Hegler, Betrug, S. 418
3) Naucke, Betrug, S. 98; Höinghaus, Das neue StGB, Anm. zu § 263; vgl. Hillenkamp, Vorsatztat, S. 87. Allgemein zu den Quellen zum StGB für das Deutsche Reich siehe Schubert, GA 1982, 191 ff
4) Amelung, GA 1977, 9; Lackner in LK, § 263 Rn. 80

6. Zusammenfassung (Gesetzgebung)

Die meisten deutschen Strafgesetzbücher des 19. Jh. versuchten, über das Erfordernis qualifizierter Täuschungsmittel (im Sinne der in der Einleitung bezeichneten ersten Lösungsmöglichkeit[1]) zu einer Abgrenzung der Strafbarkeit des Betruges zu gelangen[2]. So wurden für den strafbaren Betrug „arglistige"[3] oder „besonders arglistige"[4] Wahrheitsentstellungen gefordert. Teilweise wurde auf „besondere Kunstgriffe"[5] abgestellt oder, wie in Thüringen, die Nachlässigkeit oder Unaufmerksamkeit des Betrugsopfers als strafausschließend angesehen[6].

Schon das PrALR von 1794 verlangte nach damaliger überwiegenden Meinung für den strafbaren Betrug feine und listige Mittel und einen mit gewöhnlicher Aufmerksamkeit nicht zu vermeidenden Irrtum[7].

Zudem läßt sich feststellen, daß in den Landesstrafgesetzbüchern des 19. Jh., mit Ausnahme des Bayerischen StGB von 1861, des österreichischen und des Preußischen StGB von 1851 (und seiner Nachfolger), versucht wurde, zwischen gemeinem Betrug und Betrügereien in Vertragsverhältnissen zu differenzieren. Letztere versuchte man dadurch zu privilegieren, daß die Betrügereien in Vertragsverhältnissen nur zivilrechtlichen oder polizeilichen Sanktionen ausgesetzt und/oder als Antragsdelikt[8] behandelt wurden.

---

1) s.o. Einleitung S. 5
2) vgl. Merkel, Abh.II, S. 312; Cramer, Vermögensbegriff, S. 27 Anm. 23
3) Baden, § 450, s.o.S. 16; nach obiger Interpretation (S. 18) dürfte hier auch § 197 Österr.StGB anzusiedeln sein; Zum Erfordernis der „Arglist" in den schweizerischen StGB: Temme, LB, S. 983, der die StGB von Aargau, Schaffhausen, Thurgau hervorhebt, und Merkel, Abh.II, S. 289, 313, der noch die StGB von Basel und Waadt nennt, die ein besonders listiges Benehmen fordern; vgl. auch Hegler,Betrug,S.501 ff
4) Württemberg, Art. 352; Hessen, Art. 392; Nassau, Art. 386
5) Bay.StGB von 1861, Art. 314, s.o.S. 13
6) s.o.S. 17
7) s.o.S. 10
8) vgl. u.a. die StGB von Württemberg,Hessen,Nassau,Thüringen, Baden,Sachsen;vgl.auch Preuß.StGBE 1830 (§ 396 f) s.o.S.21

Das Preußische StGB von 1851, das das RStGB so wesentlich beeinflußte, folgte im Laufe seiner Gesetzgebungsgeschichte auch des öfteren diesem Ansatz der anderen StGB des 19. Jh., bezüglich der Täuschungshandlung besondere Qualifikationen zu fordern. Dies zeigt sich insbesondere in der Fassung des Betrugstatbestandes im Entwurf von 1843[1], der eine „arglistige" Täuschung zum Inhalt hatte. Diese Spezifizierung wurde aber von der Revision des Jahres 1845 aufgrund des fehlenden, hinreichend bestimmten Abgrenzungskriteriums für zu unbestimmt gehalten[2] und durch die Worte „Vorbringen falscher ... Tatsachen" ersetzt.
Die früheren kriminalpolitischen Überlegungen, die strafrechtliche Sanktionierung meistens dann als überflüssig anzusehen, wenn der Schaden beim Getäuschten durch zivilrechtliche Ansprüche gedeckt war[3], wurden somit verworfen. Auch die Sorge vor zu großem Umfang der Betrugsstrafbarkeit mit der Konsequenz zu vieler vorbestrafter Bürger[4] trat hinter die Erwägungen zugunsten des Strafrechtsschutzes des leichtgläubigen Betrogenen zurück. Den Ausschlag scheinen aber nicht die Schutzwürdigkeit oder Schutzbedürftigkeit des Betrugsopfers, sondern Überlegungen bezüglich der Bestimmtheit des Straftatbestandes gegeben zu haben[5].
Bezüglich der Strafzumessung ergeben sich kaum Anhaltspunkte für die Berücksichtigung des Mitverschuldens des Getäuschten. Nur das österreichische StGB von 1852 sah die „Beschaffenheit der List" als Strafzumessungsgrund an[6].

---

1) s.o.S. 22
2) s.o.S. 23
3) s.o.S. 22
4) s.o.S. 22
5) Amelung, GA 1977, 9; Hillenkamp, Vorsatztat, S. 87; vgl. Lackner in LK, § 263 Rn. 80
6) s.o.S. 19

II. Die Behandlung des Mitverschuldens des Betrugsopfers in der ausländischen Gesetzgebung und Rechtsprechung im 19. Jh.

Da man sich in der damaligen rechtswissenschaftlichen Literatur oft auf ausländische Gesetzgebungen und Rechtsprechungen bezog, wie später noch aufzuzeigen sein wird, erscheint es zweckmäßig, einen Blick über die Grenzen der deutschen Gesetzgebung hinaus zu werfen.

1. England

Das englische Recht unterschied neben den eigentlichen Fälschungen (forgery) zwischen dem kriminell strafbaren Betrug (cheats) und dem zur zivilrechtlich verfolgbaren Betrug (frauds)[1].

Nach dem „common law", dem gemeinen Recht Englands, ging man davon aus, daß einfache Behauptungen und gewöhnliche Lügen („a cheat effected by a mere false affirmation or a bare lie"[2]) noch keinen strafbaren Betrug begründen, sondern daß die Täuschung durch gewisse künstlich angelegte Überlistungen („by means of some artful device") stattgefunden haben müsse[3]. Es wurde eine Täuschung verlangt, „gegen welche die gewöhnliche Lebensklugheit nicht schützen konnte" („against which common prudence could not have guarded"[4]). Danach

1) Temme, Lehre vom Betrug, S.23; Ortloff, Betrug, S.224 ff
2) zitiert nach Goltdammer, Materialien II, S.535 Fn.; Escher, Betrug, S. 158; Köstlin, Zeitschrift, S.375 Fn.2
3) Geib, ArchCrim.NF.1840, 117; Köstlin, Zeitschrift, S.375 Fn.3; vgl. auch Kohler, Treue und Glauben, S.35 ff; siehe ferner einschlägige Entscheidungen englischer Gerichte: „The Court said that this was no more than telling a lie" oder „the Court arrested the judgement, saying that the case was no more than telling a lie", zitiert nach Ortloff, Betrug, S. 81, und Escher, Betrug, S. 159
4) Escher, Betrug, S.109 Fn. ; vgl. Geib, ArchCrim.NF. 1840, S.117; Goltdammer, Materialien II, S.534 Fn. 1; H.Meyer, Grundzüge, S.196; Gryziecki, Betrug, S.66

wurde strafbarer Betrug erst dann angenommen, wenn man sich mit gewöhnlicher Klugheit und Sorgfalt gegen die Betrügereien nicht zu wehren vermochte[1].

Diese Regel des common law wurde auch durch das „statute law", das einzelne Arten der Betrügereien besonders hervorhebt, nicht aufgehoben[2], auch wenn es durch neuere Gesetze von der Praxis teilweise als aufgehoben betrachtet wurde[3]. Man betrachtete es jedoch als Rechtsübung, daß falsche Vorspiegelungen (false pretences) ohne das Hinzukommen von Trugkünsten keinen strafbaren Betrug begründeten und daß das Gesetz keineswegs zum Schutz der Unvorsichtigen und Nachlässigen berufen sei[4].

In der englischen Rechtsprechung wurde betont, daß ein strafbarer Betrug von der Beschaffenheit sein müsse, daß die „Meisten" dadurch getäuscht werden würden[5]. Als beispielhaft für die damalige Einstellung der Rechtsprechung kann wohl der Satz eines englischen Richters gelten: „Shall we indict one man for making a fool of another?"[6].

Dementsprechend galt die Meinung, daß der Staat die „Einfältigen", die sich durch solche einfachen Lügen täuschen lassen, nicht zu schützen brauche[7]. Wo dem Betrogenen der Vorwurf gemacht werden könne, daß er die zum Selbstschutz erforderliche Vorsicht nicht angewendet habe, entfalle eine Strafbar-

---

1) Birnbaum, ArchCrim.NF.1834,543; Temme, Lehre vom Betrug, S.23; Ortloff, Betrug, S.224, 412 Fn.1, 482; vgl. Arzt, LH 3, S.76 Fn.1
2) Goltdammer,Materialien II, S.534 Fn.1; Escher, Betrug, S.160; Temme, Lehre vom Betrug,S.23; Ortloff, Betrug,S.225
3) Ortloff, Betrug, S.228
4) Ortloff, Betrug, S.228; Escher,Betrug,S.191 ff; Mittermaier, GS 10 (1858),S.130; vgl.Gryziecki,Betrug,S.66
5) Escher,Betrug,S.160; Temme,Lehre vom Betrug,S.50,56
6) Escher,Betrug,S.113 Fn.159; Goltdammer,Materialien II, S.534 Fn.1; Ortloff,Betrug,S.81; H.Meyer,Grundzüge,S.196; Wehrle, Betrug,S.22; Merkel,Abh.II, S.322 Fn.45,329, der sich sehr kritisch zu diesem seiner Meinung nach mit unverdientem Beifall aufgenommenen „Witz" äußert; Köstlin, Zeitschrift, S.395 äußert sich ebenfalls sehr kritisch zu dieser „breit getretenen Frage eines englischen Richters".
7) Merkel, Abh.II, S. 320

keit wegen Betruges, da der Staats- und Rechtsschutz „sich durch Bestimmung einzelner Betrugsmittel, als nicht erkennbarer und unausweichbarer, nur auf eine gewisse Normalvorsicht und Klugheit" erstrecken könne[1]. Ferner wurde hervorgehoben, daß aufgrund dieser Rechtsübung die englische Bevölkerung darauf hingewiesen sei, in Rechtsgeschäften die nötige Vorsicht anzuwenden[2]. Hierbei ist aber zu beachten, daß selbst bei Verneinung strafbaren Betruges die betreffende „betrügerische" Handlung als „unfair dealing" bezeichnet wurde bei entsprechender Gefährdung des guten Rufes des „Betrügers" in der Öffentlichkeit[3].

2. Frankreich

Während sich die deutschen Strafgesetzbücher (in der Regel) für einen allgemeinen Betrugstatbestand entschieden, versuchte man in Frankreich im Code pénal von 1810 durch Spezifizierung der Täuschungsmittel zu einer Abgrenzung zwischen dem strafbaren Betrug („escroquerie"[4]) und dem nur zivilrechtlich verfolgbaren „stellionat"[5] zu gelangen.
Die Begrenzung der Strafbarkeit wurde durch genaue Aufzählung der Betrugsmittel zu erreichen versucht, so daß Übervorteilungen, die nicht im Gesetz mit aufgezählt waren, straflos waren. So lautete Art. 405 des Code pénal: „Quiconque, soit en faisant usage de faux noms ou de fausses qualités, soit en employant des manoeuvres frauduleuses pour persuader l'existence de fausses

1) Ortloff, Betrug, S. 484
2) Ortloff, Betrug, S. 230
3) Mittermaier, GS 10 (1858),128 f; Ortloff,Betrug,S.230,483
4) Ortloff, Betrug, S.217; Mittermaier, GS 10 (1858), 133; Naucke, Betrug, S.73 Fn.22; Zur Geschichte des Code pénal vgl. Berner, Strafgesetzgebung, S. 51 ff
5) Art. 2059 des Code civil; vgl. Temme, Lehre vom Betrug, S. 22; Escher, Betrug, S. 211 ff; Ortloff, Betrug, S.217

enterprises . ."[1], d.h. es wurden zur Herbeiführung des Irrtums besondere Kunstgriffe zur Täuschung verlangt[2]. Der französische Gesetzgeber wollte eine zu weite Ausdehnung des Strafrechts vermeiden[3] und durch die genaue Bezeichnung der strafbaren Betrugshandlungen der Bevölkerung und den Richtern über den Umfang der Strafbarkeit klare Kriterien zur Hand geben[4]. Dies hatte allerdings die Konsequenz, daß viele Nachtragsgesetze erlassen werden mußten, da die Spezialisierungen des Art. 405 oft nicht ausreichten[5].

In der französischen Rechtsprechung ging man davon aus, daß eine bloße Lüge[6] ohne die Vorspiegelung falscher Tatsachen oder ohne arglistige Künste, wenn auch sonst der Betrugstatbestand erfüllt ist, zur Bestrafung nicht ausreichte[7]. Vielmehr bedürfe es gewisser zur Täuschung geeigneter Handlungen („manoeuvres frauduleuses"[8]), wobei bloße (die Lüge nicht unterstützende) fälschliche Angaben noch keine „manoeuvres" darstellten, daß hierzu vielmehr eine „mise en scène" gehöre[9], d.h. es muß mehr als eine Vorspiegelung vorliegen[10].

---

1) vgl. den vollständigen Wortlaut bei Reese,Betrug,S.6; Escher,Betrug,S.171 f; Merkel, Abh.II, S.54 f; H.Meyer, Grundzüge,S.195 f; vollständige deutsche Übersetzung bei Ortloff,Betrug,S.218 oder Visini,Beyträge, S.57 Fn.1

2) vgl. Mittermaier, GS 10 (1858), 141 Fn.49 a.E.; Buschmann, S.50; vgl. auch v.Preuschen,Betrug,S.82

3) Merkel, Abh.II, S. 320

4) Mittermaier, GS 10 (1858), 133

5) Ortloff, Betrug, S. 222, 410

6) „le simple mensonge ou le dol employés sans faire usage de faux noms ou des fausses qualités ou sans manoeuvres frauduleuses"; Escher, Betrug, S.158,186; Ortloff, Betrug, S. 82 f

7) Ortloff, Betrug, S. 481 f

8) Mittermaier in Feuerbach, LB,§ 411 Note IV,(S.662); Rotering, GS 60 (1902),258; Kohler,Treue und Glauben, S.30; Köstlin, Zeitschrift,S.377, sieht in diesem Begriff eine große Unbestimmtheit; vgl. hierzu auch RGSt 32,122, 127

9) Kohler, Treue und Glauben,S.30,mit weiteren Nachweisen der französ.Rechtsprechung in Anm.3; Merkel, Abh.II,S.315 Hegler,Betrug,S.449 Anm.3;vgl.zur mise-en-scène-Theorie Riegger,Betrug,S.37 f,165

10) Rotering,GS 60, 258 ;Riegger,Betrug,S.37:Die bloße Lüge mußte „durch irgendein äußeres Verhalten ergänzt" werden.

Strafbarer Betrug wurde von der französischen Jurisprudenz nur dann angenommen, wenn die angewendeten Mittel so waren, daß sie auch geeignet waren, die gewöhnliche Klugheit und Vorsicht zu überlisten[1]. Die Rechtsprechung gelangte somit zu einer Steigerung der Täuschung zur Arglist durch die Unterscheidung, ob sich der Betrogene durch „prudence ordinaire" hätte schützen können[2].

3. Italien

Zunächst hielt man sich in Italien an die Auslegung des römischen Rechts und versuchte den strafbaren vom nur zivilrechtlich zu verfolgenden Betrug durch Bestimmung der „magna et evidens calliditas" zu unterscheiden[3].
Später wurde dem Begriff des „Stellionats" folgende Definition gegeben: „qualunque impostura diretta a consequire un indebito lucro et atta ad ingannare daneggiare un diligente padrefamilias"[4], so daß zum strafbaren Betrug wesentlich gehörte, daß die betrügliche Handlung auch einen vorsichtigen Hausvater zu täuschen geeignet war[5]. Die Überlistung auch des Vorsichtigsten mußte das Ergebnis der Täu-

1) Mittermaier in Feuerbach, LB, § 411 Note V (S.663)m.w.N.; Köstlin, Zeitschrift, S.378; Hegler, Betrug,S.449 Fn.3 m.w.N., betont, daß dieses Erfordernis von der Praxis später fallen gelassen wurde; i.d.S.auch Ernst Kohlmann, Betrug, S. 354
2) Goltdammer, Materialien II, S.545 Fn.1 m.w.N.; vgl. Geib, ArchCrim. NF., 1840, S. 118 Fn. 61
3) Ortloff, Betrug, S. 222; Mittermaier, GS 10 (1858),131
4) Ortloff, Betrug, S. 223; Mittermaier, GS 10 (1858),131; vgl. auch Art. 626 des älteren italienischen StGB ,der in etwa Art. 405 c.p. entsprach, bei Kohler, Treue und Glauben, S. 33 f
5) Mittermaier, GS 10 (1858),131; Riegger, Betrug, S. 35 Fn. 54 führt die Lehre von Puccioni auf, nach der der strafrechtliche Schutz „weder idioti noch padri di famiglia negligenti" gebühre

schungshandlung sein[1], wobei als Maßstab die gewöhnliche Lebensklugheit (ordinaria prudenza) herangezogen werden sollte[2].

Dabei ist allerdings zu berücksichtigen, daß allgemein die Meinung gilt, daß jeder Italiener den Worten seines Gegners wenig Wert beimißt[3].

Auch das italienische StGB von 1889[4] verlangt in Art. 413 „listige Kunstgriffe oder Vorspiegelungen, die geeignet sind, den fremden guten Glauben zu täuschen oder zu hintergehen"[5]. Danach wurde ebenfalls strafbarer Betrug verneint, wenn sich der Getäuschte vorsehen und schützen konnte[6].

4. Nordamerika

In Nordamerika herrschte die allgemeine öffentliche Meinung, „daß Jeder, der sich mit Andern in Geschäfte einließ, auf seiner Hut sein muß, weil er weiß, daß sein Gegner auf jede Art (ver-)suchen wird, zu gewinnen und ihn zu überlisten", und der Betrogene eine Klage oder Strafanzeige unterlassen würde, „weil er weiß, daß er, wenn der Betrug bekannt wird, auf ein verhöhnendes Lachen vieler seiner Mitbürger, welche der Klugheit des Betrügers nicht selten ihren

1) Ortloff, Betrug, S. 223; vgl. auch Carmignani bei Geib, ArchCrim.NF.,1840,118 und Ortloff, a.a.O. S.223 Fn.1: „Rectius dixeris, magnam et evidentem calliditatem eam esse. qua diligentissimus quisque decipi facile possit, adeo ut si de impostura agatur, quam quisque vel levi adhibita diligentia cognoscere potuerit, non stellionatus judicium extraordinarium concedendum erit, sed actio de dolo in judicio civili proponenda".
2) Carmignani, zitiert bei Geib, ArchCrim.NF.,1840,118 Fn.63 und Goltdammer, Materialien II, S.545 Fn.1: „Ove l'offesa cadessa sul dritto di proprietà e fosse tale, che un' ordinaria prudenza avesse potuto evitarla . ."; vgl. auch Riegger, Betrug, S. 35
3) Mittermaier, GS 10 (1858),131; vgl. Riegger,Betrug,S.52 f
4) s.Beilage zu ZStW,Bd.10 (1890),97 sog.Codice Zanardelli (vgl.Riegger,Betrug,S.26)
5) Rotering, GS 60 (1902),259; Kohler, Treue und Glauben, S.34 mit italienischem Wortlaut des Art. 413; Hegler, Betrug, S. 473
6) Hegler, Betrug, S. 473 (Anm. 5 m.w.N.)

Beifall schenken, gefaßt sein muß, und auf die Verurtheilung des Gegners nicht leicht rechnen kann"[1].
Demzufolge scheute sich der Gesetzgeber davor, gesetzlichen Schutz gegen Betrügereien zu gewähren, da man sich davor fürchtete, Verkehr und Spekulation einzuschränken[2].

5. Niederlande

Auch die Niederlande hatten in ihrem Betrugstatbestand, Art. 326 des StGB von 1881[3], als Täuschungshandlung „listige Kunstgriffe"[4] aufgenommen, um sicherzustellen, daß nur solche Täuschungsmittel als strafbar anzusehen seien, die geeignet sind, „den bei seinen Handlungen im geschäftlichen Verkehr vorsichtigen Menschen zu überlisten"[5]. Auch die Rechtsprechung[6] behandelte einen plumpen Betrug, den der andere Teil entdecken konnte, als nicht strafbar[7].

1) Mittermaier, GS 10 (1858),128; vgl. Hotz, Leitfaden,S.139; Riegger, Betrug, S.52; Osenbrüggen, Abhandlungen,S.101 Anm. 176, wonach Amerikaner oft denjenigen, den wir Betrüger nennen würden, als „sharp fellow" bezeichnen und der Schriftsteller Lever läßt einen Irländer sagen: „There's many a thing they call a cheat in England, we might think a practical joke in Ireland".
Zum Begriff „smart fellow" Gross, Raritätenbetrug,S.75; vgl. Riegger, Betrug,S.53,116,169, zur Bedeutung der Mentalität in iberoamerikanischen Ländern, insbesondere zur „viveza criolla" in Argentinien und zur sozialen Wertung des Betrugs in Chile (dort ist der Betrug das „Populärdelikt par excellence", a.a.O.S.116)
2) Ortloff, Betrug,S.230; vgl. zu einigen amerikanischen Statuten: Kohler, Treue und Glauben,S.38;Wharton, § 1456
3) s.Beilage in ZStW,Bd. 1(1881),55 f
4) vgl. Rotering, GS 60 (1902),258 f; Kohler, Treue und Glauben, S.38:„listige Kunstgrepen"; RGSt 39,212,213
5) Motive, zitiert nach Hegler, Betrug,S.461 Anm.5 und S.529 Anm. 1
6) Hegler, Betrug, S.461 Fn. 5 m.w.N.
7) Zum russischen StGB vgl. Ortloff, Betrug, S. 83,231 f. Zu sonstigen damaligen ausländischen StGB vgl. Kohler, Treue und Glauben, S. 34 f und Hegler, Betrug, S. 464 ff

6. Zusammenfassung

Im 19. Jh. stimmten die englische und französische Gesetzgebung und Rechtsprechung darin überein, daß bloße („gewöhnliche") Lügen für die Annahme eines strafbaren Betrugs (sofern die sonstigen Voraussetzungen erfüllt sind) nicht ausreichten[1]. Beide Länder, aber auch Italien und Holland verlangten bestimmte qualifizierte Täuschungsmittel (im Sinne der in der Einleitung bezeichneten ersten Lösungsmöglichkeit[2]), nämlich (arg-)listige Kunstgriffe oder Trugkünste („manoeuvres frauduleuses"), gegen die die „gewöhnliche Lebensklugheit" („prudence ordinaire", „common prudence" oder „ordinaria prudenza")[3] nicht schützen könnte.

Läßt sich das Opfer durch Leichtgläubigkeit oder Fahrlässigkeit täuschen, d.h. beruht der Irrtum auf der „culpa" des Getäuschten, so bestand zumindest nach der französischen und englischen Rechtsprechung nur die Möglichkeit des Zivilrechtsweges.

In England wurde (im Sinne der „Schutzbereichslösung"[4]) betont, daß der Staat keineswegs zum Schutz der Unvorsichtigen, Nachlässigen oder Einfältigen berufen sei[5]. Vielmehr müßten die Bürger zur Anwendung der zum Selbstschutz erforderlichen Vorsicht angehalten werden.

Während bei diesen europäischen Strafgesetzgebungen das Bestreben erkennbar ist, den Strafbarkeitsumfang des Betrugs durch Spezifizierung des Täuschungsmittels zu begrenzen, wurde in Nordamerika auf eine Qualifizierung völlig verzichtet[6]. Die Gesetzgeber lehnten sogar zum Schutze des Verkehrs jeglichen gesetzlichen Schutz der Betrogenen ab,

---

1) s.o.S. 27 ff
2) s.o. Einleitung S. 5
3) vgl. dazu auch Geib, ArchCrim.NF., 1840, 119; Goltdammer, Materialien II, S. 545 Fn. 1
4) s.o. Einleitung S. 6
5) s.o.S. 28
6) s.o.S. 32 f

weil sich jeder bei Geschäften mit anderen der Gefahr der Überlistung durch den Gegner bewußt sein müsse und dementsprechend sich selbst zu schützen habe[1].

---

1) s.o.S. 33

III. Die Meinung der Rechtslehre bis 1871

Es stellt sich die Frage, ob die damalige Rechtslehre sich für eine Berücksichtigung des Mitverschuldens des Betrugsopfers aussprach und welchen Lösungsansatz sie im bejahenden Falle wählte.

Schon zu Beginn des 19. Jh. kamen mehrere Vertreter der Rechtslehre zu der Auffassung, daß der Betrug nur dann zu bestrafen sei, wenn er eine besondere Gefährlichkeit für die Allgemeinheit bedeute[1].

Dies führte zu einer kontrovers geführten Abgrenzungsdiskussion zwischen dem strafbaren und zivilrechtlichen Betrug, wobei dem Verhalten des Betrugsopfers hierbei eine wesentliche Bedeutung zukam.

Während diese Diskussion überwiegend bezüglich des Strafbarkeitsumfanges eines Betrugstatbestandes geführt wurde, wurde gelegentlich versucht, das Mitverschulden des Betrugsopfers bei der Strafzumessung zu berücksichtigen.

Wichtigster Ausgangspunkt der Abgrenzung vom strafbaren und nur zivilrechtlich zu ahndenden Betrug war die „idealistische" Rechtsphilosophie Hegels[2]. Hegel ging von einer Dreiteilung des Unrechts aus, indem er zwischen unbefangenem und bürgerlichem Unrecht[3] einerseits und Verbrechen[4] andererseits unterschied. Zwischen diesen beiden Extremen stand nach Hegel als „zweite Stufe des Unrechts" der Betrug[5].

---

1) Buschmann, Entwicklung, S. 20

2) Hegel, Grundlinien der Philosophie des Rechts (1821); vgl. Merkel, Abh. I, S. 4; Naucke, Betrug, S. 93 Fn. 7; H. Mayer, AT, S.51; Buschmann, Entwicklung, S. 17 f; Riegger, Betrug, S. 35 Fn. 62.
Der „Hegelianismus" setzt sich im Strafrecht erst in den 40er Jahren des 19. Jh. durch; vgl. Landsberg, Geschichte, S. 668; Eb. Schmidt, Einführung, § 267 (S. 294)

3) Hegel, RPhil., §§ 82 ff

4) Hegel, RPhil., §§ 95 ff

5) Hegel, RPhil., §§ 83 a.E., 87 ff; ders. in § 89, Zusatz: Beim Betrug treten im Gegensatz zum bürgerlichen Unrecht Strafen ein, „weil es sich hier um das Recht handelt, das verletzt ist". Vgl. auch H. Mayer, Strafrecht 1936, S. 66 Fn. 3b

1. Berücksichtigung auf der Tatbestandsebene

a) Kleinschrod (1800)

Schon Kleinschrod[1)] hielt es für selbstverständlich, daß der Staat nicht alle Privatpersonen schädigenden Handlungen bestrafen könne, so daß er den Betrug nur dann für strafbar hielt, wenn das Verhalten des Täters eine Gefahr für die Sicherheit des Eigentums „Mehrerer oder Aller" zur Folge hatte oder wenigstens eine solche zu befürchten wäre[2)]. Solange nur der „eine oder andere Privatmann beschädigt" worden sei, sei die zivilrechtliche Entschädigung ausreichend[3)]. Dieses (quantitative) Abgrenzungskriterium ist aber ziemlich schnell wieder verworfen worden, schon wegen der Schwierigkeiten der Feststellung, für wieviele eine Gefährdung durch die betrügerische Handlung hervorgerufen sein muß und aus dem Gesichtspunkt, daß der Staat nicht nur den Strafrechtsschutz Mehreren, sondern auch dem Einzelnen zugute kommen lassen muß[4)]. So verzichtete selbst Kleinschrod in seinem Entwurf für die Kurpfalzbayerischen Staaten von 1802 auf dieses Kriterium und machte dort die Strafbarkeit des Betruges von der Höhe des Schadens abhängig[5)].

Es bleibt aber jedenfalls festzuhalten, daß Kleinschrod, entsprechend der Grundüberzeugung der Aufklärung, das Strafrecht nur dann angewendet wissen wollte, wenn die Rechte

---

1) ArchCrim., Bd. 2,135 ff
2) Kleinschrod, ArchCrim., Bd. 2,140,142; vgl. Naucke, Betrug, S. 64 f
3) Kleinschrod, a.a.O., S. 142, wobei zu bemerken ist, daß Kleinschrod den eigentlichen Betrug nur nebenbei behandelt; vgl. Ortloff, Betrug, S. 179 Fn. 1
4) v.Preuschen, Betrug, S. 17; Klien, NArchCrim.1816,S.124 ff, 159; Henke, Handbuch, 3.Teil, § 151,S.11; Köstlin, Zeitschrift, S. 368
5) v.Preuschen, Betrug, S. 17 hält diese Unterscheidung für noch willkürlicher als die erste; vgl. Buschmann, Entwicklung, S. 21 Fn. 22 m.w.N.

aller, des „Publikums" gefährdet waren[1]. Seine ersten Überlegungen, die kaum noch zu einem strafbaren Betrug führten[2], haben eine nachhaltige Diskussion ausgelöst, wie im folgenden zu zeigen sein wird.

b) Klien (1816)

Einen gänzlich anderen Standpunkt als Kleinschrod nahm Klien[3] ein, der von der Identität von Zivil- und Kriminalbetrug ausging und somit jede Täuschung (sofern die sonstigen Betrugsvoraussetzungen erfüllt sind) als strafbar ansah und eine Differenzierung vollkommen ablehnte[4]. Rechtswidrige Lügen waren somit nach Klien sowohl zivilrechtlich als auch strafrechtlich verfolgbar. Kritisiert wurde an dieser strengen Grenzziehung u.a., daß sie eine wesentliche Beeinträchtigung des bürgerlichen Verkehrs zur Folge haben würde[5].

c) Cucumus (1820)

Cucumus ging wieder auf den von Kleinschrod betretenen Weg zurück, indem auch er zwischen dem strafbaren Betrug und denjenigen Betrugsformen unterschied, die nur zivilrechtlich oder polizeilich zu verfolgen waren[6].
Er ging davon aus, daß eine Täuschung auf zweifache Weise geschehen könne, entweder durch bloße einfache Aussagen, denen man beliebig Glauben schenken könne oder nicht, oder

1) vgl. Naucke, Betrug, S. 65
2) Naucke, Betrug, S. 65
3) Klien, NArchCrim. 1816, 124 ff
4) Klien, NArchCrim. 1816, 141; dazu kritisch: v.Preuschen, Betrug, S. 18; Cucumus, Programm, S. 33; Köstlin, Zeitschrift, S. 368; Geib, ArchCrim. NF., 1840, 105; Schüler, Jur.Abh., S. 137; Gryziecki, Betrug, S. 80
5) vgl. Ortloff, Betrug, S. 179
6) Cucumus, Programm, S. 69; vgl. Hälschner, Preußisches Strafrecht, 3. Teil, S. 347

durch das Vorbringen äußerlich existierender Gründe, von denen auf das Behauptete als auf etwas notwendig Seiendes geschlossen werden müsse[1].

Bei der ersten Täuschungsart liege nur zivilrechtlicher Betrug vor, da der Getäuschte durch die „simple" Behauptung immer noch selbst Urheber seiner Erkenntnisse bleibe und somit eigentlich nur sich selbst täuschen würde[2], während ein strafrechtlicher Betrug dann anzunehmen sei, wenn durch das Vorbringen äußerlich existierender falscher Gründe auf das Erkenntnisvermögen des Betrogenen gewissermaßen Gewalt (Nötigung) ausgeübt werde[3].

Dies führte zu folgender Definition des Betruges: „Betrug ist die durch äußerlich existierende falsche Gründe dem Erkenntnisvermögen einer Person dolos angethane Gewalt, welche, wenn ihre Wirkung nicht unterdrückt wird, eine Verletzung der Rechtssphäre hervorbringt"[4]. Derjenige Betrug aber, der darauf beruhe, daß Jemand einer „simplen Behauptung" Glauben

---

1) Cucumus, Programm, S. 77

2) Cucumus, Programm, S. 75, 78

3) Cucumus, Programm, S. 75; vgl. Goltdammer, Materialien II, S. 533 Fn. 4; kritisch hierzu: v.Preuschen, Betrug, S.21; Henke, Handbuch, S. 13; Friedreich, Demme's Annalen,16.Bd., (1841), S. 305, 321 ff; Geib, ArchCrim.NF. 1840, S.106, weil danach zu viele Handlungen vom Strafrecht ausgeschlossen werden müßten, die man allgemein immer für strafbar gehalten habe; Temme,Lehre vom Betrug,S. 52, verneint die Möglichkeit zwischen Vergewaltigung und der bloßen Verleitung eines fremden Erkenntnisvermögens, eine Grenzlinie finden zu können; Köstlin, Zeitschrift, S. 371 ff

4) Cucumus, Programm, S. 82 f; Escher, Betrug, S. 65, stimmt dem Unterscheidungskriterium von Cucumus, das in der „Vergewaltigung des Erkenntnisvermögens dessen selbst, der verletzt werden soll" (so Cucumus, a.a.O., S. 64), zu sehen sei, zu und stellt eine Übereinstimmung dieser Bezeichnung mit der französischen und englischen Gesetzgebung und Rechtsprechung in vielen Punkten fest.
So auch Merkel, Abh. II, S. 322; Köstlin, Zeitschrift, S. 373

geschenkt habe, sei nur zivilrechtlich oder höchstens polizeilich zu beurteilen[1].
Allerdings ging die Tendenz bei Cucumus dahin, den Unterschied zwischen Fälschung und Betrug völlig in den Begriff des römischen „falsum" aufzulösen und dieses selbst als „eigentlichen Betrug" hinzustellen[2].
In späteren Ausführungen kam Cucumus zu dem Ergebnis, daß das Zivilrecht für den Irrenden dann ausreichend sei, wenn der Benachteiligte in Vertragsverhältnissen in „fahrlässiger Übereilung" gehandelt habe[3].

d) v. Gönner (1825)

v. Gönner vertrat die Auffassung, daß Betrug am besten überhaupt nicht strafrechtlich verfolgt werden sollte. So führte er im Jahre 1825 aus: „Stellionat, die bekannte Qual und Klippe aller Strafgesetzbücher, welche ihre natürliche Grenze übersteigen, gehört ohnehin, als verschieden von Escroquerie, nur vor den Civilrichter, und selbst diese dürfte vielleicht besser dem Civilgericht oder höchstens der Polizei überlassen werden; denn es ist allemal eine Vermischung der Moralität oder Delicatesse mit reinen strafrechtlichen Rücksichten, nur eine starke Zumuthung an das Strafgesetz, wenn man eine Strafe verlangt, weil - ein leichtgläubiger oder gutmütiger Mensch sich - überlisten oder täuschen ließ, oder wenn man von der Obrigkeit

---

1) Cucumus, Programm, S. 78; vgl. Ortloff, Betrug, S. 181; Merkel, Abh. II, S. 322
2) Cucumus, Programm, S. 99, 122, 134; vgl. kritisch Ortloff, Betrug, S. 182; Hälschner, Preußisches Strafrecht, 3.Teil, S. 347; v.Preuschen, Betrug, S. 23; Friedreich, Demme's Annalen, 16.Bd., S. 325.
Diese Ansicht ist von Cucumus später selbst revidiert worden, Cucumus, NArchCrim. Bd.10 (1829), S. 55 Fn.8, 533 f, 687 Fn. 53; vgl. v.Preuschen, Betrug, S. 23 Fn.t; Ortloff, Betrug, S. 182 f; Köstlin, Zeitschrift, S. 296, 372
3) Cucumus, ArchCrim.NF., 1837, 431,437; vgl. Köstlin, Zeitschrift, S. 389 f, 404 f

verlangt, sie sollte den Champion für jeden Einfältigen machen"[1].

e) v. Preuschen (1837)

Auch v. Preuschen versuchte einer Ausweitung des strafbaren Betrugs entgegenzuwirken, indem er nicht jeden Betrug als strafbar ansah. Er sah das entscheidende Kriterium für eine Abgrenzung zwischen strafbarem und zivilrechtlichem Betrug in der Beschaffenheit der Handlung, so daß eine strafbare Wahrheitsentstellung nur dann vorliegt, „gegen welche der zivilrechtliche Zwang zur Aufrechterhaltung der Rechtsordnung nicht hinreicht"[2].
In den Fällen, in denen der „zivilrechtliche Zwang" für gewisse Betrugshandlungen ausreiche, um vor Schaden zu schützen, sei ausschließlich das Zivilrecht anwendbar[3]. Als solche Beispielsfälle des nur zivilrechtlich verfolgbaren Betrugs nennt v. Preuschen Minderjährige, die sich betrüglich für volljährig ausgeben, die Bürgschaftsleistung einer „ihre weiblichen Rechtswohltaten kennenden Frau" zum Nachteil des Darleihers und die wissentliche Annahme einer Nichtschuld[4].
Daraus folgt, daß v. Preuschen nur dann den Betrug strafrechtlich verfolgen will, wenn der zivilrechtliche Zwang

1) v. Gönner, NArchCrim., 1825, S. 459 ff, 468; vgl. dazu Merkel, Abh. II, S. 322, der diese Äußerung v. Gönners als „berühmt gewordene" bezeichnet, die dem „bonmot" des englischen Richters, s.o.S. 28, korrespondiere. v. Preuschen, Betrug, S. 19 f, bezeichnet diese Formulierung als zu weit gehend, da es allerdings Arten des Betruges geben würde, die Strafe erforderten. Vgl. ebenfalls zu v. Gönner: Escher, Betrug, S. 58 Fn.; Goltdammer, Materialien II, S. 533 Fn. 3; Geib, ArchCrim.,NF. 1840, 102 f; Friedreich, Demme's Annalen, 16. Bd. (1841), S. 305, 331; kritisch: Gryziecki, Betrug, S. 70
2) v. Preuschen, Betrug, S. 24; vgl. ders., a.a.O., S. 59 f
3) v. Preuschen, a.a.O., S. 24
4) v. Preuschen, a.a.O., S. 24 f; vgl. diesbezüglich Escher, Betrug, S. 182 f

nicht ausreicht[1], jedoch fehlt es an näheren Kriterien.

Dieser Versuch,Grenzen beim Betrug zu ziehen, wurde jedoch überwiegend skeptisch beurteilt[2]. So warf ihm Geib Tautologie vor[3] und andere sahen in seiner Argumentation die Konsequenz, die Bestrafung des Betrugs überhaupt auszuschließen, „da eine Zivilklage jeden Betrogenen erübrige"[4] oder, daß immer „erst der Weg des Zivilprozesses von dem Beschädigten versucht werden" müsse[5].
Dies dürfte aber wohl eine zu weitgehende Interpretation v.Preuschens darstellen[6], da er durchaus zum Ausdruck gebracht hat, daß gewisse Arten des Betrugs bestraft werden sollen[7].

f) Mittermaier (1838)

Auch Mittermaier[8] versuchte wie v. Preuschen zwischen Zivil- und Kriminalbetrug zu differenzieren und stellte im Anschluß an Cucumus bezüglich des Betruges darauf ab, daß dem Erkenntnisvermögen des Anderen Gewalt oder Zwang zugefügt

---

1) vgl. Ortloff, Betrug, S. 188
2) Mittermaier in Feuerbach, LB, § 411 Note IV (S. 662): v. Preuschens Auffassung lasse sich nicht rechtfertigen; bzw. in Demme's Annalen, 6. Bd., S. 20, wo er bei der Abgrenzung ein Prinzip vermißt; vgl. Köstlin, Zeitschrift, S. 369 f, 387
3) Geib, ArchCrim.NF. 1840, 108, indem v. Preuschen sage, Betrug werde nur bestraft, „wenn es notwendig ist, und notwendig ist es in allen Fällen, wo es notwendig ist". In diesem Sinne auch Merkel, Abh. II, S. 323 und Köstlin, Zeitschrift, S. 370. Demgegenüber findet Ortloff, Betrug, S. 188 diesen Vorwurf in dieser Form und Schärfe („lächerliche Formel") nicht richtig.
4) Köstlin, Zeitschrift, S. 369; Mittermaier, Demme's Annalen, 6. Bd., S. 21
5) Mittermaier, Demme's Annalen, 6.Bd., S. 21
6) so auch Merkel, Abh. II, S. 323, der diese Vorwürfe auf „Mißverständnisse" zurückführt.
7) v. Preuschen, Betrug, S. 20
8) Zum Leben und Werk Mittermaiers siehe die Nachweise bei Lüderssen, JuS 1967, 444 Fn. 4

werde[1]. Bei bloß wortlichen Lügen sei ein solcher Zwang zu verneinen, so daß derjenige, der sich trotzdem zu einer Vermögensverfügung bestimmen lasse, nur über die „eigene Albernheit" zu klagen habe[2]. Es sei nicht Aufgabe des Gesetzgebers, „jeden Albernen, Leichtgläubigen oder Schwachen durch Strafgesetze zu schützen"[3]. Handlungen, bei denen das Zivilrecht ausreichende Hilfe biete, sollten nicht strafrechtlich geahndet werden[4].

Entsprechend der französischen Regelung müßten die Arten der Vorspiegelungen, die den strafbaren Betrug begründen sollten, im Strafgesetz genau charakterisiert werden[5].

Es müßten daher für die Bestrafung von Betrügereien 1) entweder besondere Veranstaltungen hinzukommen, durch die den Lügen Nachdruck gegeben und Glaubwürdigkeit in der Art verschafft werde, „daß auch ein vorsichtiger Mann getäuscht werden" könne, oder 2) der Betrug müsse in solchen Vorspiegelungen liegen, die geeignet seien, „auch einen Vorsichtigen zu täuschen"[6].

---

1) Mittermaier, Demme's Annalen, 6.Bd. (1838),17 (vgl. auch a.a.O., Fn. 17 seinen Verweis auf Cucumus); so auch Aschbach, Demme's Annalen, 16. Bd. (1841), 30, 34; Köstlin, Zeitschrift, S. 376, 373; Merkel,Abh. II, S. 323 und Gryziecki, Betrug, S. 68 betonen die enge Verwandtschaft mit Cucumus' Ansicht. Geib, ArchCrim.NF., 1840, 109 hält diesen Ausdruck Mittermaiers für „sehr unglücklich gewählt", da er seiner sonstigen Ansicht (angeblich) widersprechen würde.
2) Mittermaier, a.a.O., S.17; vgl. ders. in Feuerbach, LB, §412 Note II (S. 666); vgl. ferner Aschbach, Demme's Annalen, 16.Bd. (1841), S.35; kritisch dazu Köstlin, Zeitschrift, S. 341 Fn. 1
3) Mittermaier, Demme's Annalen, 6.Bd, S. 17
4) Mittermaier, a.a.O., S.2; vgl. Escher, Betrug, S. 541
5) Mittermaier, a.a.O., S. 15
6) Mittermaier, a.a.O., S. 18; vgl. Goltdammer, Materialien II, S. 533 Fn. 4; Ortloff, Betrug, S. 190 f; kritisch: Friedreich, Demme's Annalen, 16.Bd. (1841), S. 321 ff, 326; Geib, ArchCrim.NF.,1840, 109, sah zwar diese Definition als„reine Tautologie" an (ihm zust. Ortloff, Betrug, S. 191), hielt jedoch den dort ausgegebenen Grundsatz (in Übereinstimmung mit der französischen und englischen Praxis) für den allein richtigen. Gegen den Vorwurf der Tautologie nehmen Temme, Lehre vom Betrug, S. 52 und Köstlin, Zeitschrift, S. 376 Fn.6, Mittermaier in Schutz.

Als Definitionsvorschlag empfahl Mittermaier den Gesetzgebern die Aufnahme der Worte: „durch auf Täuschung des Anderen berechnete und hierzu geeignete Vorspiegelungen und listige Veranstaltungen"[1], wobei er sich zur Unterstützung seiner Meinung auf das römische Recht („magna et evidens calliditas") berief[2]. Während Mittermaier hier den Schwerpunkt auf die Qualifikation der Täuschungsmittel legte, wobei er allerdings den in manchen damaligen StGB verwendeten Begriff der „besonderen Arglist" für zu unbestimmt hielt[3], empfahl er aber gleichzeitig eine individualisierende Betrachtungsweise, da bei der Strafbarkeit auf die „Persönlichkeit" des zu Täuschenden in der Weise Rücksicht zu nehmen sei, ob die Vorspiegelung des Betrügers auch tatsächlich zur Täuschung geeignet war[4].

Bezüglich des Betruges bei Eingehung von Verträgen wollte Mittermaier nur in „gewissen Fällen" eine Strafverfolgung sehen[5], da jeder bei Vertragsverhältnissen wissen müsse, daß den gegnerischen Versicherungen kein Wert beizumessen sei[6]. Strafbarer Betrug sollte nur vorliegen, wenn: 1) „der Handelnde die Eingehung des Vertrages nur als ein

---

1) Mittermaier, Demme's Annalen, 6. Bd. (1838), S. 19
2) Mittermaier, a.a.O., S. 19; Während Geib, ArchCrim.NF., S. 119 Fn. 64, diese Berufung auf das römische Recht für falsch hält, sieht Köstlin, Zeitschrift, S. 365 Fn. 5 (S.406 Fn.1) diesen Tadel als nicht gerechtfertigt an.
3) Mittermaier, a.a.O., S. 26 f bzgl. des Württembergischen StGB-Entwurfs
4) Mittermaier, a.a.O., S. 18; vgl. Geib, ArchCrim.NF., 1840, 120; Aschbach, Demme's Annalen, 16. Bd. (1841), 30, 36; Kritisch: Merkel, Abh. II, S. 324; Gryziecki, Betrug, S. 68 Fn. verteidigt Mittermaier gegen die Kritik Merkels.
5) Mittermaier, a.a.O., S. 22; bezüglich des Betruges bei Erfüllung sollten diese Einschränkungen offensichtlich nicht gelten, vgl. Merkel, Abh. II, S. 324; Gryziecki, Betrug, S. 150 Fn. 2; Während Mittermaier in Feuerbach, LB, § 411 Note IV (S. 662) an dieser Ansicht noch festhält, verwirft er in späteren Ausführungen, GS 10 (1858), 137 eine besondere Regelung über den Betrug bei Verträgen; vgl. auch Gryziecki, Betrug, S. 151
6) Mittermaier, Demme's Annalen, 6. Bd. (1838), S. 23; vgl. Aschbach, Demme's Annalen, 16. Bd., (1841), S. 30, 39

Mittel braucht, um dadurch seine täuschende Veranstaltung durchzuführen und die gewinnsüchtige Absicht zu erreichen"; 2) „wenn Jemand durch Vorspiegelung eines anderen Gegenstandes oder anderer Eigenschaften einen Vertragsbetrug spielt und zugleich die Veranstaltung so macht, daß daraus die Absicht erhellt, dem Beschädigten den Ersatz unmöglich zu machen, oder doch sehr zu erschweren"; 3) „wenn bei gewissen Gewerben, bei welchen das Vertrauen auf die Versicherung des Gewerbemanns begründet ist ... wissentlich falsche Waaren ... verkauft" werden; 4) „wenn mittelst falscher Maaße, Gewichte, Waagen der Betrug verübt wird"[1].
Es würde den (Handels-) Verkehr zum Erliegen bringen, wenn jede täuschende Handlung bei der Eingehung eines Vertrages bestraft werden würde[2].

g) Visini (1839)

Auch Visini definierte den strafbaren Betrug fast wörtlich wie Cucumus[3], indem er darauf abstellte, daß Jemand zu seinem Nachteile durch äußerlich existierende Gründe genötigt wird[4].

---

1) Mittermaier, Demme's Annalen, 6.Bd. (1838), 27 f; vgl. dazu Köstlin, Zeitschrift, S. 379; Gryziecki, Betrug, S.150; Merkel, Abh. II, S. 324 sagt, daß diese Grundsätze Mittermaiers im wesentlichen das badische Strafgesetz (s.o. S. 16) beeinflußt haben.
2) Mittermaier, a.a.O., S. 23; vgl. Cucumus, ArchCrim. NF., 1837, 436; Brackenhöft, ArchCrim. NF., 1848, 227,258; Aschbach, Demme's Annalen, 16.Bd. (1841), 43 f
3) Visini, Beyträge, S. 73: „Betrug ist die dolose Täuschung des Erkenntnisvermögens eines Andern, wodurch mit dem Hervorbringen oder Vertilgen äußerlich existirender falscher Gründe der Rechtszustand verletzt werden soll". Visini unterläßt aber eine Zitierung von Cucumus (s.o. S.39); vgl. Geib, ArchCrim.NF., 1840, 106 f; Köstlin, Zeitschrift, S. 371 Fn. 1; Merkel, Abh. II, S. 42 Fn. 23. Auch Brackenhöft, ArchCrim.NF., 1848, 228 folgt der Definition Cucumus', indem er auf die „geistige Vergewaltigung" abstellt.
4) Visini, Beyträge, S. 70

Jener Betrug, der nur dadurch entstehe, „wenn Jemand einer einfachen (simplen) Behauptung glaubt" und dadurch geschädigt werde, sei nicht als Verbrechen oder als strafbare Übertretung anzusehen, sondern nur „nach politischen, polizeylichen und privatrechtlichen Rücksichten zu betrachten"[1]. Der strafbare Betrug verlange eine „potenzierte Täuschung", d.h. nicht jede, sondern nur eine zu der „erklärten psychologischen Gewalt erhöhte Täuschung" könne das Charakteristikum des strafbaren Betrugs bilden[2]. Mit dieser „potenzirten Täuschung" bewirke man nichts anderes als die Täuschung des Erkenntnisvermögens eines Anderen[3].

h) Günther (1840)

Günther definierte strafbaren Betrug als absichtliche Unwahrhaftigkeit, insofern sie criminalrechtliche Folgen habe und die mehrere subjektive und objektive Momente erfordere[4]. So seien die subjektiven Erfordernisse auf Seiten des Betrügers eine positive Täuschungshandlung zur Erregung oder Unterhaltung eines Irrtums bei einem anderen und eine Absicht, diesen Irrtum rechtswidrigerweise zu benutzen[5]. Subjektive Erfordernisse hinsichtlich des Betrogenen sind, daß der vom Betrüger beabsichtigte oder benutzte Irrtum bei dem Betrogenen wirklich vorhanden war und daß dieser Irrtum auch seinen Willen beeinflußt hat. In objektiver Hinsicht müsse in Folge des Irrtums der beabsichtigte rechtswidrige (einigermaßen beträchtliche) Nachteil (oder wenigstens eine Gefährdung) öffentlicher oder privater Güter entstanden sein[6].

1) Visini, Beyträge, S. 71; Geib, ArchCrim.NF., 1840, 107 Fn. 32 a.E. sieht hierin zutreffend die Wiederholung der Theorie von Cucumus
2) Visini, a.a.O., S. 73
3) Visini, a.a.O., S. 112, wo er sich auch gegen das „Beschaffenheitswort listig", wie in § 176 des Österreichischen StGB von 1803, wegen dessen „Irreleitung" ausspricht.
4) Günther, in Weiskes Rechtslexikon, 2.Bd., S. 73, 75
5) Günther, a.a.O., S. 75
6) Günther, a.a.O., S. 75 f; vgl. dazu Ortloff, Betrug, S. 192

Zwar ist nach Günther nicht jeder Betrug als strafbar anzusehen, so in dem Fall, in dem Strafe erst dann eintreten könne, wenn der Betrüger keinen Ersatz leisten und er dieses Unvermögen kannte oder vernünftigerweise hätte nicht verkennen können[1], jedoch sei die Frage, ob die vom Betrogenen für wahr gehaltene Tatsache leicht oder schwer als Unwahrheit zu erkennen war, völlig unbedeutend[2].

Anhand eines Beispielfalles, in dem ein sich als Buchhalter des ersten Bankierhauses der Stadt ausgebender Bettler von einem „armen Privatgelehrten" unter Vorspiegeln von Geldverlegenheiten von diesem ein Darlehen erhält, kommt er zu dem Schluß, daß eine solche Täuschung „gewiß nur bei einem höchst einfältigen und bis zur größten Schwäche gutmüthigen Menschen gelingen" könne, was aber das Verhalten des Bettlers nicht vor Strafe retten könne[3].

Im Allgemeinen gelte der Satz, daß die „auch noch so handgreifliche Lüge" als strafbarer Betrug anzusehen sei, sofern „sie vom Belogenen wirklich geglaubt und er hierdurch in einen Irrtum über die Voraussetzungen seines Handelns versetzt wurde - in Ansehung der Gründe des Handelns freilich nur, dafern die unwahre Vorstellung, wenn sie wahr gewesen wäre, vernünftigerweise als Grund für den Getäuschten, so zu handeln, wie er handelte, hätte dienen können und wirklich gedient hat"[4].

Damit ist Günther zu denjenigen zu rechnen, die (zumindest in der Regel) das „Mitverschulden" des Betrugsopfers nicht berücksichtigen wollen und auch keine besonders arglistige Täuschungshandlung verlangen.

---

1) Günther, in Weiskes Rechtslexikon, 2.Bd., S. 107; vgl. o.S. 16 f, § 452 Ziff. 2 des Badischen StGB
2) Günther, a.a.O., S. 81
3) Günther, a.a.O., S. 81; ihm bzgl. dieses Falles zustimmend Geib, ArchCrim.NF., 1840, 120
4) Günther, a.a.O., S. 82; kritisch Köstlin, Zeitschrift, S. 351 und Gryziecki, Betrug, S. 76 Anm.

i) Escher (1840)

Wie v. Preuschen nahm auch Escher an, daß eine Strafe wegen Betrugs nur dann eintreten könne, wenn die allgemeine Sicherheit gefährdet oder „die civilrechtlichen Mittel nicht ausreichen, den Lädirten schadlos zu machen"[1].
So sah er die Zivilmittel dann als ausreichend an, „wo eine zivilrechtliche Garantie gegeben sei, welche der angeblich Betrogene wirksam in Anspruch nehmen" könne[2]. Liege jedoch eine Absicht vor, „den Anderen an seinem Vermögen so zu beeinträchtigen, daß er vom Zivilrichter nicht schadlos gehalten werden" könne[3] und gebrauche er bei der Täuschung „betrügliche Mittel (machinatio, des manoeuvres frauduleuses)"[4], um der Lüge den Schein äußerer und innerer Glaubwürdigkeit[5] zu geben, so handle es sich um strafbaren Betrug.
Er sah für denjenigen, der sich durch Leichtgläubigkeit, Fahrlässigkeit etc. hatte betrügen lassen, nur den Zivilrechtsweg eröffnet, indem er dort auf Schadensersatz, Nichtigkeit des Geschäftes usw. klagen könnte. Ein solches Betrugsopfer habe kein Recht zu verlangen, daß der Staat von Amts wegen einschreiten und der Gesetzgeber zum Vorteil seiner Sorglosigkeit (den Verkehr hemmende) Strafgesetze erlassen würde[6].
Im Anschluß an die französische und englische Rechtspraxis, auf die sich Escher wesentlich stützte, sei strafbarer Betrug nur dann anzunehmen, wenn die Täuschung durch solche Mittel bewirkt wurde, daß auch eine Person „von hinreichender Klugheit und Aufmerksamkeit derselben nicht entgehen

1) Escher, Betrug, S. 153; ähnlich Marezoll, § 157, S. 539; vgl. auch Ortloff, Betrug, S. 196
2) Escher, a.a.O., S. 154 Anm. ; vgl. Merkel, Abh. II, S. 328; Buschmann, Entwicklung, S. 22
3) Escher, a.a.O., S. 154
4) Escher, a.a.O., S. 154
5) Escher, a.a.O., S. 187
6) Escher, a.a.O., S. 66, 246; vgl. auch Ortloff, Betrug, S. 194

konnte"[1]. Die „selbst verschuldete Täuschung durch Leichtgläubigkeit" wird von der Strafbarkeit ausgenommen[2], da leichtgläubige Leute nicht über eine eigentliche Rechtsverletzung klagen könnten, wenn sie sich durch „Fabeln . . vom ersten besten gewisse kleinere Beträge abschwatzen" ließen[3]. Sie treffe vielmehr das Sprichwort „mundus vult decipi"[4].

Bezüglich des Täuschungsmittels reiche die bloße Lüge zur Strafbarkeit nicht aus[5], vielmehr bedürfe es einer „planmäßigen, arglistigen, durch künstliche Mittel hervorgebrachten Täuschung"[6]. Doch genüge „eine mit Umständen ausgemalte und auf listige Weise glaubhaft dargestellte Lüge"[7].
Kritisch wurde zum Teil angemerkt, daß Escher sich bei der Kennzeichnung trüglicher Mittel zu sehr in die Kasuistik verloren habe[8].
Zusammenfassend läßt sich feststellen, daß Escher ebenfalls für eine restriktive Handhabung der Strafbarkeit des Betrugs eintrat und im Falle der Leichtgläubigkeit oder Fahrlässigkeit des Betrugsopfers den Weg vor die Strafgerichte ablehnte.

k) Geib (1840)

Die auch weiterhin die Diskussion wesentlich bestimmende Frage der Abgrenzung des Kriminal- vom Zivilbetrugs wurde durch Geib fortgeführt[9].

---

1) Escher, Betrug, S. 66
2) Escher, a.a.O., S. 99
3) Escher, a.a.O., S. 102
4) Escher, a.a.O., S. 102; vgl. auch Merkel, Abh.II, S. 260
5) Escher, a.a.O., S. 164
6) Escher, a.a.O., S. 163
7) Escher, a.a.O., S. 186
8) Ortloff, Betrug, S. 196; Temme, Lehre vom Betrug, S. 52 stellt bei Escher Widersprüche zu allgemeinen Grundsätzen fest.
Zur Kritik an Escher vgl. insbesondere Merkel, Abh. II, S. 328 f; Köstlin, Zeitschrift, S. 377 Anm. 1
9) ArchCrim.NF., 1840, 97 ff, 195 ff

Ausgehend von einer grundsätzlichen Übereinstimmung mit der französischen und englischen Gerichtspraxis sowie der Ansicht Mittermaiers[1] stellte er bezüglich der Beschaffenheit der Täuschung, damit sie die Anforderungen eines strafbaren Betrugs erfüllte, folgende zwei Regeln auf:

„1) Der Betrug ist unbedingt, gleichviel plump oder fein, in allen denjenigen Fällen strafbar, wo der Betrogene, nach Maßgabe der jedesmal herrschenden Volksansichten, eine Täuschung gar nicht erwarten konnte[2];

2) in allen übrigen Fällen, wo der Betrogene selbst auf eine Täuschung gefaßt seyn mußte, kann der Betrug gewöhnlich nur zu civilrechtlichen Ansprüchen berechtigen, eine Strafe aber blos alsdann begründen, wenn er in der Art angelegt wurde, daß nach der ganzen Individualität des Betrogenen zu vermuthen ist, derselbe sey, mit Rücksicht auf die bei anderen Gelegenheiten von ihm bewiesene Klugheit, nicht im Stande gewesen, die Täuschung zu durchschauen"[3].

Während in der ersten Regel auf die Forderung qualifizierter Täuschungsmittel verzichtet wird unter Heranziehung der „herrschenden Volksanschauungen"[4], fordert Geib in der zweiten Regel die Berücksichtigung der individuellen Klugheit des Betrogenen[5]. Und zwar müßte im Unterschied zur französi-

---

1) Geib, ArchCrim.NF., 1840, 110, 117
2) vgl. Geib, a.a.O., S. 125
3) Geib, a.a.O., S. 122, vgl. ders., S. 195 ff; zustimmend Schüler, Jur.Abh., S. 137, 139; kritisch: Friedreich, Demme's Annalen, 16.Bd.(1841), S. 327;
Während Merkel, Abh.II, S. 330, 333 diese beiden Regeln für nicht miteinander vereinbar hält, bezeichnet Temme (Lehre vom Betrug, S. 52 f) sie als tautologisch, da auch der letzte Fall der Strafbarkeit nach der allgemeinen Volksanschauung für strafbar gehalten würde.
ebenfalls kritisch zur 1. Regel: Köstlin, Zeitschrift, S. 381 ff
4) vgl. auch Hotz, Leitfaden, S. 138 f, der ebenfalls auf die „herrschende Volksansicht" abstellt; kritisch zu dieser Verweisung Merkel, Abh.II, S. 330, 326 f; vgl. auch Köstlin, Zeitschrift, S. 395 (zum „Volksrechtsbewußtsein") und Friedreich, Demme's Annalen, 16.Bd.(1841),S.327 f,337
5) Geib, a.a.O., S. 122 Anm. 67, S. 207; Köstlin,Zeitschrift, S.381 Fn.5 bezeichnet die 2.Regel als nichts Eigentümliches, da sie nur die französische Ansicht wiedergeben würde.Kritisch zu Geib:Friedreich,Demme's Annalen,16.Bd.(1841)S.328 f

schen und englischen Rechtsprechung, die einen absoluten Maßstab einer allgemeinen Lebensklugheit heranzuziehen scheinen, die Individualität des Betrogenen deswegen berücksichtigt werden, weil man sonst „alle Personen, welche sich trotz des besten Willens gar nicht zu jener fingierten Normalklugheit zu erheben vermöchten, für schlechthin schutzlos, und den Angriffen jedes beliebigen Gauners, der nur die Vorsicht gebrauchte, möglichst plump zu Werke zu gehen, für unbedingt Preis gegeben erklären" müßte[1].
Damit verwirft er die prinzipielle Preisgabe der Unklugen. Dabei lehnt Geib aber eine „exploratio mentis"[2] beim Betrogenen ab und versucht, zwischen dieser und dem in England gehandhabten Maßstab der Normalklugheit einen Mittelweg zu finden, indem er auf einen „gewissen (intellektuellen) Durchschnittsmaßstab" abstellen will, „zu dessen richtiger Auffindung und Bestimmung gewiß eine vernünftige Praxis von selbst kommen wird, und wo dann auch eine besondere Exploration der Geisteskräfte des Betrogenen als überflüssig erscheint"[3]. Als einen von vielen Beispielsfällen nennt Geib den Fall des außerehelichen Beischlafs[4], wo jedes Mädchen, auch das mit nur „allergewöhnlichster Erfahrung" die Täuschung des Eheversprechers durchschauen und sich dagegen schützen können muß, bzw. sich widrigenfalls seine Leicht-

1) Geib, ArchCrim.NF., 1840, 119 f; vgl. ders.,S. 196; vgl. ferner Goltdammer, Materialien II, S. 545 Fn.1; Merkel, Abh. II, S. 332 sieht in den Ausführungen Geibs den Beweis für die „angebliche Notwendigkeit der Berücksichtigung der Individualität" nicht als erbracht.
2) Geib, a.a.O., S. 196
3) Geib, a.a.O., S. 197; Merkel, Abh.II, S. 331 meint m.E. zu Recht, daß Geib eine besondere Exploration der Geisteskräfte nach seiner Theorie vergeblich bestreitet, da sich erst aus einer Prüfung der Geisteskräfte des Betrogenen ergeben kann, ob er diesen „Durchschnittsmaßstab" erreicht, über- oder unterschreitet; vgl. auch Ortloff, Betrug, S. 413 Fn.1
4) und den des ähnlich gelagerten Falles der Verletzung zur Eingehung der Ehe durch falsche Vorspiegelungen; Geib, a.a.O., S. 198

gläubigkeit selbst zuzuschreiben habe, d.h. auf keinen Fall Bestrafung fordern könne[1].
Auch bei Betrügereien in Verträgen müsse der Schaden selbst getragen werden, da auf Täuschungen des Vertragspartners jedermann gefaßt sein müsse, „solange diese Täuschungen nicht ungewöhnlich feiner und schwer zu durchschauender Art" seien[2]. Allerdings seien die „normalen" Warenanpreisungen straflos, da jedermann mit der Unwahrheit solcher Aussagen rechnen müsse und daher jede Täuschung seiner eigenen Leichtgläubigkeit zuzuschreiben habe[3]. Es sei aber auch bei den Betrügereien in Verträgen auf die Individualität des Betrugsopfers Rücksicht zu nehmen und ein Betrug daher selbst dann strafbar, wenn sich ergeben würde, „daß wenigstens die betroffene Person nicht im Stande gewesen ist, die ihr gespielte Täuschung zu durchschauen"[4]. Entsprechend sei die Individualität des Betrogenen bei Betrügereien durch Zauberer, Geisterbeschwörer, Goldmacher, Schatzgräber und Wahrsager und dergleichen zu berücksichtigen, so daß wegen der geistigen Beschränktheit der Geschädigten unbedingt Strafe erfolgen müsse[5]. Ausnahmsweise entfalle eine Strafe, wenn aufgrund der Persönlichkeit des Getäuschten sich ergebe, daß derselbe nur durch eigenes Verschulden hintergangen worden sei, obwohl er im allgemeinen von der Unsinnigkeit jener Handlungen überzeugt war[6].

1) Geib, ArchCrim.NF., 1840, 197 f
2) Geib, a.a.O., S. 203
3) Geib, a.a.O., S. 204, so auch Köstlin, Zeitschrift, S.346, 408 und Hotz, Leitfaden, S. 135
4) Geib, a.a.O., S. 207
5) Geib, a.a.O., S. 209
6) Geib, a.a.O., S. 209; kritisch dazu Merkel, Abh.II, S.332; Zu weiteren Betrugsbeispielen u.a. bezüglich Bettelei vgl. Geib, a.a.O., S. 210, hinsichtlich der Annahme falscher Namen (S. 212), der Unterschiebung fremder Kinder (S.216) und Betrug durch Unterlassen (S. 218 ff)

Schließlich betonte Geib, daß bei „Betrügereien von ganz unbedeutendem Belange" jede Strafe entfalle[1].

1) Temme (1841)

Nur kurz nach dem Werk von Escher erschien als weitere Monographie zum Betrug die von Temme im Jahre 1841, die insbesondere den Betrug nach dem Preußischen ALR zum Gegenstand ihrer Untersuchung machte.
Zu der Frage, ob jede Lüge für den strafbaren Betrug ausreiche bzw. ob die Anwendung gewöhnlicher oder ganz besonderer Aufmerksamkeit des Getäuschten eine Rolle spiele[2], vertrat er unter Bezugnahme der englischen Jurisprudenz und in Anlehnung an verschiedene Autoren[3] die Meinung, daß die (strafbaren) Täuschungsmittel im konkreten Fall „ungewöhnliche" sein und daß dadurch „die Meisten" getäuscht werden müßten[4].
Temme war der Auffassung, daß gegen „gewöhnliche Betrügereien, die man mit gewöhnlichen Geisteskräften, wenn man sie auch einmal etwas mehr als gewöhnlich anstrengen muß, zurückweisen kann", sich jeder selbst zu schützen habe[5].
„Die Waffe ist ihm dazu gegeben; gebrauche er sie; verlange er nicht, daß der Staat strafe, wo er zu träge war, gehörig aufzupassen", denn „für alltägliche Fälle muß die Strafgewalt des Staates nicht in Bewegung gesetzt werden"[6].

---

1) Geib, ArchCrim.NF., 1840, 209, 133 f; damit wird nach Köstlin, Zeitschrift, S. 384, die obige zweite Regel verleugnet. Köstlin zustimmend Merkel, Abh.II, S. 332; Mittermaier in Feuerbach, LB, § 411 Note IV (S.663) bezeichnet Geibs Regeln als unsichere Leitlinien, die ein Prinzip vermissen lassen würden.
2) Temme, Lehre vom Betrug, S. 49
3) Temme, a.a.O., S. 53: Escher, Mittermaier und Geib; vgl. Goltdammer, Materialien II, S. 533 Fn. 4 a.E.
4) Temme, a.a.O., S. 56; s.o. bei England S. 28
5) Temme, a.a.O., S. 56; dazu kritisch Gryziecki, Betrug, S. 71
6) Temme, a.a.O., S. 56

Während nach damals einhelliger Ansicht die gewöhnlichen übertriebenen Warenanpreisungen[1] und ähnlich kleinere Betrügereien im Handel und Wandel[2] als nicht strafwürdig angesehen würden, setze das Verlangen nach staatlichen Strafen erst dann ein, „wo der Einzelne sich selbst nicht mehr schützen konnte, wo er trotz der möglichen Anstrengungen von seiner Seite, der Bosheit unterliegen mußte"[3]. Dabei sei die Ungewöhnlichkeit der List und der verwendeten Mittel aber immer nur aus den konkreten Verhältnissen des Einzelfalles zu beurteilen[4].

m) Friedreich (1841)

Friedreich lehnte eine Unterscheidung zwischen zivilrechtlichem und strafbarem Betrug ab, da dafür weder im „Wesen des Betrugs" noch in allgemeinen Verbrechenseigenschaften Anhaltspunkte gegeben seien[5]. Es lasse sich auch schwerlich eine Grenzlinie ziehen, „ohne gegen strafrechtliche Prinzipien zu verstoßen und Betrügereien zu begünstigen"[6]. Es widerspräche nämlich strafrechtlichen Grundsätzen, den Täter dann straflos zu lassen, wenn der Geschädigte durch Unvorsichtigkeit seinen Schaden selbst veranlaßt hat[7]. Ferner wandte er sich gegen die Interpretation der überwiegenden Meinung, daß beim Betrug eine „magna et evidens calliditas" im Sinne eines höheren Grades der Arglist erforderlich sei. Das Attribut „magna et evidens" sollte, angesichts des Hanges der Römer „zu einem gewissen Sprachethos", nichts anderes als „unbezweifelt" ausdrücken[8].

Die Meinung, daß die „gewöhnliche Vorsicht" eines Menschen

1) s.o.S. 52
2) vgl. § 1325 ALR (s.o.S.10)
3) Temme, Lehre vom Betrug, S. 56
4) Temme, a.a.O., S. 56
5) Friedreich, Demme's Annalen, 16.Bd.,(1841),S.305,319,321
6) Friedreich, a.a.O., S. 329
7) Friedreich, a.a.O., S. 328
8) Friedreich, a.a.O., S. 318; vgl. zustimmend: Zimmermann, GS 29 (1878), S. 125; Gryziecki, Betrug, S. 126

als Maßstab angesehen werden solle, würde zur Folge haben, daß „gerade diejenigen Menschen schutzlos gestellt werden, welche des Staatsschutzes am würdigsten und bedürftigsten sind"[1]. Auch die mit größter Wahrscheinlichkeit (eine Unmöglichkeit des Erfolgs sei selbst bei dem plumpesten Betrugsversuch nicht anzunehmen) vorauszusehende Erfolglosigkeit eines Betrugsversuches ändere dessen verbrecherische Natur nicht, sondern charakterisiere den Täter nur „als desto geflissentlicher und frecher"[2].

Friedreich betonte die Gefährlichkeit der den Betrug als etwas Erlaubtes betrachtenden „Volksansichten" und forderte den Gesetzgeber auf, durch „scharfe" Gesetze dem allgemeinen Verschwinden des Begriffs des Betrugs überhaupt und der dadurch bedingten vollständigen Demoralisierung vorzubeugen[3].

Während allzu nachsichtige Gesetze nur zur Deliktsbegehung verleiteten, seien strenge Strafgesetze gegen den Betrug „vorzüglich heilsam und notwendig für unsere industrielle, geldaristocratische Zeit, wo die Versuchungen und Gelegenheiten zu Betrügereien sich so sehr gemehrt haben"[4].

Der durch strenge Gesetze so oft befürchtete Nachteil für den Verkehr sei unbegründet, da dadurch zahllose Betrügereien verhütet würden, wenn dem Betrüger stets der Strafprozeß in Aussicht gestellt wäre, statt sich eines langwierigen Zivilprozesses auf Betreiben des Betrogenen ausgesetzt zu sehen[5].

Daher sei, wenn gegen jede Betrügerei, ohne Unterschied[6]

1) Friedreich, Demme's Annalen, 16.Bd.,(1841),S.327
2) Friedreich, a.a.O., S. 329
3) Friedreich, a.a.O., S. 328, 337; vgl. o. S. 50 Fn. 4 zur Kritik bzgl. der Heranziehung der „Volksanschauung" bei Geib
4) Friedreich, a.a.O., S. 337
5) Friedreich, a.a.O., S. 334; vgl. ders., a.a.O., daß der (öffentliche) Verkehr leiden würde, wenn Jeder alle Augenblicke nach den Waffen der Vorsicht und des Mißtrauens greifen müßte; zustimmend: Gryziecki, Betrug, S. 71
6) Friedreich, a.a.O., S. 338: „Durch Ausnahmen ... werden die Begriffe der Verbrechen unsicher, und die von andern Rechtsverletzungen sie scheidenden Grenzen verwirrt gemacht".

(d.h. auch bei Betrug in Verträgen[1]), eingeschritten würde, auch nicht zu befürchten, daß die Gefängnisse überfüllt und den Polizei- und Justizbehörden zu große Lasten aufgebürdet würden[2].

n) v. Jagemann (1846)

Nach v. Jagemann soll der strafbare Betrug nur auf Antrag des Betrogenen verfolgt werden, besonders deshalb, weil es seiner Beurteilung unterliege, ob man bei einem Geschäft benachteiligt oder so geschädigt worden sei, daß man die „Mißlichkeit eines Criminalprocesses" auf sich nehmen wolle[3].
Bei Betrügereien in Verträgen sollte man „erst nach sorgfältiger Prüfung der Elemente des Thatbestandes, der Natur der denunciirten Kunstgriffe, des Intelligenzverhältnisses zwischen Betrüger und Betrogenem, wie auch des wirklichen oder möglichen Schadenbetrages" die Strafverfolgung einleiten und „im Zweifel" alle Anträge zurückweisen[4].
Dem Leichtsinn dürfe durch das Strafrecht kein Vorschub geleistet werden, indem sich der Betrogene zur Ausgleichung seiner versäumten Vorsicht immer auf die Strafgerichtsbarkeit verlassen könne[5].

o) Schüler (1847)

Schüler traf in seiner Abhandlung über den Betrug nach dem Sächsischen Criminalgesetzbuch die Feststellung, daß trotz des (anscheinend entgegenstehenden) Wortlauts des Art. 245[6],

---

1) Friedreich, Demme's Annalen, 16.Bd.,(1841), S. 330, 335 f
2) Friedreich, a.a.O., S. 334
3) v. Jagemann, ArchCrim.NF., 1846, 206, 211; vgl. in die ähnliche Richtung tendierend Escher, Betrug, S. 59; Aschbach, Demme's Annalen, 16.Bd., (1841), S.30,39; vgl. auch Ortloff, Betrug, S. 197
4) v. Jagemann, a.a.O., S. 213; vgl. Ortloff, Betrug, S. 198; kritisch: Köstlin, Zeitschrift, S. 440 Fn. 1
5) v. Jagemann, a.a.O., S. 212
6) s.o.S. 15

der keine besondere Arglist voraussetzt, der sächsische Gesetzgeber nicht jede nachteilige Täuschung, ohne die Vermeidbarkeit der Täuschung bei gewöhnlicher Vorsicht zu berücksichtigen, bestraft wissen wollte[1).]
Auch nach Art. 245 des Sächsischen Criminalgesetzbuchs müßten „alle solchen Fälle von der Bestrafung ausgeschlossen bleiben, in welchen der civilrechtlichen actio doli die Einrede entgegenstehen würde, der Betrogene trage nur die Folgen seiner eigenen Nachlässigkeit und Unvorsichtigkeit"[2)].
Strafbarer Betrug liege daher nicht vor, wenn 1) sich der Getäuschte „schon durch seine eigenen Sinne von der Unrichtigkeit" der betrügerischen Angaben hätte überzeugen können[3)].
Gerade im gewöhnlichen Handel und Wandel gelte das alte Sprichwort: „Wer die Augen nicht auftut, muß den Beutel auftun"[4)].
Beim Verkauf einer mangelhaften Sache liege erst dann strafbarer Betrug vor, wenn der „Fehler durch listige und nicht leicht zu entdeckende Veranstaltungen versteckt worden" sei[5)].

Zweitens könne eine Bestrafung dann nicht stattfinden, wenn die Täuschung des Betrügers nur in „allgemeinen Anpreisungen, Ausschmückungen oder Urteilen" bestehen würde[6)], da der Getäuschte hier nur „seine eigene Leichtgläubigkeit und Einfalt" anklagen könne[7)].

p) Goltdammer (1852)

Goltdammer kam aufgrund der Gesetzgebungsgeschichte des PrStGB von 1851 zu dem Schluß, daß danach schon eine einfache Täu-

1) Schüler, Jur.Abh., S. 95, 136
2) Schüler, a.a.O., S. 138
3) Schüler, a.a.O., S. 138 f
4) Schüler, a.a.O., S. 139; vgl.Schneickert,ArchivKriminalistik 18 (1905), 193, 195
5) Schüler, a.a.O., S. 139
6) Schüler, a.a.O., S. 140
7) Schüler, a.a.O., S. 140

schung für den (strafbaren) Betrugstatbestand ausreiche, solange sich die Täuschung nur auf Tatsachen beziehe[1]. Das Erkennungsvermögen oder die Aufmerksamkeit des Betrogenen spiele nach dem PrStGB keine Rolle mehr, da der kriminalrechtliche und der zivilrechtliche Betrug nunmehr identisch seien[2]. Auch die Frage, ob der Irrtum leicht vermeidbar gewesen wäre, sei nunmehr unbedeutend, da es genüge, wenn die täuschende Handlung für den Irrtum ursächlich gewesen sei[3]. So sei auch das Behaupten undenkbarer Tatsachen nach diesem Gesetz als strafbarer Betrug anzusehen[4].

q) Temme (1853)

Entgegen seinen früheren Aussagen, wenn auch bezogen auf das PrALR, war Temme nach dem Inkrafttreten des PrStGB von 1851 nunmehr der Meinung, daß die Entstellung der Wahrheit nicht mit einer „besonderen Arglist" verbunden sein müsse[5]. Die Täuschung müsse nur von der Art sein, daß sie einen Irrtum erregen konnte[6].

r) Oppenhoff (1858)

Oppenhoff betonte, daß es einer besonderen Arglist bei der Wahrheitsentstellung nicht bedürfe, da allein ausreichend sei, daß die Täuschung geeignet war, den anderen in Irrtum zu versetzen[7]. Ferner sei es gleichgültig, ob der Irrtum ein leicht vermeidlicher gewesen sei, solange er kausal auf der Täuschung beruhe[8].

---

1) Goltdammer, Materialien II, S. 543
2) Goltdammer, a.a.O., S. 545
3) Goltdammer, a.a.O., S. 545
4) Goltdammer, a.a.O., S. 545; vgl. Schwabacher, Betrug, S. 48 Fn. 2 m.w.N.; dazu kritisch: Köstlin, Zeitschrift, S. 341 Fn. 3
5) Temme, Lehrbuch, S. 978; vgl. oben S. 53 (Lehre vom Betrug)
6) Temme, a.a.O., S. 978
7) Oppenhoff, PrStGB, § 241 N. 51
8) Oppenhoff, PrStGB, § 241 N. 52

s) Köstlin (1856-58)

Köstlin widmete sich näher dem Problem der Abgrenzung zwischen strafrechtlichem und zivilrechtlichem Betrug, wobei er von Hegels Rechtsphilosophie beeinflußt war[1]. Statt Hegels Dreiteilung des zivilen Unrechts, des Betrugs und des Verbrechens[2] setzte Köstlin das polizeiliche, zivile und das kriminelle als die drei qualitativ verschiedenen Formen des Unrechts[3].

Der Betrug war für ihn an und für sich im Zivilrecht derselbe wie im Strafrecht[4]. Die daraus resultierende Strafbarkeit aller Fälle des Betruges lehnte er aber ab, da dann „die für die Ausdehnung der ganzen modernen Civilisation so unendlich wichtige Freiheit des Verkehrs" in Frage gestellt sei, die durch „eine rigorose Ausdehnung der Strafbarkeit des Betruges über die durch die Vernunft gebotene Grenze hinaus in die unerträglichsten Fesseln geschlagen würde"[5]. Dementsprechend sei eine Einengung der Betrugsstrafbarkeit notwendig, deren Grund „in der Verschiedenheit des Gegenstandes der bürgerlichen und der Strafrechtspflege" liege[6].

Die Privatrechtspflege habe die Aufgabe, gestörte Privatrechtsverhältnisse wiederherzustellen, d.h. gegebenenfalls auch zum Schadensersatz zu verhelfen[7].

Der „Wille", von dem die Störung ausgegangen sei, sei hier nur dann heranzuziehen, wenn er für den Nachteil des anderen ursächlich war[8].

---

1) Landsberg, Geschichte, S. 672 ff, 676; Eb.Schmidt, Einführung, § 268 (S. 295 ff); vgl. Buschmann, Entwicklung,S.18 f
2) s.o.S. 36
3) Köstlin, Neue Revision, § 3; vgl. ders., Abh., 122 Anm. 2; Zeitschrift, S. 299 Anm. 2, S. 399 Anm. 1, wo er sich gegen das „Mittelglied" Betrug ausspricht.
Vgl. auch Hälschner, Preußisches Strafrecht, 2.Teil, S.4 f; Merkel, Abh. I, S. 7
4) Köstlin, Zeitschrift, S. 394; vgl. Naucke, Betrug,S.92 ff
5) Köstlin, Zeitschrift, S. 295
6) Köstlin, a.a.O., S. 396
7) Köstlin, a.a.O., S. 396
8) Köstlin, a.a.O., S. 396

Dieser „Wille" reiche aber für den strafrechtlichen dolus nicht aus. Beim strafrechtlichen Betrug sei vielmehr darauf abzustellen, ob eine „prinzipielle Verletzung des Rechts"[1], hier des Eigentums- oder Vermögensrechtes, vorliege. Beim „verbrecherischen dolus" komme es auf die Angabe eines qualitativen, nicht nur quantitativen Unterschiedes gegenüber dem zivilrechtlich verantwortlich machenden Willen an[2]. Folglich befürwortete Köstlin eine grundsätzliche Unterscheidung zwischen strafrechtlichem und zivilrechtlichem Unrecht[3].

Die für den strafbaren Betrug notwendige „prinzipielle Negation des Rechts"[4] sei beim Betrug in Vertragsverhältnissen nicht gegeben[5].

Im Unterschied zum strafbaren Betrug, wo sich der Täuschende den Willen des Andern widerstandslos dienstbar zu machen suche, würde er hier denselben relativ noch als selbständige Potenz anerkennen[6]. Beim Betrug in Verträgen könne nicht „sofort die Absicht des grundsätzlichen Angriffs auf das Eigentumsrecht unterstellt werden", da er sich noch „auf rechtlichem Boden" befinde und es im Zweifel anzunehmen sei, daß der Täuschende glaube und wünsche, „sich mit dem Rechtsgesetze, wenn auch auf äußerster Grenzlinie, noch zu conformieren"[7].

1) Köstlin, Zeitschrift, S. 397; vgl. Merkel, Abh.II, S.336; Naucke, Betrug, S. 92 Fn. 4 betont die entscheidende Rolle dieses Begriffs bei Köstlin
2) Köstlin, Zeitschrift, S. 398
3) vgl. Naucke, Betrug, S. 94
4) Köstlin, a.a.O., S. 399 im Sinne Hegels (RPhil., § 82), der das Verbrechen als „Negation des Rechts" und die Strafe als „Negation der Negation des Rechts" ansah; vgl. Eb.Schmidt, Einführung, § 267 (S. 295)
5) Köstlin, Abh., S. 157; Zeitschrift, S. 408 ff; Gryziecki, Betrug, S. 149 erscheint diese Behauptung Köstlins unbegründet.
6) Köstlin, Zeitschrift, S. 399; Hälschner, Preußisches Strafrecht, 3.Teil,S.366 sieht in dieser Formulierung einen Widerspruch zu der Bestimmung eines qualitativen Unterschiedes
7) Köstlin, Zeitschrift, S. 409; vgl. Merkel, Abh.II, S. 336 f; kritisch: Gryziecki, Betrug, S. 144

Eine Qualifikation des „verbrecherischen dolus" als „magna et evidens calliditas" lehnte er aufgrund des willkürlichen Gradunterschiedes ab[1].

Auch die im Anschluß an das französische und englische Recht von deutschen Rechtslehrern[2] vertretene Ansicht, „daß der Betrug nur strafbar sei, wo der erzeugte oder benützte Irrthum nicht auf die culpa (Fahrlässigkeit) des Getäuschten zurückgeführt"[3], d.h. ob der vom Täuschenden hervorgerufene Irrtum vom Getäuschten leicht hätte vermieden werden können[4], hielt Köstlin für „ganz irrig"[5].

Es komme nicht darauf an, „ob der Irrthum entschuldbar oder nicht entschuldbar, ob er leicht oder schwer zu vermeiden" gewesen wäre, mit der Ausnahme des Falles, „wo es in die Augen springt, daß der Belogene das Vorbringen nicht geglaubt haben kann"[6]. Dies sei bei solchen Lügen anzunehmen, wo „nach den Umständen anzunehmen sei, daß der Belogene dadurch gar nicht in Irrthum versetzt werden konnte und auch nicht versetzt worden ist"[7].

Es sei vielmehr nur zu untersuchen, ob im betrügerischen Verhalten die Ursache für den Nachteil des Anderen liege[8].

---

1) Köstlin, Zeitschrift, S. 406
2) Köstlin, a.a.O., S. 406 nennt u.a. Mittermaier, Temme und Geib
3) Köstlin, a.a.O., S. 393
4) Köstlin, a.a.O., S. 406
5) Köstlin, Abh., S. 148
6) Köstlin, Zeitschrift, S. 341
7) Köstlin, Zeitschrift, S. 340; kritisch: Merkel, Abh. II, S. 335, 261, der Köstlin vorwirft, er substituiere dem tatsächlichen Kausalzusammenhang einen (erst zu legitimierenden) Imperativ, indem er von Lügen spreche, die Jedermann wisse oder wissen m ü s s e , von denen sich niemand bestimmen zu lassen b r a u c h e oder d ü r f e usw. Als einen solchen Beispielsfall zitiert Köstlin, Zeitschrift, S. 340 Anm. 4 den bei Günther, Weiskes Rechtslexikon , S. 81 angeführten Fall, wo Jemand sagt, auf einer Sternschnuppe seien zwei Mondbewohner heruntergefahren und würden um Beiträge zur Erbauung eines Schauspielhauses im Mond bitten; Günther, a.a.O., S. 82 bezeichnet diese „Posse" als neue Methode des Bettelns.
8) Köstlin, Zeitschrift, S. 396

Eine Unachtsamkeit des Irrenden sei an sich nicht die Ursache des Schadens, sondern diese „erleichtere nur die Wirkung der in der arglistigen Einwirkung liegenden Ursache"[1].
Zudem wäre es „sehr verkehrt, die Größe des dolus prinzipiell nach dem Grad der Intelligenz des Verletzten zu messen"[2].
Eine solche Auffassung würde es dem Verteidiger im Strafprozeß leicht machen, bei den „schnödesten Prellereien", insbesondere bei Mißbrauch des Aberglaubens, „den Angeklagten durch die Ausmalung der culpa seines Opfers weiß zu brennen"[3].
Es sei unerheblich, ob der Getäuschte die Täuschung hätte durchschauen können, da sich im Einzelfall zeige, ob die „calliditas hinlänglich magna" war, da ansonsten die Handlung im Stadium des strafbaren Versuchs geblieben wäre[4].
Schließlich dürfe es wie beim Diebstahl keine Rolle spielen, ob das Opfer dem Täter die Arbeit leichter oder schwerer mache bzw. seine Sachen besser oder schlechter verwahrt habe[5].

Die von Köstlin befürwortete Unterscheidung in strafbaren Betrug außerhalb und straflosen Betrug in Vertragsverhältnissen wurde oft durch Ausnahmen durchbrochen[6], so daß Köstlin dem

1) Köstlin, Zeitschrift, S. 396
2) Köstlin, a.a.O., S. 406; vgl. F.O. Schwarze, Kommentar, S. 663:„Der Grad der Klugheit, welchen der Getäuschte gezeigt hat, kann nicht entscheiden."; ähnlich Hotz, Leitfaden, S. 151, der allein den „Grad der Unredlichkeit des Betrügers", nicht aber „den Grad der Einfalt des Betrogenen" als relevant ansieht.
3) Köstlin, a.a.O., S. 406 Anm. 2
4) Köstlin, a.a.O., S. 407;a.a.O. Anm. 2 wirft er der Lehre, die das Mitverschulden des Betrogenen berücksichtigen will, vor, daß es nach ihr gar keinen strafbaren Betrugsversuch geben könne:„War nämlich der Betrug so angelegt, daß nur der culpos Leichtgläubige getäuscht werden konnte, so ist er als vollendeter Betrug nicht strafbar, mithin auch nicht als versuchter, wenn jener nicht in die Falle ging. War aber der Betrug so angelegt, daß ihn der Getäuschte nicht durchschauen konnte, so wird ja vorausgesetzt, daß er stets gelingen müsse".
5) Köstlin, a.a.O., S. 408; vgl. Friedreich, Demme's Annalen, 16.Bd. (1841), 305, 329; Merkel, Abh.II, S. 314
6) vgl. Hälschner, Preußisches Strafrecht,3.Teil, S. 366; Merkel, Abh. II, S. 335 ff; Gryziecki, Betrug, S. 145

Vorwurf einer „ziemlich lose verknüpften Kasuistik"[1] ausgesetzt war.

So sollte nach Köstlin der Betrug im Vertragsverhältnis entgegen der Regel dann strafbar sein, „wenn der Thäter bei Vornahme der Täuschung nicht bloß einfach auf die Unaufmerksamkeit des Andern speculiert, sondern wenn er sogleich darauf ausgeht, dessen Aufmerksamkeit von vorn herein zu lähmen und wirkungslos zu machen, indem er sich der Fälschung des Mittels als Täuschung bediene"[2]. Ebenfalls liege (ausnahmsweise) strafbarer Betrug dann vor, wenn die Täuschung gerade solche Eigenschaften der Person oder Sache betreffe, die ausdrücklich zur Bedingung des Geschäfts gemacht worden seien. Hier spekuliere der Betreffende ebenfalls nicht mehr einfach auf die Unaufmerksamkeit, sondern auf die Arglosigkeit desselben[3].

Damit näherte sich Köstlin aber der von ihm so bekämpften „culpatheorie", da in den beiden letzten Ausnahmen prinzipielles Unrecht nicht vorliegen soll, wenn der Täuschende nur einfach auf die „Unaufmerksamkeit" des Getäuschten spekuliert. Eine Wahrheitsentstellung, die nur im Falle der Unaufmerksamkeit (im Sinne einer culpa) zur Täuschung geeignet ist, wäre danach somit nicht strafbar[4].

t) Mittermaier (1858)

Mittermaier, den wir schon früher als Befürworter einer Berücksichtigung des „Mitverschuldens" kennengelernt haben[5], beschäftigte sich auch nach Erlaß des PrStGB von 1851 mit der Frage, inwieweit dem Getäuschten beim Betrug nur der

1) Merkel, Abh. II, S. 337; vgl. Buschmann, Entwicklung,S.26
2) Köstlin, Zeitschrift, S.436; vgl.Gryziecki, Betrug, S.148
3) Köstlin, Zeitschrift, S. 436 f; vgl. kritisch: Merkel, Abh. II, S. 337 ff, 339 unten; Gryziecki, Betrug, S. 149
4) vgl. Merkel, Abh. II, S. 338
5) s.o.S. 42 ff

Schutz durch zivilrechtliche Mittel zu gewähren sei[1). Zunächst bestimmte Mittermaier das Wesen des strafbaren Betruges danach, „daß der Betrüger das bei dem Volke im Verkehre vorausgesetzte Maaß von Redlichkeit und Wahrhaftigkeit zum Behufe eines unrechtmäßigen Gewinns verletzt"[2). Aufgrund einer rechtsvergleichenden Studie kommt er zu dem Schluß, daß entsprechend der verschiedenen Nationalansichten und Sitten das vom jeweiligen Gesetzgeber festzusetzende Ausmaß der Strafbarkeit des Betruges unterschiedlich sein kann[3).

Die Grenze zwischen dem strafwürdigen Betrug und der straflosen Schlauheit sei am richtigsten darin zu finden, „daß überall, wo nur solche Vorspiegelungen angewendet sind, auf deren Anwendung als allgemein bei Geschäften dieser Art bekannte Künste jeder verständige Mann gefaßt sein muß, und sich daher auch nicht durch sie bestimmen läßt, so wie überall, wo jemand in Folge schlauer Veranstaltungen des Gegners nur durch Unterlassung seiner Vorsicht getäuscht wird, welche jeder verständige Mann in Verhältnissen dieser Art anwendet, kein strafbarer Betrug eintritt"[4). Schließlich wollte Mittermaier die prozessuale Behandlung von Betrügereien am liebsten der Beurteilung von Geschworenen überlassen[5).

1) Mittermaier, GS 10 (1858), 122, 127
2) Mittermaier, a.a.O., S. 138; vgl. Hotz, Leitfaden, S. 137 ff
3) Mittermaier, a.a.O., S. 138; vgl. Hotz, Leitfaden, S. 139; siehe auch Ortloff, Betrug, S. 198; Osenbrüggen, Abhandlungen, S. 101
4) Mittermaier, a.a.O., S. 139; vgl. ähnlich Hotz, Leitfaden, S. 136 f; kritisch hierzu Ortloff, Betrug, S. 412; Merkel, Abh.II, S. 325 ff
5) Mittermaier, a.a.O., S. 138; In diesem Sinne schon Hotz, Leitfaden, S. 139; Merkel, Abh.II, S. 326 hält diesen Gedanken für beachtenswert; vgl. Köstlin, Zeitschrift, S. 381

u) Ortloff (1862)

Ortloff sprach sich gegen die Bestrebungen aus, das „Mitverschulden" zu berücksichtigen, da „Nachlässigkeit, Leichtgläubigkeit und Unvorsichtigkeit im Vermögensverkehr ... als Mängel und Fehler Einzelner noch keine Freibriefe für ihre ungestrafte Benutzung" seien[1]. Dabei sei auch kein Unterschied zwischen Privatleuten und Behörden zu machen, da es auch bei diesen nicht darauf ankommen könne, ob die Behörde sich leicht oder schwer täuschen ließ[2]. Der (strafrechtliche) Staatsschutz im Vermögensverkehr erstrecke sich nicht nur auf Erhaltung der allgemein geforderten Anspannung der Geisteskräfte[3]. Bei Verschulden seitens des Getäuschten „kommen die ‚prinzipiellen' Angriffe des Betrügers gegen die Rechtsordnung doch in Frage; er hat den Sieg durch eine geistige Abspannung des Getäuschten nur leichter errungen"[4].

Ortloff begrüßt das Fehlen einer besonderen Vorschrift über Betrug in Verträgen, wobei er allerdings den Betrug gegen Vermögensrechte nur als Antragsdelikt rechtspolitisch für durchaus möglich hält[5].
Auch liege es in der „Natur der Sache" und entspreche dem Billigkeitsempfinden, daß Personen, deren Alter oder Geisteszustand (Minderjährige oder sonst unter Vormundschaft stehende Personen) „eine Umsicht und Klugheit in ihrer regulären Erscheinung ermangeln" lassen, eines besonderen (Strafrechts-)Schutzes bedürfen[6].

1) Ortloff, Betrug, S. 413
2) Ortloff, a.a.O., S. 462
3) Ortloff, a.a.O., S. 413
4) Ortloff, a.a.O., S. 413
5) Ortloff, a.a.O., S. 413
6) Ortloff, a.a.O., S. 414

v) Merkel (1867)

Merkel, auf den Hegel kaum Einfluß hatte[1], wehrte sich gegen die Auffassung, daß das angewandte Täuschungsmittel als ein „raffiniertes, besonders listiges" etc. erscheinen müsse, denn es sei überhaupt keine irgendwelche positive Qualifikation zu fordern[2].

Er wandte sich ferner gegen die von ihm als „herrschende Lehre" bezeichnete Meinung, daß die „culpa des Getäuschten" zu berücksichtigen sei: „Weder für das Strafrecht noch für das Zivilrecht gilt der Grundsatz, daß der dolus des Verletzenden durch die culpa des Verletzten purgirt werde"[3]. Wenn sich ein Dieb, der einem Unvorsichtigen die Tasche ausleert, weder im Zivil- noch im Strafverfahren mit der Zerstreutheit oder Sorglosigkeit des Bestohlenen entschuldigen könne, so müsse dies auch bezüglich des Betrugsopfers gelten[4]. Beim Betrug komme weder der Nachlässigkeit oder Schwäche noch dem „Gefaßtsein" des Getäuschten „an und für sich irgend welche rechtliche Bedeutung zu"[5]. Die Annahme einer Fahrlässigkeit seitens des Getäuschten, die den Verlust als einen verdienten erscheinen lasse, würde sich oft als „Fiktion" ausweisen[6]. Zudem sei es der Rechtspflege nicht zuzumuten, sich

---

1) vgl. Naucke, Betrug, S. 92 Fn. 4; Liepmann, ZStW 17 (1897), 638 ff, 644 ff

2) Merkel, Abh.II, S. 258; vgl. ders. in Holtzendorff, Handbuch, 3.Bd., S. 757

3) Merkel, Abh.II, S. 261;
In diesem Zusammenhang spricht er, a.a.O., S. 265 von einem „kriminalistischen Unding"; vgl. ebenfalls Friedsam, Begriff, S. 40; Binding, BT 1, S. 350 Fn. 1; Hegler, Betrug, S.529 Anm.2; Arzt, LH 3, S. 120; Hillenkamp, Vorsatztat, S. 41

4) Merkel, Abh.II, S. 261; vgl. o.S. 62

5) Merkel, Abh.II, S. 262; vgl. Hotz, Leitfaden, S.151, der betont, daß der Gesichtspunkt, ob sich der Betrogene aufgrund seines Bildungsstandes oder bei größerer Besonnenheit gegen den Betrug hätte schützen können, völlig „gleichgültig und nutzlos" sei. Dies steht aber im Widerspruch dazu, daß Täuschungen, auf die sich „jeder verständige Mann gefaßt hält, und die er als leicht mögliche voraussieht" für Hotz „keinen Betrug und nichts Strafbares" darstellen; ders., a.a.O., S. 136 f (s.o.S. 64 Fn.4)

6) Merkel, Abh.II, S. 263

bei den zahlreichen Betrügereien „jedesmal in die schwierige psychologische Untersuchung verwickeln zu lassen, wie sich die allgemeine Intelligenz des übervortheilten Individuums zu der im einzelnen Falle bewiesenen verhalte, bzw., ob sich die Übervortheilung auf seiner Seite aus der mangelhaften Intelligenz oder aus einer mangelhaften Anwendung derselben erkläre"[1].

An den verschiedenen deutschen Strafgesetzbüchern, die das Erfordernis „arglistiger Wahrheitsentstellungen" verlangen, kritisiert er die allzu große Unbestimmtheit dieser Formulierungen[2]. Er sieht zudem keinen Grund, daß zur einfachen Wahrheitsentstellung etwas Weiteres hinzukommen müsse, da man auch einen Dieb, der die Tür nicht erbrach, weil er sie offen vorfand, bestrafen würde[3]. Merkel wendet sich auch gegen die in einigen StGB gemachte Unterscheidung zwischen Betrug in und außer Vertragsverhältnissen, die er als unfruchtbar empfindet[4].

Hinsichtlich der Abgrenzung des strafbaren vom nicht strafbaren Betrug sieht er das „Mehr" des „Strafzwanges" gegenüber dem „Zivilzwang"[5] in der „Gewinnsucht", d.h. in dem durch Täuschung erreichten unwiederbringlichen Sichaneignen fremder Vermögensstücke unter Mißachtung des Berechtigten[6]. Er fordert bezüglich des strafbaren Betrugs außer der Täuschung „eine Richtung des dolus und der ihm entsprechenden Thätigkeit auf Vereitelung der Zivilhilfe durch solche Mittel, für welche in den den Verkehr beherrschenden Anschauungen eine Entschuldigung nicht zu finden ist"[7]. Dieses „Requisit" liege dann vor, „1) wenn die Täuschung auf eine dauernde Wirkung derart berechnet sei, daß die fragliche diligentia

1) Merkel, Abh.II, S. 264 f
2) Merkel, a.a.O., S. 313
3) Merkel, a.a.O., S. 314
4) Merkel, a.a.O., S. 338, 293 ff; a.A. Köstlin, s.o.S. 60
5) vgl. Naucke, Betrug, S. 92 ff, 95
6) Merkel, a.a.O., S. 80, 95
7) Merkel, a.a.O., S. 280

sie weder sofort noch hinterher durchschauen lasse und somit dem Getäuschten keine Veranlassung zur Verfolgung der ihm erwachsenen Zivilansprüche gebe, und 2) wenn die Geltendmachung dieser Ansprüche in andrer Weise, z.B. durch Angabe eines falschen Namens und Domizils, unmöglich gemacht werden" sollte[1]. Aufgrund der letzten Ausführungen scheint aber die Kritik[2] berechtigt zu sein, daß hiermit Merkel, entgegen seiner Versicherung, doch wieder auf graduelle Unterschiede der Täuschungshandlung verweist, da in dem Fall, in dem der Aufmerksame die Täuschung leicht durchschauen konnte, der Betrug nicht strafbar, bei schwerer Entdeckungsmöglichkeit desselben aber Strafbarkeit bejaht wird. Auch die von Merkel gemachte obige Einschränkung, daß die Vereitelungsabsicht der Zivilhilfe nicht unbedingt den Betrug strafbar macht, sondern nur, wenn solche Mittel zur Anwendung kommen, für die die „herrschenden Volksanschauungen" keine Entschuldigung bieten, dürfte so zu verstehen sein, daß er damit zugibt, daß es Täuschungsmittel gibt, durch die sich niemand täuschen lassen soll und darf, und trifft er die Vermögensverfügung dennoch, so darf er sich nicht beklagen und keine Bestrafung erwarten[3].

Sollten Merkels Ausführungen tatsächlich in diesem Sinne zu verstehen sein, so hätte er sich damit, entgegen seinen Be-

1) Merkel, Abh.II, S. 280
2) Hälschner, Preußisches Strafrecht, 3.Teil, S.367; vgl. Gryziecki, Betrug, S. 131 ff
3) Hälschner, a.a.O., S. 367; Auch Zimmermann GS 29 (1878), S. 120,126 stellt (kritisch) fest, daß Merkel auf die besondere Arglist, unterstützt durch weitere auf Täuschung berechnete Anstalten und auf die Subsidiarität der kriminellen Betrugsklage zurückkomme.
In diesem Zusammenhang erscheint es bemerkenswert, daß Merkel in dem Falle, daß sich das von ihm vertretene „Requisit" des kriminellen Betruges nicht halten ließe, nur die Konsequenz sieht, daß die ganze Lehre vom bloßen Zivilbetrug keinen Sinn habe; Merkel, a.a.O., S. 283

teuerungen, doch der Meinung angenähert, die die Nachlässigkeit des Betrugsopfers bei der Abgrenzung zwischen strafbarem und straflosem Betrug einbezogen wissen wollte[1].

w) Hälschner (1868)

Auch Hälschner[2] verneinte die „Arglist" als besonderes Kriterium der Täuschungshandlung beim Betrug.
So sei es „bedeutungslos, ob ein größeres oder geringeres Maß von Arglist aufgewandt wurde, ob der Getäuschte durch vorsichtiges Benehmen den Irrthum hätte vermeiden können"[3]. Für den Betrugstatbestand komme es allein darauf an, ob die Täuschung einen Irrtum verursacht habe[4].
Zur Diskussion des Unterschiedes des strafbaren vom nur zivilrechtlich zu verfolgenden Betrug verwirft er die diesbezüglichen Versuche von Köstlin und Merkel[5] und kommt zu der Feststellung, daß die Schwierigkeiten bei dieser Abgrenzung nur zu einer unerschöpflichen Kasuistik[6] führen könne, indem man ziemlich unklar nur die Fälle, in denen die betrügerische Handlung einen sicheren Schluß auf die widerrechtliche Absicht zulasse, von denjenigen trennen könne, wo dieser Schluß unzulässig erscheine und ein dementsprechender Vorsatz nicht beweisbar sei[7].
Er verneinte das Vorliegen eines Grundes und eines Bedürfnisses für die Hinzufügung eines weiteren Momentes in den

---

1) so auch Gryziecki, Betrug, S. 133 f, sieht in diesen Worten Merkels die Befürwortung der „Compensierung des Dolus mit der Culpa".
2) Eb.Schmidt, Einführung, § 271 (S. 301), betont, daß Hälschner in straftheoretischer Beziehung im Banne Hegels (aber auch von Stahl und Chalybäus) stand; so auch Landsberg, Geschichte, S. 687; vgl. Hälschner, Preußisches Strafrecht, 2.Teil, S. 4 f; Buschmann, Entwicklung, S.19
3) Hälschner, Preußisches Strafrecht, 3.Teil , S.333 ff, 364
4) Hälschner, a.a.O., S. 364, 365, 371; damit stimmt er überein u.a. mit Goltdammer, Temme(Lehrbuch) und Oppenhoff
5) Hälschner, a.a.O., S. 366 f
6) vgl. Visini, Beyträge, S. 65, der die anerkannte Unzulänglichkeit einer solchen Kasuistik betont
7) Hälschner, a.a.O., S. 370

Betrugstatbestand zur Abgrenzung zum „angeblich" straflosen Betrug[1]. Straflose Betrügereien würden vielmehr dann vorliegen, wenn dem Betrüger die absichtliche Täuschung nicht nachgewiesen werden könne[2]. Aufgrund dieser Überlegungen kommt Hälschner zu dem Resultat, daß der Betrug „in allen Fällen" strafbar sei und es keinen von ihm zu unterscheidenden straflosen Betrug gebe[3].

x) Gryziecki (1870)

Gryziecki betonte die Entbehrlichkeit einer besonderen Qualifikation des Täuschungsmittels, da es allein auf den Kausalzusammenhang zwischen der Wahrheitsentstellung und dem Irrtum ankomme[4].
Es sei „unstatthaft und absurd", den vorhandenen Dolus des Betrügers völlig ignorieren zu wollen, weil ihm eine „nicht das Niveau des Gewöhnlichen erreichende Intelligenz und Aufmerksamkeit auf Seite des passiven Subjekts der rechtsverletzenden Handlung gegenübersteht"[5].
Ein Vermögensschaden, der aufgrund eines leicht zu vermeidenden Irrtums oder durch Unterlassung der möglichen Vorsicht bei Anwendung „gewöhnlicher Klugheit" zustande gekommen sei, sei zwar dem Verschulden, der Culpa des Betrogenen zuzuschreiben[6]. Jedoch sei diese Culpa insoweit irrelevant, als sie den Dolus des Betrügers nicht zu kompensieren vermag[7].

„Jeder ... klug oder ungeschickt ausgeführte Betrug verdient als solcher Strafe, und vor Rechtsverletzungen hat der Staat gewiß auch den beschränkten und leichtgläubigen Bürger zu wahren"[8]. Durch das Erfordernis eines besonders qualifizier-

1) Hälschner, Preußisches Strafrecht, 3.Teil, S. 371
2) Hälschner, a.a.O., S. 371
3) Hälschner, a.a.O., S. 371; zustimmend Zimmermann, GS 29 (1878), 127
4) Gryziecki, Betrug, S. 65, 69, 75; vgl. Zimmermann, GS 29 (1878), 128
5) Gryziecki, a.a.O., S. 69 f
6) Gryziecki, a.a.O., S. 70
7) Gryziecki, a.a.O., S. 70; (vgl. ders., a.a.O., S. 86, 180)
8) Gryziecki, a.a.O., S. 70

ten Täuschungsmittels würde oft gerade denjenigen, die des kriminalrechtlichen Schutzes am meisten bedürften", dieser Schutz entzogen[1]. Ein Betrüger, der einen leicht von Jedermann zu entdeckenden Betrug verübe, sei umso schamloser anzusehen[2], so daß das „nach den Grundsätzen der Gerechtigkeit unzweifelhaft Strafbare" auch nicht durch kriminalpolitische Überlegungen eingeschränkt werden könne[3].

Da allein auf den Kausalzusammenhang zwischen Täuschung und fremdem Irrtum abzustellen sei, sei eine Unterscheidung zwischen „error vincibilis" und dem „error invincibilis" zu verwerfen[4]. Die Warenanpreisungen stellten keine Täuschung im Sinne des Betruges dar[5].

Der „Dolus" des Betrügers brauche insbesondere keinen „Charakter einer besonders gefährlichen Schlauheit, Planmäßigkeit und höher potenzierten Raffinität zu haben"[6]. Beim Betrug sei nicht auf einen (quantitativ) höheren Grad des Dolus abzustellen[7], der zudem nur schwer bestimmbar sei. Würde man den größeren oder geringeren Grad des Dolus „nur nach der Art des äußeren Verhaltens des Täuschenden", mit gleichzeitiger Berücksichtigung der Zeit- und Ortsverhältnisse und der Intelligenz der Betrogenen bemessen, so würde man damit wieder auf das (nach seiner Meinung unstatthafte) objektive Requisit besonders qualifizierter Täuschungsmittel zurückgreifen[8].

Schließlich hielt Gryziecki die besondere Hervorhebung und damit verbundene Privilegierung des Betrugs in Vertragsverhältnissen für überflüssig und unberechtigt[9].

---

1) Gryziecki, Betrug, S. 181
2) Gryziecki, a.a.O., S. 70; vgl. Friedreich, s.o.S. 55
3) Gryziecki, a.a.O., S. 70
4) Gryziecki, a.a.O., S. 76
5) Gryziecki, a.a.O., S. 81
6) Gryziecki, a.a.O., S. 125 f
7) Gryziecki, a.a.O., S. 127; Köstlin, s.o.S. 60
8) Gryziecki, a.a.O., S. 127 f
9) Gryziecki, a.a.O., S. 143 ff, wendet sich damit insbesondere gegen die Ansicht Köstlins, s.o.S. 60, 62 f

2. Berücksichtigung auf der Rechtsfolgenseite

Während die bislang aufgeführten Vertreter der Rechtslehre eine Berücksichtigung des „Mitverschuldens" des Betrugsopfers auf der Abgrenzungsebene zwischen strafbarem und nur zivilrechtlich zu verfolgendem Betrug diskutierten, wurde demgegenüber gelegentlich auch die Auffassung vertreten, daß dieses Verhalten des Getäuschten bei den Rechtsfolgen, d.h. bei der Strafzumessung zu berücksichtigen sei.
So hat insbesondere Quistorp[1)] die Tatsache, „daß der Betrogene den Schaden durch seine eigene Unvorsichtigkeit erlitten habe" als Strafmilderungsgrund angesehen.
Demgegenüber verwarf Tittmann[2)] die Möglichkeit einer Strafmilderung bei einer „vorzüglichen Unvorsichtigkeit und Unklugheit des Betrogenen", da die Betrugshandlung immer dieselbe bleibe, während es Köstlin[3)] als „willkürlich und ungeschickt" bezeichnete, wenn aus der besonderen Unvorsichtigkeit ein Milderungsgrund gemacht werde[4)].

1) Quistorp, Grundsätze, § 415; vgl. auch Eisenhart, Rechtshändel, Th. III No.2, S. 97 und Dorn, prakt. Commentar, Th. I, § 162, S. 501 (zitiert nach Tittmann, Handbuch, 2. Bd., § 513, S. 525 Anm. 1)
2) Tittmann, a.a.O., §513, S. 525
3) Köstlin, Abh., S. 168
4) Cucumus, ArchCrim.NF., 1837, 431, 442 betont, daß der Grad der Arglist wohl ein Moment für die Zurechnung der Strafe bilde, nicht aber das Kriterium der Strafbarkeit an sich

3. Zusammenfassung (der Rechtslehre)

Aufgrund dieses Überblicks über die in der Rechtslehre bis 1871 vertretenen Auffassungen zeichnen sich zwei konträre Positionen ab, nämlich einmal die Befürworter und andererseits die Gegner einer Berücksichtigung des Mitverschuldens des Opfers beim Betrug. Der weitaus überwiegende Teil der Lehre diskutierte diese Frage im Rahmen der Abgrenzung zwischen strafrechtlichem und nur zivilrechtlich zu verfolgendem Betrug, während ein geringer Teil das Mitverschulden bei der Strafzumessung berücksichtigt wissen wollte. Als Vertreter für eine Berücksichtigung des Mitverschuldens auf der Tatbestandsebene traten, größtenteils von der ausländischen Gesetzgebung und Rechtsprechung beeinflußt, insbesondere Cucumus, v. Gönner, Mittermaier, Escher, Geib und Temme auf[1]. Es fällt auf, daß diese Autoren ihre Meinung in der Regel[2] vor dem Inkrafttreten des PrStGB von 1851 diskutierten und publizierten. Dieses, die weiteren deutschen Strafgesetzbücher wesentlich beeinflußende Gesetz scheint somit einen Schnittpunkt in der Diskussion zu diesem Themenkomplex darzustellen. Mit diesem Gesetz bahnte sich eine Tendenzwende an, denn vor 1851 konnte sich die Gegenmeinung nur auf Klien, Friedreich und Günther stützen. Erst danach gewann das ursprünglich zahlenmäßig schwache Lager allmählich die Überhand, wie die Ausführungen von Goltdammer, Temme, Köstlin, Ortloff, Merkel, Hälschner und Gryziecki nachdrücklich beweisen.

a) Die Argumentation der Befürworter

Die Argumentation der Befürworter (wie der Gegner) soll daraufhin untersucht werden, welcher von den in der Einleitung

---

1) vgl. auch Kleinschrod, v.Preuschen, Visini, v. Jagemann, Schüler

2) Nur Mittermaier zählt auch im Jahre 1858 noch zu den Befürwortern; s.o.S. 63 f

beschriebenen Lösungsmöglichkeiten[1] gefolgt wurde. Dabei läßt sich schon jetzt feststellen, daß viele Autoren nicht sauber zwischen den verschiedenen Möglichkeiten einer Berücksichtigung des Mitverschuldens des Betrugsopfers differenzierten, sondern oft mehrere Gesichtspunkte zusammenwarfen.
Eine besondere Qualifikation des Täuschungsmittels wurde von den meisten Befürwortern der Berücksichtigung der „culpa" des Betrogenen gefordert.
So ließen manche[2] im Anschluß an Cucumus eine einfache Lüge für den strafbaren Betrug nicht genügen, sondern verlangten eine „Vergewaltigung des Erkenntnisvermögens" des Betrogenen. Entsprechend der französischen Regelung wurden „listige Veranstaltungen"[3], „potenzierte"[4] oder „planmäßige, arglistige, durch künstliche Mittel hervorgebrachte Täuschungen"[5] für den strafrechtlichen Betrug gefordert. Man verlangte im konkreten Einzelfall „ungewöhnliche" Täuschungsmittel, wodurch die „Meisten"[6], d.h. Personen von „hinreichender Klugheit und Aufmerksamkeit"[7] bzw. der „verständige Mann"[8] getäuscht werden müßten.
Teilweise wurde betont, daß auf die individuelle Persönlichkeit (Klugheit) des Getäuschten Rücksicht zu nehmen sei[9], um die Personen zu schützen, die trotz besten Willens nicht zu jener „fingierten Normalklugheit" fähig wären[10].

---

1) s.o. Einleitung, S. 5 ff
2) vgl. Visini, s.o.S. 45; Mittermaier, s.o.S. 42 f;Aschbach, s.o.S. 43 Fn. 1;Brackenhöft, s.o.S. 45 Fn. 3
3) Mittermaier, s.o.S. 44; vgl. Schüler, s.o.S. 57
4) Visini, s.o.S. 46
5) Escher, s.o.S. 49; Mittermaier, s.o.S. 44 äußert sich kritisch zum Begriff der „besonderen Arglist"; vgl. Visini, s.o.S. 46 Fn. 3
6) Temme, s.o.S. 53
7) Escher, s.o.S. 48 f
8) Mittermaier, s.o.S. 64; Hotz, s.o.S. 64 Fn. 4
9) Mittermaier, s.o.S. 44; Geib, s.o.S. 50; Aschbach, s.o. S. 44 Fn. 4
10) Geib, s.o.S. 51

Die zweite Lösungsalternative, die auf die (leichte) Vermeidbarkeit des Irrtums beim Getäuschten abzielt, wurde von den Befürwortern der Berücksichtigung des Mitverschuldens zwar nicht ausdrücklich erwähnt, ergibt sich aber aus der diesbezüglichen Kritik der Gegner[1].

Die Kausalität zwischen Täuschung und Irrtum wurde nicht oder nur kaum als Anknüpfungspunkt für eine Berücksichtigung der Leichtgläubigkeit des Betrogenen gewählt.

Dagegen wurde auf den „Schutzbereich der Betrugsnorm" größerer Wert gelegt. Es wurde als große Zumutung gegenüber dem Gesetzgeber empfunden, wenn dieser dem leichtsinnigen Betrugsopfer die Verfolgung des Täters abnehmen sollte[2]. Nach dem Subsidiaritätsprinzip setze das Verlangen nach staatlichen Strafen erst dann ein, wenn das Individuum sich nicht mehr selbst schützen konnte oder trotz möglicher Anstrengung der Raffinesse des Täters unterliegen mußte[3]. Von den Befürwortern wird also an die Eigenverantwortlichkeit und Selbständigkeit des Bürgers appelliert, bevor nach dem Staate gerufen wird, indem man sich gegen leicht abzuwehrende Betrügereien selbst zu schützen habe[4].
v. Jagemann betont die (kriminalprophylaktische) Notwendigkeit, daß dem Leichtsinn der Bürger durch das Strafrecht kein Vorschub geleistet werden dürfe, indem sich der Betrogene zur Ausgleichung seiner versäumten Vorsicht immer auf die Strafgerichtsbarkeit verlassen könne[5]. Die zivilrechtliche Schadensersatzpflicht des Täters wurde in diesen Fällen als ausreichend[6] angesehen, oder es wurde der Vorschlag gemacht, den Betrug als Antragsdelikt zu formulieren[7].

---

1) Köstlin, s.o.S. 61
2) v. Gönner, s.o.S. 40;vgl. Escher, s.o.S. 48
3) Temme, s.o.S. 54; vgl. Escher, s.o.S. 48;Mittermaier, s.o.S. 43
4) vgl. Temme, s.o.S. 53
5) v. Jagemann, s.o.S. 56
6) Mittermaier, s.o.S. 43; Escher, s.o.S. 48
7) v. Jagemann, s.o.S. 56; vgl. Ortloff, s.o.S. 65

Um den (Handels-) Verkehr[1] nicht dadurch zum Erliegen zu bringen, daß jede Täuschung, die einen Vermögensschaden verursachte, bestraft wurde, wurden allgemeine Marktschreiereien und (übertriebene) Warenanpreisungen[2] aus dem Strafbarkeitsbereich herausgenommen und außerdem versucht, mit der Privilegierung von Betrügereien in Vertragsverhältnissen[3] Verkäufer nicht zu kriminalisieren. Letzteres konnte sich aber spätestens mit dem Erlaß des RStGB von 1871 nicht durchsetzen[4].

Teilweise, vor allem im Zeitraum um 1800, wurde das Mitverschulden des Betrugsopfers (ausdrücklich) als Strafmilderungsgrund angesehen[5].

b) Die Argumentation der Gegner

Von den Gegnern einer Berücksichtigung des Mitverschuldens des Betrugsopfers wurde die Forderung nach einer besonderen Qualifikation des Täuschungsmittels allgemein verworfen[6]. Auch die noch so handgreifliche Lüge sei als strafbarer Betrug anzusehen, sofern der Betrogene sie nur geglaubt habe und durch sie in einen Irrtum versetzt worden sei[7]. Das einzige Erfordernis stelle bei der Täuschung der Bezug auf Tat-

---

1) Der Verkehrsschutz wird insbesondere betont von: Mittermaier, s.o.S. 45; Escher, s.o.S. 48; Friedreich, s.o.S.55; Köstlin, s.o.S. 59
2) Geib, s.o.S. 52 (Fn. 3 m.w.N.); Temme, s.o.S. 54; Schüler, s.o.S. 57; Gryziecki, s.o.S. 71
3) Befürworter eines solchen Prinzips waren: Cucumus, s.o. S. 40; Mittermaier, s.o.S. 44 f (beachte aber auch seinen Meinungswechsel 1858; s.o.S. 44 Fn. 5); v.Jagemann, s.o. S. 56; Köstlin, s.o.S. 60, 62 f
4) schon das PrStGB von 1851 differenzierte nicht zwischen gemeinem Betrug und Betrug in Vertragsverhältnissen. Auch in der Literatur stieß diese Differenzierung auf Kritik: Merkel, s.o.S. 67; Ortloff, s.o.S. 65; Gryziecki, s.o. S. 71
5) s.o.S. 72
6) Klien, s.o.S. 38; Goltdammer, s.o.S. 57 f; Temme, s.o. S. 58; Oppenhoff, s.o.S. 58; Merkel, s.o.S. 66 f; Hälschner, s.o.S. 69; Gryziecki, s.o.S. 70 f
7) Günther, s.o.S. 47

sachen dar[1]. Zudem wurde in zunehmendem Maße eine Differenzierung zwischen strafrechtlichem und zivilrechtlichem Betrug abgelehnt, da beide als identisch anzusehen seien[2].

Während der Ursachenzusammenhang bei den Befürwortern kaum als Anknüpfungspunkt für das Mitverschulden gewählt wurde, verlangten die Gegner von der Täuschung nur, daß sie für den Irrtum des Betrogenen ursächlich war[3]. Die „Äquivalenztheorie" (bzw. die condicio-Formel) hatte sich also schon in den Jahren nach 1851 größtenteils durchgesetzt, obwohl sie erst später, nämlich in den 70er Jahren, als Problem des „Allgemeinen Teils" behandelt wird[4].

Der (leichten) Vermeidbarkeit des Irrtums wurde dann konsequenterweise ebenfalls keine strafrechtliche Relevanz mehr beigemessen[5]. Das Opferverhalten war somit gänzlich aus der strafrechtlichen Beurteilung eines Betrugsfalles herausgenommen, indem nur noch auf das kausale Verhalten des Betrügers bezüglich der Irrtumserregung abgestellt wurde. Diese Meinung wurde auch darauf gestützt, daß die Unachtsamkeit des Irrenden an sich nicht die Ursache des Vermögensschadens sei, sondern die Leichtgläubigkeit nur die Wirkung der in der arglistigen Ein-

---

1) Goltdammer, s.o.S. 58
2) Goltdammer, s.o.S. 58; Hälschner, s.o.S. 69; so schon Klien, s.o.S. 38; Friedreich, s.o.S. 54
3) Temme, s.o.S. 58; Goltdammer, s.o.S. 58; Oppenhoff, s.o.S. 58; Hälschner, s.o.S. 69; Köstlin, s.o.S. 61; Gryziecki, s.o.S. 70
4) Die Bedingungstheorie wurde (in Deutschland) insbesondere durch die Arbeiten von v. Buri (vgl. z.B. über Causalität und deren Verantwortung) begründet; vgl. Jescheck, ZStW 93 (1981), 3, 26; Schlüchter, JuS 76, 312 Fn. 5; Naucke, Regreßverbot, ZStW 76 (1964), 409, 414 Fn. 22; H. Mayer, Strafrecht 1936, S. 166 zur Entstehung des „Verursachungsdogmas", das Mayer als unhaltbar einstuft, a.a.O., S. 168
5) Günther, s.o.S. 47; Goltdammer, s.o.S. 58; Oppenhoff, s.o.S. 58; Köstlin, s.o.S. 61; Hälschner, s.o.S. 69; Gryziecki, s.o.S. 71

wirkung liegenden Ursache erleichtere[1].
Eine Berücksichtigung der Leichtgläubigkeit des Opfers würde zudem im Strafverfahren nur darauf hinauslaufen, daß auf Kosten des Betrogenen versucht werden würde, den Trick des Betrügers (zu dessen Gunsten) als besonders plump darzustellen[2].
Der Dolus des Betrügers könne nicht durch die Culpa des Betrogenen kompensiert werden[3], da der Nachlässigkeit (wie auch dem Gefaßtsein) des Betrugsopfers keine rechtliche Bedeutung zukomme[4].
Die Annahme einer Fahrlässigkeit beim Getäuschten würde sich oft als Fiktion ausweisen[5] und auch die psychologische Untersuchung, wie sich die allgemeine Intelligenz zu der im Einzelfall bewiesenen verhalte, stellten schwierige und unzumutbare Anforderungen an die Justiz[6].
Im Sinne der Lösungsmöglichkeit, die den „Schutzbereich"[7] heranziehen will, betont Ortloff die Notwendigkeit des Schutzes der Betrugsopfer, da deren Nachlässigkeit keine Freibriefe für die ungestrafte Benutzung derselben darstellen dürfe[8]. Insbesondere bedürften Geisteskranke, Minderjährige oder sonstige Personen, denen es an Umsicht und Klugheit generell ermangele, eines verstärkten Strafrechtsschutzes[9].
Der Staat habe nämlich gewiß auch den beschränkten oder leichtgläubigen Bürger vor Rechtsverletzungen zu schützen[10].
Schließlich wurde betont, daß das nach Gerechtigkeitsgrundsätzen „unzweifelhaft Strafbare" nicht durch kriminalpolitische Überlegungen eingeschränkt werden dürfe[11].

1) Köstlin, s.o.S. 62; vgl. Ortloff, s.o.S. 65
2) Köstlin, s.o.S. 62
3) Merkel, s.o.S. 66; vgl. Gryziecki, s.o.S. 70
4) Merkel, s.o.S. 66; vgl. Friedreich, s.o.S. 54
5) Merkel, s.o.S. 66
6) Merkel, s.o.S. 66 f
7) s.o.Einleitung, S. 6
8) Ortloff, s.o.S. 65; vgl. Gryziecki, s.o.S. 71; Friedreich, s.o.S. 55
9) Ortloff, s.o.S. 65
10) Gryziecki, s.o.S. 70
11) Gryziecki. s.o.S. 71

Auch die Möglichkeit einer Berücksichtigung des Mitverschuldens des Betrogenen als Strafmilderungsgrund wurde abgelehnt, da die Betrugshandlung als solche immer dieselbe bleibe bzw. nur der Willkür die Tür geöffnet werde[1].

Als Ergebnis läßt sich somit festhalten, daß bis zum Inkrafttreten des PrStGB von 1851 die überwiegende Rechtslehre über eine Qualifizierung des Täuschungsmittels zu einer Abgrenzung der Strafbarkeit des Betruges zu gelangen versuchte, wobei vor allem auf die Eigenverantwortlichkeit des Bürgers rekurriert wurde.
Nach der ersten Hälfte des 19. Jh. machte sich zunehmend ein Meinungsumschwung bemerkbar, der zur Verwerfung aller Lösungsmöglichkeiten führte, indem nur auf den Kausalzusammenhang zwischen Täuschung und Irrtum abgestellt und dem Verhalten des Betrugsopfers keinerlei Bedeutung mehr zugemessen wurde.

---

1) s.o.S. 72

IV. Der Betrug in der Rechtsprechungspraxis bis 1871

Die Rechtsprechung zum strafbaren Betrug in der zweiten Hälfte des 19. Jh. folgte der nach dem Inkrafttreten des PrStGB von 1851 herrschenden Rechtslehre. Das preußische Obertribunal verzichtete bei der Täuschungshandlung auf ein besonderes Qualifikationserfordernis, da es nicht darauf ankommen könne, ob ein Täuschungsmittel verwandt worden wäre, „durch welches sich der Betrogene bei richtiger Würdigung der Sache nicht hätte täuschen lassen sollen"[1]. Stattdessen sei nur relevant, ob das vom Betrüger benutzte Mittel tatsächlich einen Irrtum erregt habe[2].

Auch die Möglichkeit, die Vermeidbarkeit des Irrtums zu berücksichtigen, wurde verneint, da dies vom Gesetz nicht vorausgesetzt würde und demzufolge keine Rolle spielen dürfe[3]. Es wurde allein auf den Kausalzusammenhang zwischen der Täuschungshandlung und dem Irrtum[4] im Sinne der (erst später so bezeichneten) „Äquivalenztheorie" abgestellt[5]. Weitere Lösungsmöglichkeiten bezüglich einer Berücksichtigung des Mitverschuldens des Betrugsopfers, wie beim „Schutzzweck

---

1) PrOT RdO, 13,568, 571; 7, 64; Urteil v. 15.10.1856 (zitiert nach Oppenhoff, PrStGB, § 241 N. 51); vgl. Merkel, Abh. II, S. 314;
vgl. auch allgemein zur Rspr. des PrOT zu § 241 PrStGB: Naucke, Betrug, S. 85 ff; Reese, Betrug, S. 11 ff

2) Schon die Rspr. zum PrALR von 1794 bestrafte j e d e Täuschung, unabhängig von der Anwendung einer besonderen List und unter Mißachtung der gesetzgeberischen Motive; Temme, Lehre vom Betrug, S. 59; Goltdammer, Materialien II, S. 534 Fn. 1

3) (Zu § 241 PrStGB:) PrOT GA 2, 127; RdO, 1, 255 f; 11, 213 ff; 12, 137, 139; vgl. Wallmann, S. 349; Hahn, StGB für den Norddt. Bund, § 263 Fn. 515

4) Meistens wurde auf den Kausalzusammenhang zwischen „Irrtumserregung" und „Vermögensbeschädigung" abgestellt und weniger auf den zwischen Täuschung und Irrtum. Diese noch häufig fehlende Differenzierung ist wohl auf den Gesetzeswortlaut („dadurch") zurückzuführen

5) PrOT zu § 241 PrStGB: RdO, 7, 64; 9, 77 f; 11, 185

der Norm" oder im Rahmen der Strafzumessung wurden von der Rechtsprechung nicht verfolgt. Aufgrund dieser Praxis liegt der Schluß nahe, daß die Rechtsprechung zwar im Resultat mit den gesetzgeberischen Zielsetzungen des PrStGB übereinstimmt, jedoch die dahinterstehenden Wertungen vollkommen beiseite schob, indem nur darauf abgestellt wurde, daß die Täuschung, auch die besonders plumpe, für den strafbaren Betrug genügte, sofern sie für den Irrtum kausal im Sinne der Bedingungstheorie[1] war.

1) vgl. Amelung, GA 1977, 9 Fn. 43

Teil 2: Behandlung des Mitverschuldens des Opfers beim Betrug von 1871 bis 1945

Der § 263 RStGB enthält keine ausdrückliche Bestimmung darüber, ob Täuschungen jeglicher Art ausreichen, sofern sie sich auf „Tatsachen" beziehen, oder ob es Täuschungen einer besonders arglistigen Art sein müssen[1]. Folglich erscheint es auch nach dem Inkrafttreten dieses Gesetzes im Jahre 1871 interessant, die geschichtliche Entwicklung der Dogmatik zur Behandlung des Mitverschuldens des Opfers beim Betrug zu verfolgen, zumal auch hier das historische Material nur selten in der Literatur mitgeführt wird.
Da seitens des Gesetzgebers seit 1871 keine kodifikatorischen Veränderungen zur hier interessierenden Problematik beim Betrug vorgenommen worden sind, gilt im folgenden das Augenmerk insbesondere den Auffassungen der Rechtslehre und der Rechtsprechung. So ist näher zu untersuchen, ob die nach dem Erlaß des PrStGB von 1851 sich abzeichnenden Argumentationen der herrschenden Meinung in Wissenschaft und Rechtsprechung fortgesetzt und neue Gesichtspunkte bei der Begründung herangezogen werden.
Wie in der bisherigen Abhandlung der geschichtlichen Entwicklung sollen auch hier erst die Meinungen der Autoren dargestellt werden, soweit sie entweder ausführlich und/oder mit neuen Gedanken die Diskussion befruchten, um dann die Positionen zusammenfassend zu würdigen.

I. Die Auffassung der Rechtslehre

1. Friedsam (1893)

Friedsam betonte, daß die „Einfältigen, Leichtgläubigen, Leichtsinnigen, unter dem Niveau der allgemein im Volke herrschenden Verstandesreife Stehenden" durch das Gesetz nicht

1) vgl. H. Meyer, Grundzüge, S. 195

geschützt werden könnten und dies auch nicht bräuchten[1]. Strafbare Betrügereien müßten durch solche Mittel verübt werden, gegen die „auch der Vorsichtige und der normale Verständige sich deshalb nicht schützen kann, weil ein gewisses Maß von gegenseitigem Vertrauen und Glauben in die Rechtschaffenheit des Nebenmenschen im wechselseitigen Verkehr unentbehrlich" sei[2].
Es sei besser, „eine drohende Verletzung durch Vornahme einer solchen abzuwehren als sich unthätig schädigen zu lassen und die Nivellierung des entstandenen Unrechts dem Strafrecht anheim zu geben"[3]. Er entzieht sich aber ausdrücklich einer Stellungnahme, durch welche Merkmale die zu strafenden rechtswidrigen Täuschungen von den straflosen der gleichen Art zu unterscheiden wären[4]. Zudem verneinte Friedsam die Möglichkeit der Kompensation des Dolus des Täters mit der Culpa des Verletzten[5], auch wenn er dies nur bezüglich der Reklame und Marktschreierei erwähnte[6].

2. Kohler (1893)

Kohler wandte sich gegen die Auffassung, daß für die Täuschung (Vorspiegelung) jede unwahre Behauptung genüge, d.h. er fordert etwas über die bloße Behauptung Hinausgehendes[7]. Ferner betonte Kohler die Subsidiarität des Strafrechts, da der Strafzwang nur bei absoluter Erforderlichkeit eingreifen dürfe[8].

1) Friedsam, Begriff, S. 33
2) Friedsam, a.a.O., S. 33; vgl. Gross, Raritätenbetrug,S.65
3) Friedsam, a.a.O., S. 33 f
4) Friedsam, a.a.O., S. 35
5) Friedsam, a.a.O., S. 40; vgl. Merkel, s.o.S. 66
6) Friedsam, a.a.O., S. 39 f
7) Kohler, Treue und Glauben, S. 23; zustimmend: Wachenfeld, S. 406; vgl. Dohna, Zycha-FS, S. 469, 484; a.A. i.S. der h.M.: Hegler, Betrug, S. 421 Fn. 7 m.w.N.; Schwabacher, Betrug, S. 49
8) Kohler, a.a.O., S. 55

3. Rommel (1894)

Rommel verlangte bezüglich der Täuschungshandlung keine „besondere Arglist", da es bei § 263 StGB völlig irrelevant sein müsse, „ob die Täuschung eine recht plumpe, bei Vorsicht leicht zu vermeidende war oder nicht"[1]. Zur Begründung führt er aus, daß sonst der Strafrechtsschutz „nur dem vorsichtigeren und klügeren Teile der Staatsbürger zu Teil werden würde, während gerade die übrige Masse erfahrungsgemäß Betrügereien am meisten ausgesetzt" sei[2].
Rommel will sogar gänzlich ungeeignete Vorspiegelungen als ausreichend annehmen, wenn sie nur eine Täuschung veranlaßten[3].

Dementsprechend sei es auch unbeachtlich, ob der Irrtum leicht vermeidbar gewesen war oder nicht, sofern er sich nur als Folge der Täuschung nachweisen ließe[4].
Der Täter könne sich somit nicht „auf die übergroße Vertrauensseligkeit des Getäuschten zu seiner Entschuldigung berufen", wenn letzterer der (vielleicht) gebotenen Sorgfaltspflicht nicht nachgekommen sei[5].
Das Gesetz enthalte keine der genannten Beschränkungen und der Rechtsschutz des § 263 RStGB müsse gleichermaßen allen Betrogenen zugute kommen, wie ja auch der Staat ein gleiches Interesse an der Unterdrückung aller Arten der Betrügereien habe[6].

---

1) Rommel, Betrug, S. 36; vgl. ders., a.a.O., S. 63; so auch Rotering, GS 60 (1902), 257, 259; F.O.Schwarze, Kommentar, S. 663; v.Liszt, LB, S. 448 f, verlangt als Voraussetzung des strafbaren Betrugs eine „arglistige" Täuschungshandlung, die durch „Vorspiegeln falscher Thatsachen" erfolgen müsse. Ob diese Formulierung als Forderung einer „besonderen" Arglist zu verstehen ist, ist streitig; vgl. verneinend Schwabacher, Betrug, S. 49
2) Rommel, a.a.O., S. 36
3) Rommel, a.a.O., S. 36; vgl. Goltdammer, s.o. S. 58 Schwabacher, Betrug, S. 48 Fn. 2 m.w.N.; a.A. Zimmermann, GS 29 (1878), 131
4) Rommel, a.a.O., S. 63; vgl. Binding, BT 1, S. 350; Gerland, S. 635; Oppenhoff/Delius, § 263 N. 58
5) Rommel, a.a.O., S. 63
6) Rommel, a.a.O., S. 63

4. Gross (1901)

Gross war der Auffassung, daß zu Beginn des zwanzigsten Jahrhunderts noch die Mehrheit Betrug verneinen würde, wenn die Täuschung allzu offenkundig gewesen sei, nach dem Grundsatz: „Dummheit ist nicht zu schützen"[1], gegen den er sich wandte.

Zunächst stellte Gross fest, daß die „Leichtgläubigkeit, Unerfahrenheit und Abenteuerlichkeit" der Menschen so weit gehe, „daß es nach Aussprüchen erfahrener Händler für diese oft große Schwierigkeit und Überwindung erfordert, um auf alle Albernheiten der Leute im Glauben und Verlangen ernsthaft einzugehen. Wenn aber der Händler oder Einzelverkäufer endlich einsieht, daß die von Käufern dargebotene Dummheit wirklich echt ist, so gehört in der Tat viel Charakterfestigkeit dazu, hieraus nicht Nutzen zu ziehen"[2].

---

1) Gross, Raritätenbetrug, S. 64

2) Gross, a.a.O., S. 4; vgl. v. Hentig, Psychologie, S. 199; Vgl. den Fall Oskar Daubmann alias Schneider Hummel (sog. „badische Köpenickiade"), der beispielhaft zeigt, wie die Betrogenen durch ihre Begeisterung und Phantasie für den 1932 vermeintlich aus französischer Kriegsgefangenschaft heimgekehrten (falschen) Daubmann diesen dazu drängten, das zu erzählen, was sie hören wollten. Der Betrüger hatte „angesichts des bombastischen Empfangs im Freiburger Hauptbahnhof auch nicht die Kraft, sich ... dem verhängnisvollen Abenteuer zu entziehen." Siehe Schulz, Fall Oskar Daubmann, S. 47 ff, 57; Daniels, S. 57 Fn. 2; v. Hentig, Betrüger, S. 38 f, Ehrlich, Betrüger, S. 123 und ausführlich Hirtler.

Vgl. ferner den Fall der Adele Spitzeder vor dem Münchener Schwurgericht im Jahre 1873, in dem die Bankkunden angesichts ungewöhnlich hoher Zinsen der Spitzeder geradezu ihr Geld aufdrängten: „Wir wollen gar keine Wechsel, wir geben Ihnen das Geld so!"; Barsch, S. 353 ff, 411; v. Hentig, Betrüger, S. 40 Fn. 16. Versuche der Presse, das Publikum über die schwindelhaften, betrügerischen Grundlagen des Spitzeder'schen Bankinstituts aufzuklären, scheiterten an der großen Leichtgläubigkeit und verblendeten Gewinnsucht der Menge; Barsch, S. 361.
Die Betrügerin konnte es sich sogar leisten, die Opfer aufzufordern, ihre Gelder anderswo und sicherer zu deponieren. Selbst grobe Äußerungen gegenüber den Anlegern: „Ich pfeife auf Euer Geld, tragt's zu den Juden, die geben Euch größere Sicherheit. Ich gebe Euch blos einen Wechsel", hatten nur zur Folge, daß die Leute sie „flehent-

Diese Leichtgläubigkeit des Betrugsopfers dürfe nicht nach der Meinung beurteilt werden, nach der es des Schutzes nur bei körperlichen Einwirkungen, nicht aber auf geistigem Gebiet bedürfe, da dort (im Sinne dieser abzulehnenden Auffassung) „zum Segen aller das Recht des Stärkeren (gelte), das auf physischem (Gebiet) nicht anerkannt werden" dürfe[1].
Insbesondere wehrte sich Gross gegen die weitreichende Auffassung, daß die Dummen grundsätzlich nicht zu schützen seien, „damit sie nach den Grundsätzen der Selectionstheorie im Kampf ums Dasein zu Grunde gehen und die Rasse der Dummen nicht weiter fortpflanzen"[2]. Danach würde der „Schutz der Schwachen" total aufgegeben und die „Dummen würden dann nur in einen noch elenderen Zustand versetzt und erzeugen noch elendere Nachkommen"[3].
Ferner zeige sich, daß oft intelligente und gebildete Leute auf die frechsten Tricks hereinfallen, ja zum Teil sogar leichter zu betrügen sind als diejenigen, die gemeinhin als „Dumme, im Leben Unbrauchbare und Wertlose" bezeichnet werden[4].

Bezüglich einer Qualifikation des Täuschungsmittels sah Gross beim vollendeten Betrug jede Täuschung (List) als genügend an, auch wenn „der Streich später noch so simpel und auf der Hand liegend" erscheinen mag[5]. Die Täuschung müsse sich nicht durch eine besondere Raffinesse auszeichnen[6].

---

lich und in den unterwürfigsten Ausdrücken baten, sie möge sich doch ihrer erbarmen und ihr Geld annehmen". Barsch, S. 420; vgl. v. Hentig, Psychologie, S. 204 sowie Betrüger, S. 40

1) So aber eine von Gross, Raritätenbetrug, S. 65, zitierte Äußerung Glasers
2) Gross, a.a.O., S. 65
3) Gross, a.a.O., S. 65
4) Gross, a.a.O., S. 67; vgl. Schneickert, Archiv Kriminalistik 18 (1905), 193, 206; Wulffen, Kriminalpsychologie, S. 251 betont, daß man „die Unvorsichtigkeit, Leichtgläubigkeit, ja Dummheit ... (des Opfers) nicht mit dessen Intelligenz verwechseln" dürfe; vgl. ders., Kriminalistik 1932, S. 245 ff
5) Gross, a.a.O., S. 66
6) Gross, a.a.O., S. 67; so auch Oppenhoff/Delius, § 263 N.49

Prinzipiell sei von dem Satz auszugehen, daß „zur Täuschung geeignet ist, was Täuschung bewirkt hat"[1]. Es sei „durch gar nichts, weder durch einen Rechtssatz noch durch Gründe der Kriminalpolitik unterstützt, wenn wir nur solche List u.s.w. als genügend hinstellen wollten, die den Normalmenschen oder die große Mehrzahl der Menschen getäuscht hätte"[2].

Die vielen Menschen, die sich im Handel als arglos und vertrauend erweisen, dürften nicht „schnöder Ausbeutung" preisgegeben werden[3]. Die Gesetze seien schließlich nicht geschaffen, „um die vielleicht bloß in einer Richtung minder Starken vernichten zu helfen, sondern um ihnen die Existenz zu ermöglichen und sie für die Allgemeinheit brauchbar zu erhalten"[4].

Was für den einen zur Täuschung ausreichend war, das könne der andere nie beurteilen, da dieser nur den Erfolg sehe[5].

Von dem obigen Grundsatz, der auf die reine Verursachung des Irrtums durch die Täuschung abstellt, seien aber auch Ausnahmen zuzulassen[6], wie bei „ganz grobem Leichtsinn" und „Sorglosigkeit"[7]. In den Fällen, in denen etwas gekauft werde, ohne die Ware zu besehen oder die „allergewöhnlichste Prüfung" vorzunehmen, könne von einer List oder Vorspiegelung seitens des „Betrügers" nicht gesprochen werden, da es sich nur um „offenen Leichtsinn" des anderen handle[8].

Die im 19. Jh. so heftig geführte Diskussion bezüglich der Abgrenzung zwischen strafbarem und (nur) zivilrechtlich verfolgbaren Betrug bezeichnete Gross als beendet. Die wohl herrschende Meinung würde einen prinzipiellen Unterschied nicht anerkennen[9], so daß ein Betrug sowohl strafrechtlich als auch

1) Gross, Raritätenbetrug, S. 72
2) Gross, a.a.O., S. 72
3) Gross, a.a.O., S. 72
4) Gross, a.a.O., S. 72
5) Gross, a.a.O., S. 73
6) Gross, a.a.O., S. 72 f
7) Gross, a.a.O., S. 73
8) Gross, a.a.O., S. 73
9) Gross, a.a.O., S. 129; bahnbrechend Merkel, Abh.I,S.32 ff, 40; vgl.Schütze, LB, S. 464 Fn.4; Zimmermann, GS 29 (1878), 120,129;Hegler,Betrug,S.528; s.o.S. 77;H.Mayer,Strafrecht 1936, S. 68 f

zivilrechtlich verfolgt werden könne[1].

5. Schneickert (1905)

Zwar bezeichnete es Gross[2] noch als damalige herrschende Meinung, daß bei besonders plumpen Täuschungen und entsprechender Leichtgläubigkeit des Getäuschten kein strafbarer Betrug vorliege. Nur lassen sich für diese Auffassung der angeblich herrschenden Meinung kaum Literaturstimmen feststellen.
Eine Ausnahme stellt diesbezüglich Schneickert dar, der für eine Berücksichtigung der „Schuld" des Leichtsinnigen oder Leichtgläubigen beim Betrug eintritt[3].
Er hielt die große Masse des Volkes für „außerordentlich töricht und unempfänglich, wenn es sich darum handelt, sie zu Gutem, zu Nützlichem zu erziehen", wie z.B. unter anderem zur Bekämpfung der „verderblichen Leichtgläubigkeit" und des Aberglaubens[4].
„Das einzige und beste Mittel gegen den an Strafbarkeit grenzenden Leichtsinn des Volkes" sei und bleibe „die Selbstschädigung, das sprichwörtlich gewordene ‚teure Lehrgeld', das die Dummen stets und überall zu zahlen" hätten[5].
Es verstoße nicht „gegen die strafrechtliche Moral, wenn wir einen geradezu strafbaren Leichtsinn des Geschädigten dem durch die außerordentlich günstige Gelegenheit zum Verbrechen verleiteten Täter bei der Ausmessung der Schuld zugute kommen lassen"[6]. Je mehr Schuld der Geschädigte am Verbrechen selbst trage, desto mehr sei man zur Entschuldigung des Täters geneigt, insbesondere in den Fällen, wo der Leicht-

---

1) Gross, Raritätenbetrug, S. 130
2) s.o.S. 85
3) Schneickert, Archiv Kriminalistik, 18 (1905), 193, 211; vgl. auch v.Cleric, SchwZStR 39 (1926), 16, 49
4) Schneickert, a.a.O., S. 193 f
5) Schneickert, a.a.O., S. 194; vgl. ders., a.a.O., S. 204; so schon Aschbach, Demme's Annalen, 16. Bd. (1841), S. 35
6) Schneickert, a.a.O., S. 194

sinn des Geschädigten zur Entrüstung herausfordere[1]. Schneickert neigte somit dazu, die Frage verneinend zu beantworten, ob derjenige, der „die einfachsten Gebote des Selbstschutzes und der Vorsicht trotz Warnung außer Acht" lasse, den „weitgehendsten Schutz und zwar immer ganz auf Kosten des ‚verleiteten', ‚gereizten' Übeltäters" wirklich verdiene[2].

6. Hegler (1907)

Hegler lehnte eine besondere Qualifikation des Täuschungsmittels, wie z.B. durch ein Kriterium der Geeignetheit zur Täuschung durchschnittlich Vorsichtiger, deswegen ab, weil dadurch die Angriffe gerade auf die geeignetsten Betrugsopfer, „die Leichtgläubigen", keiner strafrechtlichen Sanktion ausgesetzt wären[3].
Der Kausalzusammenhang zwischen Täuschungshandlung und Irrtum wird auch durch eine „mitunterlaufende Fahrlässigkeit" des Getäuschten nicht unterbrochen[4].

7. Sauer (1933)

Sauer verneinte mit aller Entschiedenheit die Frage, ob der Betrogene bei „sträflichem Leichtsinn" überhaupt des strafrechtlichen Schutzes bedürfe, da § 263 RStGB „in erster Linie nicht den Betrogenen (ohne eigene Schuld) schützen, sondern den schuldigen Betrüger bestrafen" solle[5]. Allerdings befürwortete Sauer eine „Schuldminderung", wenn der Betrüger beim Betrugsopfer keinen erheblichen Widerstand zu überwinden brauche bzw. dieses ihm seine Tat sogar noch erleichtere[6].

1) Schneickert, Archiv Kriminalistik 18 (1905), 195;vgl.seine diesbezüglichen Beispiele, a.a.O., S. 195 ff
2) Schneickert, a.a.O., S. 211
3) Hegler, Betrug, S. 529, 423
4) Hegler, a.a.O., S. 424; in diesem Sinne: Rotering, GS 60 (1902), 257; Binding, BT 1, S. 350; Olshausen,§ 263 N.17; Frank, RStGB, § 263 Anm. III 3; Gerland, S. 635; a.A. Schütze, LB, S. 472 Fn. 10
5) Sauer,Kriminalsoziologie,S.402;zustimmend:Karstendiek,S.31
6) Sauer, a.a.O., S. 402; vgl. Karstendiek, S. 31

8. Dahm (Kommissionsentwurf 1936)

Im Kommissionsentwurf zur Strafrechtsreform des Dritten Reiches wurde auf eine Umschreibung der Täuschungshandlung im einzelnen verzichtet und festgesetzt, daß jede arglistige Täuschung (auch bezüglich von Werturteilen) und jedes arglistige Verschweigen strafbar sei[1]. Der „normative" Begriff der Arglist sollte eine volkstümliche und dem Einzelfall angepaßte Entscheidung ermöglichen[2]. Von einer Berücksichtigung des Mitverschuldens des Opfers konnte keine Rede sein, da man über eine unbestimmte Definition der Täuschungshandlung die Entscheidung in das Ermessen des Richters stellen wollte.
Dies steht im Einklang mit dem Rechtsverständnis der Nationalsozialisten, die die rechtsstaatlichen Garantien abschafften, um eine Tat nach dem „gesunden Volksempfinden" bestrafen zu können[3].

9. Sicking (1940)

Sicking betonte, daß der „sträfliche Leichtsinn" des Betrogenen „bei wertender Betrachtung eigentlich niemals strafmildernd oder gar entschuldigend wirken sollte; denn die aus dem Zusammenleben sich ergebenden Gebote müssen gerade dann berücksichtigt werden, wenn die Möglichkeit ihrer erfolgreichen Verletzung besteht"[4].

---

1) Dahm, S. 459 ff; vgl. Naucke, Peters-FS, S. 116 Fn. 15; kritisch: Buschmann, Entwicklung, S. 51 f
2) Dahm, S. 460
3) z.B. Abschaffung des Analogieverbots, des Legalitätsprinzips, der Unabhängigkeit und Unabsetzbarkeit der Richter sowie Mißachtung des Rückwirkungsverbots. vgl. Eb.Schmidt, Einführung, S. 434 ff; Staff, S. 51,59 f; Marxen, Der Kampf gegen das liberale Strafrecht, S.192 ff, 234 f; Broszat, VjHZG 1958, 390, 394
4) Sicking, S. 45

10. Nagler (1944)

Nagler sah in dem „konkurrierenden Verschulden", insbesondere der „Nachlässigkeit" des Verletzten, die Möglichkeit einer Strafmilderung[1]. Wenn der Getäuschte die Herbeiführung des Erfolgs unmittelbar erleichtere oder ermögliche, indem er „mangels pflichtmäßiger Prüfung auf plumpe Täuschungen" hereinfalle, so müsse dieses Verhalten des Opfers beim Täter strafmildernd berücksichtigt werden, nach der Devise: „Mache die Augen auf!"[2].

II. Zusammenfassung (Rechtslehre)

Die sich nach dem Inkrafttreten des PrStGB von 1851 in Lehre und Rechtsprechung abzeichnende Tendenz, der Leichtgläubigkeit des Betrugsopfers keine Bedeutung beizumessen und allein auf den Kausalzusammenhang im Sinne der Bedingungstheorie zwischen der Täuschungshandlung und dem Irrtum abzustellen, setzt sich auch nach dem Erlaß des RStGB von 1871 fort. Während im 19. Jh. das Mitverschulden des Betrugsopfers ganz überwiegend als Problem des Betrugstatbestandes angesehen wurde, entwickelt es sich in der ersten Hälfte dieses Jahrhunderts zunehmend, wenn nicht sogar allein, zu einem Strafzumessungsgesichtspunkt. Damit wird deutlich, daß das Mitverschulden als früheres zentrales Tatbestandsproblem mit der Bejahung der Äquivalenztheorie für herrschende Lehre und Rechtsprechung geklärt zu sein scheint[3].

1) Nagler in LK, 6. Aufl., S. 165
2) Nagler, a.a.O., S. 166; dazu kritisch: Karstendiek, S.31; Sauter, S.174 Fn.1; vgl. Beger, S.35, der die Frage der Schuldkompensation im Strafrecht „besser nicht befürworten" will.
3) vgl. aber Dohna, Zycha-FS, S.484, der es (im Jahre 1941) als weiterhin bestritten ansieht, ob jeder noch so „plumpe Kniff" strafbaren Betrug darstelle, oder ob es sich um eine Täuschung handeln müsse, der auch ein „verständiger Mensch" zum Opfer fallen müsse.

Angesichts anderer Gesichtspunkte des Betrugs[1] verschwand die Problematik im Hintergrund, bzw. sie wurde in die Strafzumessungsdiskussion abgedrängt, in der sie im 19. Jh. keine besondere bzw. nachweisbare Rolle gespielt hatte[2]. In dem Maße, in dem die Problematik des Mitverschuldens des Betrugsopfers aus dem Betrugstatbestand verschwand, fand sie stärkere Berücksichtigung bei der Strafzumessung.

Die das 19. Jh. bestimmende Diskussion bezüglich der Abgrenzungsmöglichkeiten zwischen strafrechtlich und zivilrechtlich verfolgbarem Betrug wird beendet, da ein prinzipieller Unterschied verneint wird[3].

1. Argumentation der Befürworter

Die nur wenigen Stimmen, die ein Mitverschulden des Betrugsopfers berücksichtigt wissen wollen[4], argumentierten vor allem im Sinne der „Schutzbereichslösung"[5]. So sei es besser, einer möglichen Rechtsgutsverletzung vorzubeugen, als den Ausgleich des entstandenen Unrechts dem Strafrecht aufzuerlegen[6].

Da die große Masse des Volkes aber anscheinend unempfänglich für (Erziehungs-) Maßnahmen zur Bekämpfung der Leichtgläubigkeit und des Aberglaubens sei, müßte sie eben durch den Schaden klug werden. Dieses „teure Lehrgeld" sei das einzige und beste Mittel gegen das Mitverschulden des Betrugsopfers[7].

1) z.B. die Diskussion zum Vermögensbegriff, zum Vermögensschaden und zur Täuschung durch Unterlassen
2) s.o.S. 72
3) Gross, s.o.S. 87; vgl.o.S. 77
4) Schneickert, s.o.S. 88;z.T.widersprüchlich: Friedsam,s.o. S.82 f;vgl. auch Kohler, s.o.S. 83;Schütze,s.o.S. 89 Fn.4
5) s.o.Einleitung S. 6
6) Friedsam, s.o.S. 83
7) Schneickert, s.o.S. 88; aber leider hilft auch dieses Mittel nicht immer, da manche Betrugsopfer, trotz einschlägiger Erfahrungen, auch weiterhin besonders plumpen Täuschungen erliegen; s.o. Einleitung S. 1, den Fall der Oberstudienrätin

Wenn der Getäuschte die „einfachsten Gebote des Selbstschutzes und der Vorsicht trotz Warnung außer Acht lasse", müsse die Anwendung des Strafrechts eingeschränkt werden[1]. Schließlich wurde eine „Strafzumessungslösung"[2], d.h. eine Berücksichtigung des Mitverschuldens als Strafmilderungsgrund, befürwortet, wenn das Betrugsopfer durch seinen Leichtsinn den Täter zu einer außerordentlich günstigen Gelegenheit verleitet habe[3].

2. Argumentation der Gegner

Die Gegner der Berücksichtigung des Mitverschuldens des Betrugsopfers betonten die Irrelevanz der Qualifikation des Täuschungsmittels[4] und der Vermeidbarkeit des Irrtums[5].

Stattdessen sei allein auf den Kausalzusammenhang zwischen der Täuschungshandlung und dem Irrtum abzustellen, der auch durch ein Mitverschulden des Getäuschten nicht unterbrochen würde[6].
Im Rahmen der „Schutzzwecklösung"[7] wird betont, daß der Strafrechtsschutz nicht nur den vorsichtigeren und klügeren, sondern allen Bürgern, auch den „vielleicht nur in einer Richtung minder Starken"[8], den „Leichtgläubigen" zugute kommen müsse, denn die seien erfahrungsgemäß Betrügereien am meisten ausgesetzt[9]. Ein anderer könne nie beurteilen,

---
1) Schneickert, s.o.S. 89
2) s.o.Einleitung, S. 6 f
3) Schneickert, s.o.S. 88; Nagler, s.o.S. 91; vgl. Sauer, s.o.S. 89, der zwar eine Berücksichtigung des Mitverschuldens auf der Tatbestandsebene verneint, dies aber auf der Rechtsfolgenseite dann befürwortet, wenn der Betrüger nur unerheblichen Widerstand zu überwinden hatte.
4) Rommel, s.o.S.84 m.w.N.; Gross, s.o.S. 86; vgl. auch bzgl. § 197 österr. StGB: Finger u.a., s.o.S. 18 Fn. 4
5) Rommel, s.o.S.84 m.w.N.; so auch bzgl. § 197 österr. StGB: Frühwald, Handbuch, S. 169
6) Hegler, s.o.S.89 m.w.N.; vgl. Gross, s.o.S. 87
7) s.o.Einleitung, S. 6
8) Gross, s.o.S. 87
9) Rommel, s.o.S. 84; Hegler, s.o.S. 89; vgl. Gross, s.o.S. 86 f

was für den einen zur Täuschung ausreichend sei, da dieser immer nur den Erfolg sehe[1]. Außerdem habe der Staat auch ein Interesse an der Unterdrückung aller, nicht nur gewisser Arten von Betrügereien[2].
Sauer hebt hervor, daß der Betrugstatbestand in erster Linie nicht dem Schutz des Betrogenen, sondern der Bestrafung des schuldigen Betrügers diene[3]. Sicking verneint, aufgrund der sich aus dem Zusammenleben ergebenden Gebote, eine Entschuldigung oder Strafmilderung[4]. Ausnahmsweise läßt Gross, entgegen seiner sonstigen Einstellung, eine Berücksichtigung des Mitverschuldens in den Fällen „ganz groben Leichtsinns" zu, wie der unterlassenen „allergewöhnlichsten Prüfung" beim Warenkauf[5].

Nach dieser Zusammenfassung der Argumente der gegensätzlichen Positionen bleibt festzuhalten, daß die „herrschende Meinung" das Mitverschulden des Betrugsopfers seit 1871 (bzw. 1851) bis 1945 als Tatbestandsproblem verneint und, wenn überhaupt, dieses Problem nur im Rahmen der Strafzumessung behandelt wissen will.

III. Der Standpunkt der Rechtsprechung

1. Rechtsprechung von 1871 - 1879

In der Rechtsprechung zu § 263 RStGB finden sich nur gelegentlich Hinweise darauf, daß es bezüglich des Täuschungsmittels keiner besonderen Qualifikation bedurfte[6]. Entsprechend der

1) Gross, s.o.S. 87
2) Rommel, s.o.S. 84;Danach müßte der Staat aber wohl auch betrügerische Warenanpreisungen verfolgen
3) Sauer, s.o.S. 89
4) Sicking, s.o.S. 90
5) Gross, s.o.S. 87
6) PrOT, RdO., 13, 568, 571; Großherzoglich badisches Oberhofgericht (v.5.6.1875), Stenglein, Zeitschrift, Band V (1876), S. 371, 372: Für den Betrug „genügt j e d e auf die Erregung eines Irrthums berechnete Veranstaltung".

bisherigen Praxis wurde auch bei § 263 RStGB der Vermeidbarkeit des Irrtums keine Bedeutung beigemessen[1]. Es wurde vielmehr allein auf die (Mit-) Ursächlichkeit zwischen der Täuschungshandlung und dem Irrtum (bzw. der Vermögensbeschädigung[2])) abgezielt[3]. Ohne weitere Erörterungen wurde entschieden, daß der ursächliche Zusammenhang auch dann zu bejahen sei, „wenn der Getäuschte sich nicht hätte täuschen lassen sollen oder dürfen"[4]. Der Versuch, zwischen strafrechtlich und zivilrechtlich zu verfolgendem Betrug zu differenzieren, wurde entsprechend der neueren Meinung in der Lehre[5] abgelehnt[6].

2. Rechtsprechung von 1879 - 1945

Auch das Reichsgericht hielt an der bisherigen Rechtsprechung fest, daß es auf qualifizierte Täuschungsmittel[7] bzw. auf

1) PrOT, RdO., 13, 568, 571; 14, 181; 18, 18; 19, 425, 426; Oberhofgericht zu Mannheim, 5.10.1878, Badische Annalen 44, 248 (zitiert nach Rommel, Betrug, S. 36 bzw. Oppenhoff/ Delius, § 263 N. 49); Sächsisches Ober-Appellationsgericht Dresden, Stenglein, Zeitschrift, Bd. I (1872), 57, 58

2) s.o.S. 80 Fn. 4

3) PrOT,RdO., 17,443; 18, 625, 629.
So auch der Oberste Bayer.Gerichtshof, Sammlung, Bd.3 (1874), 4; 7 (1878), 382, 384; 7, 475, 477; Bay.Cassationshof, Stenglein, Zeitschrift, Bd. III (1874), 217,218; V (1876), 93; VII (1878), 329, 331; Kgl.Bay.App.-Gericht zu Nürnberg, in Stenglein, Zeitschrift, Bd.V (1876),116, 117; Sächsisches Ober-Appellationsgericht, in Stenglein, Zeitschrift, Bd.IV (1875), 184 f; V (1876), 374 f

4) PrOT, RdO., 17, 443

5) s.o.S. 92

6) Oberappellationsgericht zu Oldenburg, in Stenglein, Zeitschrift, Bd.I (1872), 202 mit Verweisung auf Hälschner, Preußisches Strafrecht, 3. Teil, S. 365

7) bzgl. des Begriffs der „List" bei § 235RStGB forderte das RG JW 1924, 305, 306 aber „die Anwendung eines gewissen Grades von Klugheit, Schlauheit, Fertigkeit". Dies stieß auf Kritik bei W. Mittermaier, Anm. zu diesem Urteil, JW 1924, 306, da unter List nichts anderes zu verstehen sei als die Täuschung beim Betrug. Demzufolge müsse auch die „ungeschickteste, plumpste ... Verschleierung" als List i.S. des StGB angesehen werden.

die leichte Vermeidbarkeit des Irrtums[1] nicht ankomme, da der Betrugstatbestand nur voraussetze, daß die Täuschung für den Irrtum (mit-) ursächlich gewesen war[2]. Daß der Getäuschte selbst seinen Irrtum durch die „Außerachtlassung der gehörigen Aufmerksamkeit mitverschuldet" habe, sei für § 263 RStGB irrelevant[3]. Der Bruch der Rechtsordnung bleibe derselbe, auch wenn der Geschädigte nicht die erforderliche Sorgfalt aufgewandt habe[4].

Das Reichsgericht machte allein die Bedingungstheorie zur Voraussetzung seiner Entscheidungen[5], so daß die Handlung

---

1) RG GA 43, 31, 32: „Auf die Entschuldbarkeit des erregten Irrtums kommt es bei dem Betruge nicht an". vgl. auch RGSt 68, 212, 213

2) RG HRR 1940, Nr.474 (das LG hatte in der Vorinstanz noch Betrug verneint); vgl. RGSt 3, 392, 395 f; 4, 352 f; 69, 44, 47; RG GA 53 (1906), 174 betont, daß der Kausalzusammenhang „nach allgemeinen Grundsätzen" nicht dadurch beseitigt wird, daß der Getäuschte (hier ein Gerichtsvollzieher) sich nicht hätte täuschen lassen sollen; vgl. aber auch RGSt 14, 310, 312, das die Irrtumserregung wegen der „Nachlässigkeit" des Geschädigten verneinte, der eine erforderliche sachverständige Prüfung nicht veranlaßt hatte. Hegler, Betrug, S. 424 Fn. 1 hält diese Entscheidung deswegen für bedenklich.

3) RG HRR 1940 Nr. 474; Eine Ausnahme scheint der Prozeß der bekannten Millionenschwindlerin Martha Kupfer vor dem Schwurgericht in Berlin 1917 zu sein; DStRZ 1917, Sp. 295 ff; vgl. Daniels, S. 58 Fn. 2; Wulffen, Kriminalpsychologie, S. 367 f; Beger, S. 35. Dieser Frau gelang es durch (teilweise) plumpe Täuschungen, ihre gewinnsüchtigen (!) Betrugsopfer zu schädigen. Die Geschworenen (zu Zeiten vor der Abschaffung des „echten" Schwurgerichts durch die „Emmingersche Justizreform" von 1924; vgl. auch Mittermaier, s.o. S. 64, der die Beurteilung der Betrügereien Geschworenen überlassen wollte) verneinten in ihrem Fall die Schuldfrage bezüglich Betrugs und „gaben damit ihre Meinung zu erkennen, daß die Geschädigten sich selbst durch ihre Leichtgläubigkeit und Gewinnsucht gern getäuscht hätten"; Wulffen, Kriminalpsychologie, S. 368; Beger, S. 35; vgl. DStRZ 1917, Sp.297; v.Cleric, SchwZStR 39 (1926), 16, 49 Fn. 2

4) vgl. RGSt 44, 230, 248

5) vgl. RGSt 1, 373, 374; 15, 153; 56, 343, 348; speziell bei § 263 StGB: RGSt 44, 230, 244; 69, 44, 47; 76, 82, 86 f; vgl. R. Hassemer, Schutzbedürftigkeit, S. 103

auch dann als ursächlich angesehen wurde, wenn sie erst zusammen mit dem mitwirkenden Verschulden des Opfers zum Erfolg führte[1].
Mit dieser Verdeckung der kriminalpolitischen Problematik[2] und des Schutzbereichs des Betrugstatbestandes durch die Anwendung der Äquivalenztheorie wird deren „entpolitisierende Wirkung"[3] beispielhaft vorgeführt. Diese Praxis steht zwar im Einklang mit der sonstigen Handhabung der Kausalitätsgrundsätze und der (weitgehend) extensiven Rechtsprechung zu § 263 StGB. Es erscheint jedoch bemerkenswert, daß sich die Rechtsprechung bei der Frage nach der Behandlung des Mitverschuldens des Betrugsopfers streng an den Gesetzeswortlaut (bzw. die gesetzgeberischen Zielsetzungen[4]) hält, während sie ansonsten im Rahmen der Betrugsdogmatik dazu neigt, sich von ihm durch eine „kriminalpolitische Dogmatik"[5] zu lösen.
Zur Möglichkeit der Berücksichtigung des „konkurrierenden Verschuldens" bei der Strafzumessung als Strafmilderungsgrund ergibt die Rechtsprechung kein einheitliches Bild, da es teils bejaht, teils verneint wurde[6].

1) vorwiegend zu § 222 StGB: RGSt 22, 173, 175; 50, 37, 43; 64, 316, 318; RGSt 6, 249, 250: Eine „konkurrierende Fahrlässigkeit" (des Getöteten) schließt den Kausalnexus nicht aus
2) vgl. Samson in SK, § 263 Rn. 56
3) Amelung, GA 1977, 1, 9 Fn. 43
4) vgl. o. S. 81
5) Naucke, Betrug, S. 127
6) RMilitärG, 5, 231, 237 f verneint die Möglichkeit der Berücksichtigung des „konkurrierenden Verschuldens"; RGSt 44, 230, 248: „Eine Aufrechnung von Schuld gegen Schuld findet nicht statt".
Nach Karstendiek, S. 31 und Nagler in LK (6. Aufl.), S. 166 soll dagegen das „konkurrierende Verschulden" „nach überwiegender Ansicht der Gerichte" (bzw. „fast regelmäßig") zu einer Strafmilderung geführt haben.

Es scheint aber durchaus eine grundsätzliche Bereitschaft in der Richterschaft vorhanden gewesen zu sein, bei der Strafzumessung mildernd zu berücksichtigen, daß die „Versuchung" für den Betrüger dem leichtgläubigen Geschädigten gegenüber sehr groß war[1].

---

1) Hellwig, Archiv für Kriminologie, 86 (1930), 220, 222 in der Beschreibung eines Urteils des Amtsgerichts Oldenburg vom 18. 1. 1929, das instruktiv ein Beispiel über die betrügerische Ausnutzung spiritistischer Leichtgläubigkeit gibt. So veranlaßte dort der Betrüger das Opfer dazu, Geld für Geisterbrillen, Zaubertränke, Opfer an Geister Verstorbener etc. auszugeben.
vgl. auch das Freiburger Urteil vom 12. 1. 1933 im Fall „Oskar Daubmann", s.o.S.85 Fn.2.Dort wurde strafmildernd anerkannt, „daß dem Angeklagten verschiedene Personen kritiklos ihre Autorität zur Verfügung stellten. Moralisch verantwortlich sind die kritiklosen Anbeter!"; Schulz, Fall Oskar Daubmann, S. 82; vgl. Daniels, S. 57 Fn. 2

Teil 3: Aktuelle (dogmatische) Versuche einer Berücksichtigung des Mitverschuldens des Betrugsopfers

In der nun zu betrachtenden aktuellen Diskussion zur Problematik des Mitverschuldens des Betrugsopfers ist darzustellen und zu bewerten, auf welche Argumente sich die Strafrechtslehre und die Rechtsprechung nach dem Ende des Zweiten Weltkrieges stützen.
Dabei wird untersucht werden, ob sich die bisherigen Tendenzen hinsichtlich der überwiegenden Ablehnung einer Berücksichtigung des Mitverschuldens als Tatbestandskorrektiv fortsetzen, und inwieweit die dabei herangezogenen Begründungen nur Wiederholungen früherer Argumentationen darstellen. Damit ist auch der Zusammenhang mit den bisherigen historischen Untersuchungen hergestellt, da nur diese die Grundlage einer solchen Überprüfung bilden können. Mit diesen Rückblicken läßt sich die These überprüfen, daß die heutige Auseinandersetzung von Argumenten bestimmt wird, die schon im 19. Jh. gewechselt wurden.
Daß die Diskussion zur Problematik des Mitverschuldens des Betrugsopfers auch heute noch nicht zum Stillstand gekommen ist, bzw. sogar die Behauptung berechtigt zu sein scheint, daß sie seit dem Inkrafttreten des RStGB von 1871 heute am heftigsten und ausführlichsten diskutiert wird[1], beweist, daß diese Frage entgegen allen Beteuerungen noch nicht als gelöst anzusehen ist.
Diese Tendenzen, die „herrschende Meinung" kritisch zu betrachten, mit dem Ziel, angemessenere Lösungen zu entwickeln, sollen hier Unterstützung erhalten.
Im Rahmen der Erörterung der einzelnen Lösungsmöglichkeiten ist es einerseits aufschlußreich zu verfolgen, inwieweit der

1) vgl. beispielsweise im letzten Jahrzehnt: Naucke, Peters-FS; Amelung, GA 1977, 1 ff; R. Hassemer, Schutzbedürftigkeit; Hillenkamp, Vorsatztat; und Seelmann, JuS 1982, 268, 270. Siehe auch Rengier, Jus 1983, 402, 406

eine Diskussionsschwerpunkt des 19. Jh. hinsichtlich des Erfordernisses einer besonderen Qualifikation der Täuschungshandlung[1] auch heute noch seinen Niederschlag findet.
Zum anderen ist zu überprüfen, ob die Vermeidbarkeit des Irrtums und die Frage des Kausalzusammenhangs zwischen Täuschung und Irrtum auch weiterhin von dem Kausaldogma der Äquivalenztheorie bestimmt wird, auf das in der Sache seit dem PrStGB von 1851 abgestellt wird[2], so daß kein Raum für abweichende oder differenzierende Meinungen bleibt.
Als einzige weitgehend neue Lösungsmöglichkeit bietet sich in der aktuellen Diskussion nach 1945 die an, die allgemein unter der Überschrift „Irrtum und Zweifel" beim Betrug rubriziert wird. Ob auch hier schon bekannte Argumentationen verwendet werden, wird zu untersuchen sein. Bei der (kriminalpolitischen) Diskussion zum Schutzzweck des Betrugstatbestandes ist von großem Interesse, ob die Gesichtspunkte der Auseinandersetzung im 19. Jh. bereichert werden konnten, denn schon damals bildete die Schutzbereichs-Diskussion einen wesentlichen Schwerpunkt[3].
Schließlich ist von Bedeutung, ob und in welchem Maße die seit dem Beginn dieses Jahrhunderts verstärkt in den (dogmatischen) Mittelpunkt gerückte „Strafzumessungslösung"[4], die eine Strafmilderung für den Täter beinhaltet, sich durchsetzen konnte bzw. auf dem Weg dazu ist.
Schon jetzt läßt sich vermuten, daß die Ansicht, die für eine völlige Ignorierung des Verhaltens des Betrugsopfers bei der strafrechtlichen Beurteilung, auch bei der Strafzumessung, eintritt, heute angesichts des ständig wachsenden Interesses am

1) s.o.S. 74
2) s.o.S. 77, 93
3) s.o.S. 75, 78, 92 ff
4) s.o.S. 93 ; vgl. aber auch schon Quistorp im Jahre 1794, s.o.S. 72

Opferverhalten, wie es sich z.B. in der Zunahme viktimologischer Untersuchungen manifestiert, in Bedrängnis geraten ist.

Außer den Lösungsmöglichkeiten auf der Ebene des Betrugstatbestandes bzw. der Strafzumessung sollen auch strafverfahrensrechtliche Überlegungen, insbesondere die Einstellungsmöglichkeiten, in die Erwägungen einbezogen werden.
Da im hier interessierenden Bereich des Betrugs von der Gesetzgebung seit 1871 keine Veränderungen mehr vorgenommen worden sind[1], und es oftmals bei einigen der hier skizzierten Lösungsalternativen an (veröffentlichten) Rechtsprechungsnachweisen fehlt, verengt sich die jeweilige Diskussion teilweise auf die in der Literatur vertretenen Auffassungen. Es ist aber diejenige (veröffentlichte) Rechtsprechung aufgeführt, die sich mit den jeweiligen Lösungsmöglichkeiten einer Berücksichtigung des Mitverschuldens des Betrugsopfers befaßt hat.

1) s.o.S. 82

A. Auf der Tatbestandsebene

I. Erfordernis einer besonderen Qualifikation der Täuschungshandlung

Nach dieser Lösungsmöglichkeit beschränkt man die Täuschungshandlung auf besonders geschickte bzw. arglistige Täuschungen, um allzu offensichtliche betrügerische Behauptungen aus dem Strafbarkeitsbereich des § 263 StGB herauszunehmen[1)].

1. Literatur und Rechtsprechung

Im Schrifttum wird zwar hinsichtlich der Täuschungshandlung teilweise darüber diskutiert, wie weit der Tatsachenbegriff zu interpretieren sei[2)], ob § 263 StGB auch die konkludente[3)] oder die Täuschung durch Unterlassen[4)] umfasse. Jedoch sind Forderungen nach einer besonderen Qualifikation der Täuschungshandlung - wie schon seit dem PrStGB von 1851 - fast gänzlich verstummt[5)], obwohl manche ausländische Regelungen auch heute

---

1) s.o. Einleitung, S. 5

2) H.Mayer, Strafrechtsreform, S. 77 beklagt die „Verwässerung" dieses Begriffs durch die Rspr.; vgl. auch Naucke, Betrug, S. 111, 214 f

3) dazu kritisch: Tönnies, S. 17, 68 ff, 76 ff; Reese, Betrug, S. 149

4) h.L. und Rspr. bejahen dies; vgl. S/S/Cramer, § 263 Rn.18 ff; Samson in SK, § 263 Rn.40 ff; Lackner in LK, § 263 Rn.52 m.w.N.; a.A. H.Mayer, AT, S. 152; Naucke, Betrug, S. 214; Grünwald, Mayer-FS, S.291

5) Samson, JA 1978, 469, 471: „Die Behauptung kann noch so absurd sein, sie ist taugliche Täuschungshandlung"; Lackner in LK, § 263 Rn.17 weist darauf hin, daß es bei der Täuschungshandlung „besonderer Maßnahmen zur Wahrheitsverdeckung (manoeuvres frauduleuses i.S. des französischen Rechts") nicht bedürfe. Auch nach Schmidhäuser, BT, 11/8, kommt es auf die Durchschaubarkeit der Täuschungshandlung nicht an. Sauter, S. 147, betont, daß die „plumpe Form" der Täuschung „wohl als am geringsten strafwürdig" erscheint, da ihre „nur geringe Überzeugungskraft und ihre leichte Durchschaubarkeit" für keine besondere Gefährlichkeit sprechen würden.
Nur Naucke, Peters-FS, S. 109 ff, 118 fordert die „allgemeine" Eignung der Täuschung zur Herbeiführung des Irrtums. Danach soll die „leicht entdeckbare Täuschung" (a.a.O., S.117) aus dem Strafbarkeitsbereich des § 263 herausfallen.

noch auf das Kriterium „listiger Kunstgriffe" zurückgreifen[1]. Es besteht auch die einhellige Übereinstimmung, daß die übertriebenen marktschreierischen Anpreisungen aus dem Betrugs-

1) vgl. Art. 326 des geltenden niederländischen StGB und Art. 640 des italienischen StGB von 1930 (sog. Codice Rocco im Unterschied zu Art. 413 des Codice Zanardelli; Riegger, Betrug, S. 26), die beide „listige Kunstgriffe" enthalten.

Das schweizerische StGB verlangt im Betrugstatbestand nach Art. 148 eine „arglistige Täuschung" (vgl. Germann, SchwZStR 67 (1952), 1, 20 f; ders., Schweizerisches StGB, S. 258 f und Stratenwerth, Schweizerisches Strafrecht, S. 213 ff m.w.N. der Rspr.). Ernst Kohlmann, Betrug,S.352 weist aber darauf hin, daß „eine besondere Eignung des Täuschungsmittels i.S. eines Raffinements" trotz dieser Formulierungen in keinem dieser Länder gefordert werde.

Im Gegensatz zur deutschen Dogmatik beschäftigt sich das iberoamerikanische Strafrecht sehr intensiv mit der Frage der Geeignetheit der Täuschungshandlung; Riegger, Betrug, S. 164 ff, 195. Dies verdeutlichen auch die verschiedenen Strafgesetzbücher, die in ihren Betrugsregelungen überwiegend auf „Kunstkniffe" abstellen; Riegger, Betrug, S. 117, 121, 131, 134, 140, 142 ff. Die noch überwiegende Meinung in Literatur und Rspr. der iberoamerikanischen Länder lehnt eine einfache Lüge als geeignetes Täuschungsmittel ab; Riegger, a.a.O., S. 166, 42 ff, 109, 117.
In letzter Zeit ist allerdings die entgegengesetzte Meinung, die die einfache Lüge als Täuschungsmittel anerkennt, in mehreren Ländern im Vordringen; Riegger, a.a.O., S. 166. In Brasilien hat sich diese Auffassung schon durchgesetzt (Riegger, a.a.O., S. 123 f, 166). Diese neuere abweichende Meinung beruht im wesentlichen auf der Bejahung der Äquivalenztheorie (Riegger, S. 167) und macht deutlich, daß sich die Entwicklung mehr von der italienischen Lehre weg und zur deutschen Dogmatik hin bewegt (Riegger,S.42).

Auch in Spanien wird allgemein die Notwendigkeit einer Abgrenzung zwischen betrugsrelevanten und irrelevanten Täuschungen betont; Berning, S. 16, 21 ff. Nach Berning, S.22 läßt sich bei der Rspr. des Tribunal Supremo eine Tendenz zur restriktiven Interpretation des Täuschungsbegriffs feststellen, allerdings ohne eine dogmatische Leitlinie.

In England und auch in den meisten Staaten Nordamerikas scheint nach Wehrle, Betrug, S. 77 die noch anfangs des 19. Jh. herrschende Ansicht aufgegeben worden zu sein, daß eine Verurteilung wegen Betrugs davon abhängig zu machen sei, ob die falschen Tatsachenbehauptungen zur Schädigung einer Person mit „durchschnittlicher Intelligenz" geeignet waren.

tatbestand auszuschließen sind[1].
Die Rechtsprechung äußert sich - soweit ersichtlich - zu ei-einem besonderen Qualifikationserfordernis bezüglich der Täuschungshandlung überhaupt nicht.

2. Stellungnahme

Bei einer besonderen Qualifikation der Täuschungshandlung besteht die Problematik der Bestimmtheit einer solchen Tatbestandsvoraussetzung. Dies veranlaßte den historischen Gesetzgeber des PrStGB von 1851 auch dazu, auf eine besondere Qualifizierung der Täuschungshandlung zu verzichten[2]. Bei allen bislang verwendeten oder diskutierten Abgrenzungskriterien, seien es die Betrugsregelungen der Länder in der ersten Hälfte des 19. Jh.[3] oder die des Auslands[4], sind zumindest Zweifel an der hinreichenden Bestimmtheit im Sinne des Art. 103 Abs.2 GG angebracht. In der Praxis dürfte es teilweise unmöglich bis unzumutbar sein, eine Grenze zwischen dem (strafbaren) größeren und dem (straflosen) geringeren Grad der List zu finden, ohne willkürlich zu entscheiden[5].
Zudem erscheint es zweifelhaft, ob eine diesbezügliche (gesetzgeberische) Änderung des Täuschungsbegriffs von der Rechtsprechung angenommen und durchgesetzt würde, wie sich

---

1) Lackner in LK, §263 Rn.15; Samson in SK, §263 Rn.16; S/S/Cramer, §263 Rn.9; Demgegenüber erfaßt nach Berning, S. 25 die Täuschungshandlung des spanischen Betrugstatbestandes auch Werturteile.
Zur (teilweise) schwierigen Abgrenzung zwischen Tatsachen und Anpreisungen: Naucke, Betrug, S. 110 ff.
Zu beachten ist aber die Bestrafung irreführender Werbung gemäß § 4 UWG; vgl. dazu Lampe, NJW 1978, 679, 681 f und Grebing, wistra 1982, 83 ff. Auch bei §123 BGB werden Anpreisungen nicht als geeignete Täuschungsmittel angesehen: v. Lübtow, Bartholomeyczik-FS, S.249, 255; Palandt/Heinrichs, §123 Anm. 2b
2) soweit sie sich auf Tatsachen beziehen; s.o.S. 23
3) s.o.S. 12 ff
4) s.o.S. 27 ff, 103 Fn. 1
5) so schon Köstlin, s.o.S. 61

anhand der Praxis zu § 123 BGB verdeutlichen läßt. Dort wird zwar von einer „arglistigen" Täuschung gesprochen, jedoch wird der Ausdruck „arglistig" von der h.M. nur im Sinne von „vorsätzlich" verstanden[1], d.h. auch hier wird keine besondere Raffinesse des Täuschenden verlangt, obwohl der Wortlaut dies vermuten lassen könnte.

Auch darin zeigt sich, wie unfruchtbar bzw. unergiebig es wäre, den willkürlich gewählten Begriff der „Arglist" oder der „listigen Kunstgriffe" als Tatbestandsvoraussetzung wieder einzuführen. Zumindest in diesem Punkt scheint die Entwicklung der Betrugsdogmatik nicht mehr zurückschraubbar zu sein.

Neben der Unbestimmtheit des Abgrenzungskriteriums spricht ferner gegen diese „Täuschungslösung", daß die Täuschungshandlung allein auf das Verhalten des Betrügers abstellt und somit wenig geeignet erscheint, das Mitverschulden des Betrogenen und die Situation, in der sich beide befinden[2], in seine Prüfung miteinzubeziehen.

Aus diesen Gründen erscheint somit die Berücksichtigung des Mitverschuldens des Betrugsopfers im Rahmen der Täuschungshandlung nicht als brauchbare Lösungsmöglichkeit.

---

1) Kramer in Münchener Kommentar, § 123 Rn.8; Palandt/Heinrichs, § 123 Anm. 2e; v.Lübtow, Bartholomeyczik-FS, S. 278; BGH NJW 1971, 1795, 1800 mit Anm. Giesen, NJW 1971, 1795, 1798; Bohnert, GA 1978, 353, 355 Fn. 17.
Der in § 196 Konkursordnung (wie in den ursprünglichen BGB-Entwürfen; v.Lübtow, a.a.O., S. 250 f) beibehaltene Ausdruck „Betrug" wird als gleichbedeutend mit „argliStiger Täuschung" angesehen; v.Lübtow, a.a.O., S. 276 Fn. 206 m.w.N.

2) vgl. Naucke, Peters-FS, S. 118. R. Hassemer, Schutzbedürftigkeit, S. 126 f mißt der Qualifizierung einer Angriffshandlung als Täuschung (wie bei § 263 StGB) keinerlei Aussagekraft darüber bei, ob im Einzelfall ausreichende Selbstschutzmöglichkeiten gegenüber einem solchen Tätervorgehen bestehen.

II. (Leichte) Vermeidbarkeit des Irrtums

1. Literatur und Rechtsprechung

Die Möglichkeit, das Mitverschulden des Betrugsopfers in der Weise zu berücksichtigen, daß man auf die leichte Vermeidbarkeit des Irrtums beim Getäuschten abstellt, wird in Anlehnung an die schon vor 1945 herrschende Auffassung[1] sowohl von der herrschenden Lehre[2] als auch von der Rechtsprechung[3]

---

1) Rechtslehre, s.o.S. 77, 93; Rspr., s.o.S. 80, 95 f
2) Niethammer, BT, S. 266; Kohlrausch/Lange, Anm. III zu § 263; Welzel, Strafrecht, S. 370; Maurach/Schroeder, BT 1, S. 408; Hillenkamp, Vorsatztat, S. 86; vgl. auch Amelung, GA 77, 9 Fn. 43.
a.A. Naucke, Peters-FS, S. 117
3) OLG Hamburg, NJW 1956, 392; Das LG hatte in diesem Fall, offenbar wegen der groben Fahrlässigkeit des Getäuschten, einen Betrug überhaupt nicht erörtert; vgl. Naucke, Peters-FS, S. 113 Fn. 10.
BGH 1 StR 304/63 v. 17. 9. 1963, zitiert nach Pfeiffer/Maul/Schulte, § 263 Anm. 14; vgl. auch BGH bei Dallinger, MDR 1972, 387.
Es ist aber auch oft, wenn nicht sogar regelmäßig, festzustellen, daß die positive Fehlvorstellung des Getäuschten ohne weitere Begründung bejaht wird, zum Teil sogar aufgrund von Fiktionen, um Lücken im Strafrechtsschutz zu schließen, was insoweit zu der Forderung nach einem Betrug ohne Irrtum führt; vgl. Lackner in LK, § 263 Rn. 84 f, 90; Gross, NJW 1973, 600 ff; Reese, Betrug, S. 51; Heimann-Trosien, JZ 1976, 549, 552; siehe auch § 252 E 1962

abgelehnt[1], weil diese Vermeidbarkeit beim Betrug unerheblich sei[2].

2. Stellungnahme

Die herrschende Meinung stützt ihre Auffassung, daß die (leichte) Vermeidbarkeit des Irrtums beim Betrug unbeachtlich sei, allein auf das Dogma der Äquivalenztheorie, indem nur auf den ursächlichen Zusammenhang zwischen Täuschung und Irrtum abgestellt wird[3].

---

1) Auch bei § 123 BGB ist nach h.M. die „Entschuldbarkeit des Irrtums" unbeachtlich; v. Lübtow, Bartholomeyczik-FS, S. 255 m.w.N. in Fn. 41. Die Rspr. des BGH zu § 123 BGB geht davon aus, daß der Verkäufer auch dann haftet, „wenn dem Käufer ein Mangel aus Fahrlässigkeit, selbst grober, unerkannt geblieben ist"; BGH NJW 1971, 1795, 1798. In BGHZ 33, 302, 310 wird hervorgehoben, daß es einer Anfechtung nicht entgegenstehe, wenn dieser „in gewisser Beziehung selbst grob fahrlässig, möglicherweise gar arglistig gehandelt hat".
Somit wird auch im Zivilrecht ein Mitverschulden des Getäuschten nicht als relevant angesehen, sondern allein auf die Ursächlichkeit zwischen arglistiger Täuschung und Willenserklärung des Getäuschten abgestellt; vgl. Kramer in Münchener Kommentar, § 123 Rn. 11; Palandt/Heinrichs, § 123 Anm. 4; Giesen, NJW 1971, 1797.
Deutsch, Gutachten, E 74 weist darauf hin, daß im Zivilrecht ein Vorsatztäter sich grundsätzlich „nicht auf Fahrlässigkeit oder Leichtfertigkeit seines Opfers berufen" darf.

2) Nach Wehrle, Betrug, S. 29, besteht anscheinend seit Mitte des 19. Jh. auch in England kein Zweifel mehr darüber, daß es unerheblich ist, ob der Getäuschte bei Anwendung der üblichen Aufmerksamkeit den Irrtum hätte vermeiden können. Auch die Leichtgläubigkeit sei sowohl in England als in den nordamerikanischen Staaten ohne Einfluß auf die Schuldfrage hinsichtlich des Betrügers; Wehrle, a.a.O., S. 30, 77.
Die spanische Rechtslehre verneint aber einen strafbaren Betrug bei der mittels Täuschung veranlaßten Unterzeichnung eines Dokuments nach Art. 529 Ziff. 6 Código Penal, wenn „der Irrtum bei Anwendung normaler Sorgfalt vermeidbar gewesen wäre"; Berning, S. 136 m.w.N.

3) Diese Verflechtung der beiden Gesichtspunkte tritt schon im 19. Jh. auf; s.o.S. 77 f, 95

Aufgrund dieser im Strafrecht vorherrschenden Kausalitätstheorie ergibt sich dann folgerichtig, daß der Vermeidbarkeit des Irrtums keine Bedeutung beigemessen wird. Die Bedingungstheorie dürfte auch der Grund dafür sein, daß diese Lösungsmöglichkeit in der Vergangenheit und heutzutage, sogar bei Befürwortern einer Berücksichtigung des Mitverschuldens[1], keine Diskussionsgrundlage bot und noch bietet.
Eine Bejahung dieser Lösungsmöglichkeit ist somit nur möglich, wenn bei der Prüfung des Kausalzusammenhangs zwischen Täuschungshandlung und Irrtum nicht die Äquivalenztheorie herangezogen wird. Auf diese Problematik soll aber erst in einem späteren Abschnitt eingegangen werden.
Gegen eine isolierte Änderung des Irrtumsbegriffs in der Form, daß die leichte Vermeidbarkeit desselben zum Strafausschluß führt, spricht, daß dabei nicht der Täuschende, der Getäuschte und die gesamte Situation dieser beiden Beteiligten zugleich erfaßt werden können, wie dies beim Kausalzusammenhang zwischen Täuschung und Irrtum möglich ist[2].
Eine Übertragung der Gesichtspunkte der Vermeidbarkeit eines Irrtums beim Täter nach § 17 bzw. § 35 Abs. 2 StGB mit der Möglichkeit der Strafmilderung erscheint dogmatisch nicht möglich, da täterorientierte Schuldelemente nicht auf das Opferverhalten angewendet werden können[3]. Es kann schließlich nicht darum gehen, das (Betrugs-) Opfer für sein Verhalten zu bestrafen[4].
Daraus folgt, daß auch diese Lösungsmöglichkeit nicht geeignet erscheint, das Mitverschulden des Betrugsopfers angemessen zu berücksichtigen.

---

1) So wird bemerkenswerterweise diese Lösungsmöglichkeit von den Befürwortern des Mitverschuldens im 19. Jh. so gut wie nicht erwähnt; s.o.S. 75, 92
2) vgl. Naucke, Peters-FS, S. 118
3) Gegen „viktimologische Gegentatbestände" vgl. auch Hillenkamp, Vorsatztat, S. 12, 21
4) So aber in der Tat Schoreit, JZ 1976, 49, 50, 53 im Rahmen der Diskussion zum Ladendiebstahl hinsichtlich des Geschäftsinhabers; dagegen zu Recht: Naucke, Gutachten, D 106; Meurer, JuS 1976, 300, 305; vgl. zu Schoreit auch Arzt, JZ 1976, 54, 58. Zur Thematik „Verbrechensbekämpfung durch Opferbestrafung" siehe ferner Ebert, JZ 1983, 633 ff

III. Irrtum und Zweifel des Getäuschten

Die herrschende Lehre und die Rechtsprechung nehmen Betrug immer schon dann an, wenn die irrige Vorstellung für die Vermögensverfügung mitursächlich geworden ist. Auf Zweifel an der Richtigkeit der Behauptungen des Täuschenden kommt es danach nicht an[1], vielmehr wird es für den Irrtum als ausreichend angesehen, daß der Zweifelnde die Richtigkeit der Aussagen „für-möglich-hält"[2].
In jüngster Zeit mehren sich aber Stimmen in der Literatur, die versuchen, gegen die „herrschende" Auffassung in der Weise strafrechtseinschränkend zu argumentieren, daß unter bestimmten, im folgenden näher zu untersuchenden Voraussetzungen der Irrtum bei Zweifeln zu verneinen sei.

1. Die in der Literatur vertretenen Auffassungen

a) Giehring

Die neuere Diskussion bezüglich der Auslegung des Irrtumsbegriffs bei Zweifeln des Getäuschten wird in der Nachkriegszeit durch Giehrings Abhandlung über den „Prozeßbetrug im Versäumnis- und Mahnverfahren"[3] aus dem Jahre 1973 ausgelöst. Jedoch ist die Diskussion nicht so neu, wie sie erscheinen mag. Schon Rommel[4] und Oppenhoff[5] forderten keine

---

1) Lackner in LK, § 263 Rn. 80; Samson in SK, § 263 Rn. 58; S/S/Cramer, § 263 Rn. 40; Wessels, BT-2, S. 106; Maurach/Schroeder, BT 1, S. 409; Dreher/Tröndle, § 263 Rn. 18 b; Arzt, LH 3, S. 133 ff; Eser, StrafR IV, Nr. 11 A 54 a; Blei, Strafrecht II, S. 227 bezeichnet diese Problematik als „noch wenig erforscht"; vgl. Joecks, S. 54 f.
Von der Rspr. wird dieses Problem kaum behandelt; vgl. Samson in SK, § 263 Rn. 55 m.w.N.; Amelung, GA 1977, 10 Fn. 50; Herzberg, GA 1977, 289, 290 betont, daß dieses Problem von den Gerichten „bestenfalls gestreift, meistens umgangen oder durch Fiktion ausgeschaltet" würde; vgl. ähnlich R. Hassemer, Schutzbedürftigkeit, S. 101 ff (zur Rspr. des RG), S. 106 ff (zur BGH-Rspr.)
2) vgl. Lackner in LK, § 263 Rn. 79 f; Wessels, BT-2, S. 106
3) GA 1973, 1 ff
4) Rommel, Betrug, S. 62 m.w.N. der Rspr. des PrOT
5) Oppenhoff/Delius, § 263 N. 57

feste Überzeugung von der Wahrheit der Behauptungen, wenn auch mehr kursorisch[1].

Giehring definiert den Schutzbereich des Betrugstatbestandes mittels der teleologischen Auslegung dahingehend, daß § 263 StGB das Vermögen gegen die besondere Angriffsart der Überlistung schütze[2].

Je mehr der wahre Sachverhalt vom Opfer für möglich bzw. wahrscheinlich gehalten werde, desto mehr verringere sich die Gefährlichkeit der List und die Schutzwürdigkeit des Betroffenen[3], da er das mit der zweifelhaften Tatsachengrundlage verbundene Risiko bewußt eingehe[4]. Dogmatisch und kriminalpolitisch sei es aber verfehlt, den Irrtum nur beim Überzeugtsein von einer Tatsache anzunehmen, da dann bei fehlender Überzeugung des Getäuschten normales, sozial übliches Handeln dem strafrechtlichen Vermögensschutz entzogen würde[5].

In Anlehnung an die zur dolus eventualis-Abgrenzung entwickelte „Wahrscheinlichkeitstheorie"[6] und die Lehre vom

---

1) Zum geschichtlichen Überblick dieser Problematik, die, wenn überhaupt, beinahe ausschließlich unter dem Aspekt des Prozeßbetrugs diskutiert wurde: R. Hassemer, Schutzbedürftigkeit, S. 101 ff; vgl. Amelung, GA 1977, 1 Fn. 1 m.w.N. der Stellungnahmen in der Zeit vor Giehring; Herzberg, GA 1977, 290 hält es für erstaunlich, daß das Problem „Irrtum und Zweifel" in der Strafrechtslehre jahrelang kaum als problematisch empfunden wurde, obwohl sie gerade den Betrugstatbestand sonst so gründlich wie keine andere Norm des Besonderen Teils erforscht habe.

2) Giehring, GA 1973, 17; so auch Lackner in LK, § 263 Rn. 80; Beulke, NJW 1977, 1073.
Kritisch zu dieser (teleologischen) Definition: Amelung, GA 77, 1 ff und R. Hassemer, Schutzbedürftigkeit, S.127, die betonen, daß diese Meinung den Zweck des Betrugstatbestandes nur unvollständig wiedergebe. Darin sieht R. Hassemer ein weiteres Beispiel für die verkürzte Formulierung des gesetzlichen Telos in der Dogmatik.

3) Dieser Gesichtspunkt der „Schutzwürdigkeit" wurde erstmals von Giehring explizit in diese Diskussion eingebracht; vgl. Amelung, GA 1977, 2 f

4) Giehring, GA 1973, 18

5) Giehring, a.a.O., S. 18

6) vgl. insbesondere H. Mayer, AT, S. 250 f; Giehring, a.a.O., S. 19 ff

Gefahrbegriff erscheint Giehring nur dasjenige Betrugsopfer schutzwürdig, das an die „überwiegende Wahrscheinlichkeit"[1] der Angaben des anderen glaube. Eine Übertragung subjektiv-irrationaler Faktoren, die bei der Bestimmung des dolus eventualis eine Rolle spielen können, „wie grundloses Vertrauen, übertriebene Hoffnung" oder Ängstlichkeit auf den Irrtumsbegriff des Betrugstatbestandes, seien aber aufgrund der fehlenden Sachgerechtigkeit mehr als zweifelhaft[2]. Vielmehr sei „allein auf das Ergebnis eines rationalen Erkenntnisaktes abzustellen", weil hier nicht „die Feststellung einer willensmäßigen Entscheidung für oder gegen eine mögliche Rechtsverletzung im Rahmen der strafrechtlichen Zurechnung" betroffen sei[3]. „Die Erweiterung des Vermögensschutzes zugunsten derjenigen, die trotz Wissen um die große Wahrscheinlichkeit, Opfer einer Täuschung zu werden, diese Möglichkeit aus Leichtsinn nicht ernst nehmen, kann unter den Gesichtspunkten der Angriffsintensität und der Schutzwürdigkeit nämlich ebensowenig begründet werden wie das Pendant dazu, die Versagung des Schutzes für die Personen, die die mögliche Unwahrheit aus Überängstlichkeit ernst nehmen, obwohl sie um deren geringe Wahrscheinlichkeit wissen"[4].

Der Irrtumsbegriff im Betrugstatbestand wird von Giehring definiert „als die der Wirklichkeit nicht entsprechende Vorstellung, das Vorliegen (Nichtvorliegen) einer Tatsache sei sicher oder doch jedenfalls wahrscheinlicher als ihr Nichtvorliegen (Vorliegen)"[5].

---

1) Giehring, GA 1973, 21; zustimmend Dästner, ZRP 1976, 36, 37 und Sonnen, wistra 1982, 123, 128. Vgl. ähnlich Krey, BT 2, S. 117 f, der den Irrtumsbegriff aus Gründen der verminderten Schutzwürdigkeit des Getäuschten durch das - nicht näher begründete - Kriterium der (bloßen) „Wahrscheinlichkeit" einzuschränken versucht; im Sinne dieser „Wahrscheinlichkeitstheorie" schon Rommel, Betrug, S.62. Zu Krey und Rommel: Amelung, GA 1977, 2
2) Giehring, a.a.O., S. 20
3) Giehring, a.a.O.
4) Giehring, a.a.O., S. 20
5) Giehring, a.a.O., S. 22

b) Amelung

Amelung unterstützt den von Giehring aufgeworfenen Gesichtspunkt der Schutzwürdigkeit[1] des Zweifelnden durch eine „viktimologische" bzw. „interaktionistische" Betrachtungsweise der Täter-Opfer-Beziehung beim Betrug[2].
Er hält den unter anderem von Giehring[3] vertretenen Zweck des Betrugstatbestandes für „zu schmal", da diese Zweckbestimmung das Irrtumsmerkmal verzichtbar erscheinen lasse[4]. Den Zweck des Irrtumsbegriffs beim Betrugstatbestand sieht Amelung aufgrund des Schutzwürdigkeits- bzw. Schutzbedürftigkeitsgedankens[5] darin, „dem Prinzip der Subsidiarität des strafrechtlichen Rechtsgüterschutzes zur Geltung zu verhelfen"[6]. Denn

---

1) Amelung, GA 1977, 1, 3; vgl. auch Krey, BT 2, S. 117 f
2) Amelung, GA 1977, 17
3) s.o.S. 110
4) Amelung, a.a.O., S. 1 f; vgl. auch § 252 E 1962, der den Irrtum nicht mehr erwähnt, obwohl die Begründung, S. 423, gleichzeitig einen Verzicht auf den Irrtumsbegriff ausdrücklich verneint; vgl. Naucke, Betrug, S. 240; Herzberg, GA 1977, 289 wendet sich damit gegen eine solche Behauptung Amelungs, a.a.O., S. 17; vgl. auch R. Hassemer, Schutzbedürftigkeit, S. 109; vgl. H. Mayer, Strafrecht 1936, S. 221: „In Wirklichkeit ist es mit dem ‚Verursachen des Irrtums' gar nicht so ernst gemeint. Der Schwindel als solcher ist gelungen und das muß genügen".
5) letzteres schlägt Amelung, GA 1977, 6 als den geeigneteren Ausdruck vor; Hillenkamp, Vorsatztat, S. 21 vermißt bei Amelung eine nähere Definition dieser Begriffe.
6) Amelung, a.a.O., S. 6; vgl. schon Amelung, NJW 1975, 624; zustimmend: Blei, JA 1977, 91 f und Strafrecht II, S. 227; Beulke, JR 1978, 390 und NJW 1977, 1073.
Beulke, NJW 1977, 1073 hält den Gesichtspunkt der fehlenden Schutzbedürftigkeit des Opfers, bei bestehenden Möglichkeiten zu hemmenden Selbstschutzmaßnahmen, nicht nur beim Irrtumsbegriff, sondern auch im Rahmen des Schadensbegriffs, insbesondere der Vermögensgefährdung, für beachtenswert; vgl. kritisch zu Beulkes Auffassung: Hillenkamp, Vorsatztat, S. 3, 35 ff, insbes. 37 ff.
Nach Blei, Strafrecht II, S. 227 spricht vieles dafür, daß (entsprechend der Konzeption Amelungs) eine sogenannte „tatbestandsrelevante Kausalität" zu verneinen sei, „wo der Zweifel dem Verfügenden Anlaß gegeben hätte, sich vor Schäden selbst zu bewahren". Kritisch zu dieser Ansicht: Hillenkamp, Vorsatztat, S. 24 ff, 140 f .

der Zweifelnde verfüge „über Möglichkeiten, sein Vermögen auf weniger einschneidende Weise als durch das staatliche Strafrecht" zu schützen[1], indem er Erkundungen anstelle, Sicherheiten fordere oder gänzlich vom geplanten Geschäft absehe[2].

Für die bislang mangelnde Beachtung der Bedeutung des Selbstschutzes für die Auslegung des Irrtumsbegriffs im Betrugstatbestand macht Amelung den „übermächtigen Einfluß" der Kausalzurechnungslehre hauptverantwortlich, da sie den Betrug als „einlineares" Geschehen betrachte, bei dem der Täter einem passiven Opfer Schaden zufüge, anstatt den Getäuschten als Mithandelnden zu berücksichtigen[3].
Es sei allerdings nur jener Zweifel, der auf einem „konkreten Anhaltspunkt" beruhe, wie z.B. Unwahrscheinlichkeit oder Widersprüchlichkeit der Tatsachenbehauptungen oder äußere Umstände des Geschäfts, aus dem Irrtumsbegriff herauszunehmen[4]. Damit sollten die strafrechtlichen Anforderungen an die „Selbstverteidigungsbereitschaft" des Betrogenen auf einen Bereich beschränkt werden, in dem regelmäßig Erkundigungen sinnvoll erscheinen und „deshalb als Selbstschutzmaßnahmen in erster Linie in Betracht kommen"[5].Die Empfehlung von Schutzmaßnahmen bei „unfundierten" Zweifeln würde der „sozialen Funktion des Betrugstatbestandes" widersprechen, da man dann, gerade unter den Bedingungen der anonymen Gesellschaft, nicht mehr „relativ gefahrlos Vertrauen in die Behauptungen anderer" investieren könne, was beträchtliche Erschwerungen des Wirtschaftsverkehrs bedeuten würden[6].

1) Amelung, GA 1977, 6; Eine Ausnahme stelle diesbezüglich der Prozeßbetrug dar, da sich dort der Richter nicht schützen könne; Amelung, a.a.O., S. 16
2) Amelung, GA 1977, 3
3) Amelung, a.a.O., S. 17
4) Amelung, a.a.O., S. 7; vgl. Beulke, JR 1978, 390, der ebenfalls auf „konkrete Zweifel" i.S. Amelungs abstellt
5) Amelung, a.a.O., S. 8
6) Amelung, a.a.O., S. 7; Hillenkamp, Vorsatztat, S. 28 sieht die Möglichkeit der Gewährleistung dieser Funktion bei Amelung als fraglich an, da der Zweifelsfall (aufgrund der Dehnbarkeit des Begriffs „konkreter Anhaltspunkt") praktisch viel häufiger zu passieren drohe, als von ihm angenommen. vgl. auch Samson in SK, § 263 Rn.57

Bei einer Auslegung des Wortlauts des § 263 StGB lasse sich keine scharfe Grenze erkennen, ob und wie weit Fälle des Zweifels unter den Irrtumsbegriff zu subsumieren sind[1].

Auch die Beratungen zum PrStGB von 1851 gäben keinen Aufschluß, da dort andere Fragen, wie die sachgerechte Eingrenzung des geschützten Rechtsguts und der strafbaren Täuschungshandlungen, im Vordergrund standen[2]. Die ratio des Irrtumsbegriffs wurde im 19. Jh. anscheinend nicht diskutiert[3] und auch die Rechtsprechung bezog selbst dann keine Stellung, wenn die Notwendigkeit dazu gegeben war[4]. Dementsprechend sei eine subjektive Zwecksetzung des Gesetzgebers nicht erkennbar[5].

Gegenüber den Ausführungen Giehrings vermag er „nicht einzusehen, weshalb sozial verbreitete Verhaltensweisen allein wegen ihrer Üblichkeit" strafrechtlich geschützt werden müssen[6]. „Üblichkeit" sei für sich allein kein Schutzwürdigkeitskriterium, da auch Nachlässigkeit sozial üblich sein könne[7].

Zudem hält er den Versuch Giehrings, mittels der Lehren vom bedingten Vorsatz und vom Gefahrenbegriff Wahrscheinlichkeitsstufen zu entwickeln, für methodisch verfehlt, da diese Theorien zur Bestimmung der Strafwürdigkeit der Täter, nicht aber der Schutzwürdigkeit der Opfer dienten[8].

Zur Problematik des leichtgläubigen Betrugsopfers weist Amelung darauf hin, daß Rechtsprechung und Wissenschaft mit der damaligen gesetzgeberischen Entscheidung zu leben hätten, daß, aufgrund eines fehlenden Abgrenzungskriteriums zwischen plumpen und arglistigen Täuschungen, leichtgläubige Betrogene

---

1) Amelung, GA 1977, 4; vgl. R. Hassemer, Schutzbedürftigkeit, S. 122, 151; Herzberg, GA 1977, 293 f; Lackner in LK, § 263 Rn. 79
2) Amelung, a.a.O., S. 4; vgl. R. Hassemer, a.a.O., S. 122
3) Amelung, a.a.O., S. 4 f
4) Amelung, a.a.O., S. 4,Fn. 24 m.w.N.
5) Amelung, a.a.O., S. 6
6) Amelung, a.a.O., S. 3
7) Amelung, a.a.O., S. 3; zustimmend: Blei, JA 1977, 91
8) Amelung, a.a.O., S. 3 f

geschützt werden sollten[1]. Für diese „politische" Entscheidung spreche, daß die Leichtgläubigkeit der Betrugsopfer, die auf unverschuldeter „Dummheit"[2] beruhe, geschützt werden müsse. Die „alltagstheoretische" Vorstellung, die Leichtsinnigkeit der Betrogenen sei vorwiegend auf intellektuelle Mängel zurückzuführen, werde durch „viktimologische" Untersuchungen widerlegt[3]. Diese würden nämlich aufzeigen, daß gerade sogenannte „Intellektuelle" oder Geschäftserfahrene Opfer von relativ leicht durchschaubaren Betrügereien werden können[4], da weniger intellektuelle Mängel als Emotionen und Bedürfnisse die nötige Sorgfalt verhindern würden[5].
Diese viktimologischen Erkenntnisse würden eine Ausklammerung der Leichtgläubigkeit unter Schutzwürdigkeitsgesichtspunkten noch erheblich problematisieren[6]. Denn angesichts der Schwierigkeit einer Grenzziehung zwischen schutzwürdigen und weniger schutzwürdigen Bedürfnissen und Emotionen, sowie anderer hiermit zusammenhängender Wertungsfragen, erscheine es

---

1) Amelung, GA 1977, 9; Hillenkamp, Vorsatztat, S. 87; vgl. o.S. 23
2) Eine verbreitete Ansicht scheint (auch heute noch) davon auszugehen, daß die Leichtgläubigkeit des Betrugsopfers auf „Dummheit" beruht; Amelung, a.a.O., S. 9; vgl. in diesem Sinne etwa: Mohrbotter, GA 1975, 41, 50 f
3) Amelung, a.a.O., S. 9
4) Amelung, a.a.O., S. 9; vgl. Ehrlich, Kriminalistik 1957, 365 und Betrüger, S. 23 ff, 25; v. Hentig, Psychologie, S. 193 f; Amelunxen, Kriminalistik 1959, 178, 179; Lenz, S. 176;
Diese Einsicht herrschte auch schon früher vor: vgl. Gross, s.o.S.86 (mit Hinweisen auf Schneickert und Wulffen); vgl. oben den Fall der Oberstudienräten, S. 1; LG Ffm. Az.2 Kls 9/76, beurteilte einen Fall, in dem sich ein Jurist aus Gewinnsucht und Karrierestreben um mehr als 100.000 DM betrügen ließ, obwohl der Betrüger das Opfer über die Art seiner Geschäfte im Unklaren ließ und sein Geldeinsatz stark spekulativen Charakter trug; vgl. auch Ärztin, die sich von einer angeblichen Wahrsagerin, auf rational kaum faßbare Weise, um 250 DM betrügen ließ; FAZ v.1.12.1981, S.27: „Wie man das Böse nicht vertreibt". Ähnlich der sog. „Taschentuchtrick" bei v.Hentig, Psychologie, S. 62
5) Amelung, a.a.O., S. 9; vgl. Lenz, S. 175 f
6) Amelung, a.a.O., S. 10; Herzberg, GA 1977, 292 bezeichnet Amelungs Ausführungen als „nicht ganz unmodische Verknüpfung mit sozio-krimino-viktimologischen Erfahrungsaussagen".

„mit guten Gründen vertretbar, ja wohl sogar weise, daß der Gesetzgeber sich einer Bewertung des Opfers ganz enthalten hat"[1]. Indem er allein das Vorliegen eines Irrtums und den darauf beruhenden Vermögensschaden zur Betrugsvoraussetzung mache, stelle der Gesetzgeber nicht auf die Schutz„würdigkeit" sondern auf die Schutz„bedürftigkeit" des Opfers ab[2]. Daraus werde deutlich, daß er sich allein an der psychologischen Situation des Getäuschten und nicht an einem „moralischen oder sonstigen Werturteil über den Betrogenen" orientiere[3].

Aufgrund dieser Überlegungen hält Amelung zumindest in den folgenden fünf Konstellationen die von ihm befürwortete Einschränkung des Irrtumsbegriffs, bei auf konkreten Anhaltspunkten beruhenden Zweifeln des Opfers, für nicht selten[4]:

- Der Verfügende sieht sich durch gesellschaftliche oder wirtschaftliche Rücksichten gehindert, Zweifeln an den Behauptungen des Täuschenden nachzugehen
- Erkundigungen sind dem Betrogenen im Vergleich mit dem möglichen Verlust zu aufwendig (z.B. Bettel- und Spendenbetrug)[5]
- Risikogeschäfte, d.h. die Zweifelhaftigkeit bestimmter Tatsachen ist Bestand der Abrede[6]
- Getäuschter ist nicht Geschädigter, d.h. seine Nachlässigkeit trifft ihn nicht unbedingt selbst[7]

---

1) Amelung, GA 1977, 10
2) Amelung, a.a.O., S. 10; vgl. R. Hassemer, Schutzbedürftigkeit, S. 154; Hillenkamp, Vorsatztat, S. 89
3) Amelung, a.a.O., S. 10
4) Amelung, a.a.O., S. 11
5) vgl. R. Hassemer, Schutzbedürftigkeit, S. 162, 180
6) vgl. auch Amelung, a.a.O., S. 13 f; siehe ferner R. Hassemer, a.a.O., S. 161 ff
7) vgl. Amelung, a.a.O., S. 14 f und R. Hassemer, a.a.O., S. 172 f, der in der Behandlung des Scheckkartenbetrugs (vgl. BGHSt 24, 386) ein besonders „extremes" Beispiel des Dreieckbetruges sieht, das „nur in den seltensten Ausnahmefällen" zur Bejahung des Irrtums bei § 263 StGB führen könne.

- Prozeßbetrug als Unterfall der Verfügung eines Dritten[1].

Zusammenfassend läßt sich festhalten, daß Amelung den Irrtumsbegriff für das „Einfallstor" für Schutzbedürftigkeitserwägungen hinsichtlich des Betrugsopfers hält, um dort dem Subsidiaritätsprinzip Geltung zu verschaffen. Allerdings scheidet nur der auf konkreten Anhaltspunkten beruhende und in Schutzmaßnahmen umsetzbare Zweifel aus dem Irrtumsbegriff aus.

c) Herzberg

Herzberg setzt sich intensiv mit den Ausführungen Amelungs auseinander, kritisiert den Begriff der „konkreten (Zweifels-) Anhaltspunkte" und betont die forensischen Schwierigkeiten einer solchen strafeinschränkenden Neuinterpretation des Irrtumsbegriffs[2]. Die Richter dürften nämlich die Aussagen des Betrügers, daß er z.B. bezüglich seiner Rückzahlungsbereitschaft bei dem Getäuschten nur ein mit Zweifeln verbundenes Für-möglich-Halten gewollt habe, nicht ohne weiteres als Schutzbehauptungen abtun[3].

---

1) vgl. auch Amelung, GA 1977, 15 f; bei dieser „atypischen Fallgruppe" kann sich der Zweifelnde (Richter) selbst bei konkret begründeten Zweifeln nicht selbst schützen, weil er aufgrund der Verhandlungsmaxime und dem Verbot der Rechtsverweigerung den Zweifel nicht zum Anlaß nehmen darf, die vom Täuschenden erstrebte Verfügung (Urteil) zu unterlassen. Deshalb will hier Amelung, a.a.O., S. 16, den konkreten Zweifel, der nicht in Schutzmaßnahmen umsetzbar ist, unter den Irrtumsbegriff subsumieren.
M.E. greift deswegen die Kritik von Samson in SK, § 263 Rn. 57 und Hillenkamp, Vorsatztat, S. 29 Fn. 42 nicht, die bei richterlichen Entscheidungen unter Zweifeln „unerträgliche Strafbarkeitslücken" nach der Konzeption Amelungs (und R. Hassemers) befürchten. R. Hassemer, Schutzbedürftigkeit, S. 177, hält es für „verwunderlich, daß die strafrechtsdogmatischen und kriminalpolitischen Bedenken gegen eine Subsumtion des Prozeß-'Betrugs' unter § 263 StGB ... so völlig ins Hintertreffen geraten sind" gegenüber dem „wohlfeilen Argument ansonsten drohender unerträglicher Strafbarkeitslücken".
2) Herzberg, GA 1977, 289 ff
3) Herzberg, a.a.O., S. 293; vgl. auch Hillenkamp, Vorsatztat, S. 29

Am Fall eines Heiratsschwindlers, der sich mit einem Darlehen absetzt, gibt er zu bedenken, daß dieser zumindest über den in-dubio-pro-reo-Satz straffrei ausgehen würde, wenn „konkrete Anhaltspunkte" die Belogene an dessen Redlichkeit habe zweifeln lassen[1]. Solch ein Ergebnis müßte „mindestens Unbehagen" erregen[2]. Ferner übt Herzberg Kritik an der Benutzung des Subsidiaritätsprinzips durch Amelung, da dieser den Begriff nicht in rein strafrechtsbezogener, sondern in seiner klassisch-liberalistischen Bedeutung verwende[3]. Danach habe sich der Staat dort untätig zu verhalten, wo das Individuum ebensogut oder besser wie dieser zu agieren vermöge. Demgegenüber hat für Herzberg das Subsidiaritätsprinzip den Inhalt, daß das Strafrecht dann nicht eingesetzt werden dürfe, wenn „andere staatliche Zwangsmittel", die nicht diskriminieren, mindestens den gleichen Effekt erzielen[4].

Im hier interessierenden Bereich könne keine Rede sein, daß „der Zweifelnde ebensogut selbst zu besorgen vermöchte, was zum Schutz seines Vermögens eine Strafdrohung bewirken würde"[5]. Zwar sei der Zweifelnde nicht gänzlich hilflos, da er die angesonnene Vermögensverfügung unterlassen könne, jedoch könne er nicht, was entscheidend sei, „schon im Vorfeld general- und spezialpräventiv Hemmungen schaffen, die potentielle Täter davon abhalten, ihn durch täuschendes Erwecken von Hoffnungen" zur Vermögensverfügung zu bewegen[6]. Auch die zivilrechtliche Rückgewährspflicht bilde keine Ersatzmöglichkeit, da sie den Täter mit keinem Risiko belaste[7]. Ein Verständnis

---

1) Herzberg, GA 1977, 293
2) Herzberg, a.a.O., S. 293; zustimmend Röhmel, JA 1977,584, 585
3) Herzberg, a.a.O., S. 294; zustimmend: Hillenkamp, Vorsatztat, S. 177 Fn. 603
4) Herzberg, a.a.O., S. 294; kritisch zu dieser Einschränkung des Subsidiaritätsprinzips auf alternative „staatliche" Zwangsmittel im Strafrecht: R. Hassemer, Schutzbedürftigkeit, S. 23, 119
5) Herzberg, a.a.O., S. 294; ebenso Hillenkamp, a.a.O., S. 179
6) Herzberg, a.a.O., S. 294; zustimmend Hillenkamp, a.a.O., S. 179
7) Herzberg, a.a.O., S. 294 Fn. 29

des Betrugstatbestandes im Sinne Amelungs bedeute „für den bedrohten Vermögensinhaber den Wegfall eines spezifischen (wenn auch nur zusätzlichen) Schutzes", den er aus eigener Kraft nicht kompensieren könne[1]. Abgesehen von der kriminalpolitischen Fragwürdigkeit des Strafschutzabbaus bei § 263 StGB[2] sei somit zumindest das Subsidiaritätsprinzip nicht die geeignete Lösung zu dem Problem, ob es nicht trotz allem vertretbar ist, dem (potentiellen) Betrugsopfer den Schutz zu versagen[3].

Herzberg selbst bekennt sich im Ergebnis zur „herrschenden" Auffassung, indem er das weite Verständnis des Irrtumsbegriffs, das auch das bloße Fürmöglichhalten noch einbezieht, unterstützt[4]. Allerdings bemüht er sich um eine neuartige Argumentation, indem er eine sachgerechte Lösung im Wege der systematischen Auslegung sucht. So verweist er darauf, daß das Irrtumsmerkmal beim Betrug im engen sachlich-systematischen Zusammenhang mit der in Rechtsprechung und Wissenschaft entwickelten Lehre von den Willensmängeln bei der Einwilligung[5] stehe. Danach sei stets zu prüfen, ob die Vermögensverfügung

---

1) Herzberg, GA 1977, 294
2) Herzberg, a.a.O., S. 298
3) Herzberg, a.a.O., S. 295
4) Herzberg, a.a.O., S. 297
5) Herzberg, a.a.O., S. 295; vgl. zustimmend: Hillenkamp, Vorsatztat, S. 30 ff, 32.
Zur (nicht unumstrittenen) Lehre von den Willensmängeln bei der Einwilligung: Samson in SK, vor § 32 Rn. 36 ff, 43; S/S/Lenckner Vorbem. §§ 32 ff Rn. 45 ff; Baumann, AT, S. 335 f; R. Hassemer, Schutzbedürftigkeit, S. 123 m.w.N. in Fn. 140. Kritisch zu einer solchen „weitgehend formalen" Parallelität: R. Hassemer, a.a.O., S. 123 ff, der den Lösungsweg Herzbergs als unhaltbar einstuft. B. Schünemann, Bockelmann-FS, S. 131, sieht in Herzbergs Vorschlag das starre Festhalten der h.L. an einem einseitigen Rechtsgutsdenken exemplarisch verdeutlicht, indem er die Strafbarkeit direkt aus der Rechtswidrigkeit (rechtfertigende Einwilligung) ableite und damit jene Ansatzpunkte für eine sinnvolle Kriminalpolitik verschütte, „die erst die systematische Berücksichtigung der Strafbedürftigkeit bei der Tatbestandsauslegung bietet".

des Getäuschten nicht die sachliche Bedeutung eines Einverständnisses mit dem Vermögensverlust hat, das im Ergebnis den Erfolgsunwert ausschließen würde[1].
Die Funktion des Irrtums im Betrugstatbestand, bzw. eine seiner Funktionen, sei nicht das Subsidiaritätsprinzip zu verwirklichen, sondern „den Fall der mangelfreien Einwilligung in den Vermögensverlust aus dem Tatbestand des vollendeten Betruges auszuscheiden"[2].

d) W. Frisch

W. Frisch bestreitet, trotz grundsätzlicher Anerkennung[3] der Intentionen Amelungs, das Opfer verstärkt in die dogmatische Sachverhaltserfassung einzubeziehen, dessen dogmatische Aufarbeitung beim Irrtumsbegriff im Betrugstatbestand[4]. Das Phänomen der „vorhandenen" oder „nichtvorhandenen Selbstschutzmöglichkeit" liege weit außerhalb des denkbaren Wortsinns von „Irrtum"[5].
Das Subsidiaritätsprinzip müßte als allgemeiner Grundsatz wohl auch Geltung bei anderen Straftatbeständen beanspruchen. Dann müßte es aber bei den anderen Gesetzen in jeweils neuem sprachlichen Gewande erscheinen, da diese kein Tatbestandsmerkmal „Irrtum" besäßen[6]. Damit würde die Unhaltbarkeit der Funktionsbestimmung des Irrtums durch Amelung vollends deutlich, denn welchen Sinn sollte es haben, für ein und

---

1) Herzberg, GA 1977, 296
2) Herzberg, a.a.O., S. 296; Mit R. Hassemer, Schutzbedürftigkeit, S. 124 bleibt es „unerfindlich", wieso dann der Gesetzgeber dieses Irrtumsmerkmal ausgerechnet beim Betrug und nicht z.B. auch beim Diebstahl in den Tatbestand aufgenommen hat, und warum er eine irreführende Bezeichnung „Irrtum" statt „Einwilligung" wählte. Vgl. auch Beulke, JR 1978, 390, der die „neue Lehre" (Amelungs) durch Herzbergs Parallele zur Einwilligung nicht als widerlegt ansieht.
3) Wolfgang Frisch, Bockelmann-FS, S. 647, 655
4) W. Frisch, a.a.O., S. 655
5) W. Frisch, a.a.O., S. 656; zustimmend: Hillenkamp, Vorsatztat, S. 23
6) W. Frisch, a.a.O., S. 656

dieselbe Sache jeweils andere Gesetzesbegriffe zu wählen[1]. Es sei ein Fehler, einem speziellen Tatbestandsmerkmal „einfach die Funktion der Durchsetzbarkeit eines allgemeinen Prinzips" zu unterlegen[2].

Aber auch der Versuch Herzbergs hinsichtlich einer Funktionsbestimmung des Irrtumsmerkmals findet nicht die Zustimmung W. Frischs. So kritisiert er, daß manche Erfordernisse aus dem Katalog der Voraussetzungen einer wirksamen Einwilligung im Rahmen des § 263 StGB „schlicht fehl am Platze" seien, wie z.B. das Erfordernis einer bestimmten Einwilligungsfähigkeit[3]. Überhaupt besitze der Ansatz Herzbergs nur eine sehr begrenzte Brauchbarkeit, da zwar einige (problemlose) Fälle aus dem Irrtumsbegriff ausgeschieden würden, es aber offen gelassen werde, welche Fälle dem Irrtumsmerkmal zu subsumieren sind[4].

W. Frisch selbst versucht mit einer „normativ-funktionalen Methode"[5] eine Funktionsbestimmung des Irrtumsmerkmals im Betrugstatbestand. Der Betrug stellt für ihn einen Vertreter des neuen Deliktstypus der Selbstschädigungsdelikte dar[6], der gegenüber den „normalen" Fremdschädigungs- und Unterlassungsdelikten ein weiteres Moment aufweise, nämlich die Rechtsgutsbedrohung durch eigenes Verhalten[7].

Der Irrtum hat nach W. Frisch die Funktion, „aus dem weiten

---

1) W. Frisch, Bockelmann-FS, S. 656; in diesem Sinne: Hillenkamp, Vorsatztat, S. 22 f

2) W. Frisch, a.a.O., S. 656; vgl. Lackner in LK, § 263 Rn.80, der es als unhaltbar einstuft, einem bestimmten Tatbestandsmerkmal „die spezielle Aufgabe der Tatbestandseinschränkung für den Fall zuzuweisen, daß sich das Opfer bis zu einem gewissen Grade gegen den deliktischen Angriff selbst schützen" könne. „Das würde ein einzelnes Tatbestandselement an ein allgemeines gesellschaftspolitisches Prinzip binden und damit zugleich seine Herauslösung aus dem Sinn- und Zweckzusammenhang des Tatbestandes bedeuten"; ähnlich Hillenkamp, a.a.O., S. 23

3) W. Frisch, a.a.O., S. 653; vgl. Hillenkamp, a.a.O., S. 32

4) W. Frisch, a.a.O., S. 654

5) W. Frisch, a.a.O., S. 663

6) W. Frisch, a.a.O., S. 659

7) W. Frisch, a.a.O., S. 659

Feld von Bereitschaften eines Vermögensträgers zu unmittelbar vermögensbeeinträchtigenden Verfügungen durch das Erfordernis einer bestimmten kausalen Zurückführbarkeit dieser Bereitschaft einen engeren Kreis herauszuheben"[1]. Der Inhalt des Irrtums als einer „Klasse von Verfügungsbereitschaften"[2] müsse vom Schutzgedanken des Betrugstatbestandes gedeckt sein[3]. Bei § 263 StGB gehe es nicht um ein isoliertes Irrtumsproblem, sondern unmittelbar um die Erfassung jener Verfügungsbereitschaften, die in der Norm „zum Zwecke des Vermögensschutzes verhütet oder ‚entschärft' werden sollen - freilich (im Irrtumsmerkmal) nur unter dem spezifischen Aspekt ihres kausalen Grundes"[4]. Wie weit durch den Betrugstatbestand Schutz gewährt werden soll, dürfe, schon aus Gründen der Rechtssicherheit, „nicht zum Hort höchstpersönlicher Schutzwürdigkeits- und Schutzbedürftigkeitsüberlegungen des Rechtsanwenders werden"[5]. Vielmehr sei der im Gesetz enthaltenen Schutzbegrenzung auf den Tatsachen-Irrtum wesentlich größere Beachtung zu schenken[6]. Die Begrenzung auf relevante Irrtümer mache aber auch den Verzicht des Gesetzes auf die Statuierung weiterer Begrenzungen deutlich, wie etwa „die Vernünftigkeit des Geschäfts oder die Entscheidungsmaßstäbe des Opfers zu zensieren"[7].

Diese „gesetzlichen Vorwertungen" dürften nicht ignoriert werden[8]. Außerdem sollten auch im Rahmen der Irrtumsdogmatik Besonderheiten bestimmter „Auslöse- und Verfügungsmechanismen" und das Phänomen bestehender „Verfügungszwänge" (rechtlich oder sozialer Art)[9] verstärkt berücksichtigt wer-

---

1) W. Frisch, Bockelmann-FS, S. 661; vgl. Lackner in LK, § 263 Rn. 81
2) W. Frisch, a.a.O., S. 662
3) W. Frisch, a.a.O., S. 663 ff
4) W. Frisch, a.a.O., S. 664
5) W. Frisch, a.a.O., S. 665; Diesen Vorwurf macht W. Frisch gegenüber der („z.T. richtungslosen") Diskussion um „Irrtum und Zweifel", a.a.O., S. 663 Fn. 56; vgl. ähnlich Herzberg, GA 1977, 297. Dagegen Krey, BT 2, S. 118
6) W. Frisch, a.a.O., S. 665
7) W. Frisch, a.a.O., S. 665
8) W. Frisch, a.a.O., S. 665; vgl. Amelung, s.o.S. 114 ff
9) vgl. mit Amelungs erster Fallgruppe, s.o.S. 116

den, so daß man „die unnütze Angriffsflächen bietenden psychologischen Hilfskonstruktionen der positiven Fehlvorstellung ... durch eine eher adäquate normative Lehre der Zurechnung ersetzen" könnte[1].

e) Lackner

Ihren „beredtesten Repräsentanten"[2] hat die herrschende Meinung wohl in Lackner gefunden, der es für den Betrug ausreichen läßt, daß der Getäuschte die behauptete Tatsache „für möglich hält"[3]. Der Irrtum sei auch dann zu bejahen, wenn die Vermögensverfügung trotz bestehender Zweifel an der Richtigkeit der betrügerischen Vorspiegelung vorgenommen wird, da dadurch offenbar werde, daß der Getäuschte trotz des Zweifels sich lieber auf die Wahrheit als auf die Unwahrheit verlasse[4].

Auch derjenige, der das Risiko eines Geschäfts in Kauf nehme, weil er sich für den Fall der Richtigkeit der Behauptungen Gewinn verspreche, sei betrogen[5].

Dem Gesichtspunkt der geringeren Schutzwürdigkeit des unter Zweifeln Verfügenden billigt Lackner ein „zugegebenermaßen erhebliches kriminalpolitisches Gewicht" zu, „weil sie an die Mitverantwortung des Opfers anknüpfen, das sich in solchen Fällen den Schaden zum Teil selbst zuzuschreiben" habe[6]. Je-

1) W. Frisch, Bockelmann-FS, S. 666
2) R. Hassemer, Schutzbedürftigkeit, S. 100
3) Lackner in LK, § 263 Rn. 79 f; s.o.S. 109.
Dies erfordere aber eine „innere Stellungnahme zur Wahrheitsfrage", d.h. Gleichgültigkeit des Getäuschten gegenüber der Möglichkeit der vorgespiegelten Tatsache reicht für die Bejahung des Irrtums nicht aus; Lackner, a.a.O., Rn. 81; vgl. S/S/Cramer, § 263 Rn. 40; Arzt, LH 3, S. 134
4) Lackner in LK, § 263 Rn. 80;vgl.auch Otto, Jura 1983,16,21
5) Lackner in LK, § 263 Rn. 80 m.w.N. in Fn. 133; Diese Behauptung hält R. Hassemer, Schutzbedürftigkeit, S. 163, für nicht einsichtig.
6) Lackner in LK, § 263 Rn. 80; vgl. W. Frisch, s.o.S. 120; Arzt, LH 3, S. 134

doch seien die bisherigen Einwendungen und Vorschläge nicht so stichhaltig, daß sie die herrschende Meinung verdrängen könnten.
So spreche gegen den Lösungsvorschlag Giehrings[1] die völlig unpraktikable Handhabung des Abgrenzungskriteriums der „überwiegenden Wahrscheinlichkeit"[2]. In der Beweisaufnahme würden kaum jemals verläßliche Auskünfte des Getäuschten über die Intensität seiner Zweifel gegeben werden können, da er nicht vor der Entscheidung stehen würde, ob er die Behauptungen des Täuschenden für mehr oder weniger wahrscheinlich halten solle[3]. An den Überlegungen Amelungs sei zu kritisieren, daß sich die Funktion des Irrtumsmerkmals im Betrugstatbestand nicht unmittelbar aus dem Subsidiaritätsprinzip herleiten lasse[4]. Das Schutzbedürfnis des Getäuschten habe gegenüber dem „ohnehin rechtlich mißbilligten Interesse des lügenden Täters" ein „ungleich viel größeres Gewicht"[5].
Überhaupt unterscheide sich die Behandlung eines unter Zweifeln Verfügenden nicht wesentlich von dem Irrtum des ungewöhnlich leichtgläubigen Betrugsopfers. Da dessen grob verschuldeter Irrtum nach ganz herrschender Meinung und nach dem Willen des historischen Gesetzgebers für die Betrugsstrafbarkeit ausreiche, würde „eine andersartige Abgrenzung im Bereich des Zweifels ein Abweichen von dieser allgemeinen kriminalpolitischen Linie bedeuten"[6].
Ferner sei auch zu berücksichtigen, daß der Zweifelnde „aus vielfältigen und meist akzeptablen Gründen, nicht zuletzt durch die Spielregeln menschlichen Zusammenlebens, dazu gedrängt sein kann, auf eine Aufklärung des Zweifels durch

1) Giehring, s.o.S. 111
2) Lackner in LK, § 263 Rn. 80
3) Lackner in LK, § 263 Rn. 80; vgl. ähnlich: Samson in SK, § 263 Rn. 57; Amelung, GA 1977, 8; R. Hassemer, Schutzbedürftigkeit, S. 151 f
4) Lackner in LK, § 263 Rn. 80; vgl. ders., o. S. 121 Fn.2
5) Lackner in LK, § 263 Rn. 80; vgl. dazu R. Hassemer, a.a.O., S. 162
6) Lackner in LK, § 263 Rn. 80; vgl. W. Frisch, s.o.S. 122

nähere Nachforschungen oder auf das Verlangen von Sicherheiten zu verzichten"[1].

An dem Abgrenzungskriterium der „konkreten Anhaltspunkte" dürfte es in aller Regel nicht fehlen, wenn das Opfer überhaupt Zweifel hat, da jene den Zweifel erst (mit-) verursachen würden[2]. Diesem Problem könnte nur durch die kaum durchführbare Unterscheidung zwischen relevanten und irrelevanten Anhaltspunkten abgeholfen werden, „die für den Täter eine nie versiegende Quelle für Tatbestandsirrtümer und probate Schutzbehauptungen" bezüglich seines Vorsatzes abgeben würden[3].

f) Samson

Samson gibt Giehring und Amelung zu, daß die herrschende Meinung nicht überzeugen kann[4]. Das Argument Lackners, daß der Verfügende durch die Verfügung zeige, daß er sich für die vorgestellte Tatsache entschieden habe[5], sei „lediglich die Wiederholung der Kausalität der Möglichkeitsvorstellung für die Verfügung im Sinne der Äquivalenztheorie", die die kriminalpolitische Problemstellung verdecke[6]. Gegenüber Herzberg sei zu bemerken, daß dieser Unvergleichbares miteinander verglichen habe, denn bei einer Verfügung unter Zweifeln über den Wahrheitsgehalt der Tatsachenbehauptungen sei „der Verfügende nicht im Zweifel über die Tatsache der Verfügung, sondern über die Richtigkeit der ihn motivierenden Vorstellung"[7].

1) Lackner in LK, § 263 Rn. 80; vgl. R. Hassemer, Schutzbedürftigkeit, S. 129; Amelung, s.o.S. 116, erste Fallgruppe; W. Frisch, s.o.S. 122 f
2) Lackner in LK, § 263 Rn. 80
3) Lackner in LK, § 263 Rn. 80; vgl. zu der Möglichkeit von Schutzbehauptungen: Herzberg, s.o.S. 117; vgl. ferner zum Problem des Tatbestands- bzw. Verbotsirrtums beim Betrug: Naucke, Betrug, S. 162 Fn. 19
4) Samson in SK, § 263 Rn. 56
5) Lackner, s.o.S. 123
6) Samson in SK, § 263 Rn. 56
7) Samson, a.a.O.,; vgl. Lackner in LK, § 263 Rn. 80 Fn. 134; Hillenkamp, Vorsatztat, S. 30 Fn. 46

Die kriminalpolitische Fragestellung nach der sinnvollen Reichweite des § 263 StGB sei zwar berechtigt, jedoch würden die von Giehring und Amelung vorgeschlagenen Differenzierungskriterien nicht überzeugen, da sie zu erheblichen Abgrenzungsschwierigkeiten führen würden[1]. Solange ein überzeugend begründetes und präzises Eingrenzungskriterium fehle, sei auch weiterhin der herrschenden Auffassung zu folgen, d.h. man läßt „die tatsächlich motivierende Wirkung auch der bloßen Möglichkeitsvorstellung für den Irrtum genügen"[2].

g) R. Hassemer

In seiner Monographie: „Schutzbedürftigkeit des Opfers und Strafrechtsdogmatik"[3] wendet sich Raimund Hassemer gegen die herrschende Auffassung[4], daß Zweifel des Getäuschten an der Wahrheit der Tatsachenbehauptungen für den Irrtumsbegriff im Betrugstatbestand irrelevant seien[5].
Die Aufgabe des Strafrechts besteht für R. Hassemer darin, „diejenigen Rechtsgüter vor Verletzungen zu bewahren, die durch individuelle Schutzmaßnahmen des Rechtsgutsträgers nicht oder zumindest nicht umfassend geschützt werden können"[6]. Das Prinzip der Subsidiarität strafrechtlichen Rechtsgüterschutzes solle gewährleisten, daß eine Kriminalisierung, angesichts der auch heute noch häufig existenzvernichtenden Wirkungen des Strafrechts[7], dann unzulässig ist, wenn Rechtsgutsverletzungen auch durch außerstrafrechtliche, mil-

1) Samson in SK, § 263 Rn. 57; ders., JA 1978, 469, 474; vgl. insbes. zur Kritik fehlender Bestimmtheit an Amelungs Kriterium des „konkreten Anhaltspunktes": Krey, BT 2, S. 117; Herzberg, s.o.S. 117; R. Hassemer, Schutzbedürftigkeit, S. 152; Hillenkamp, Vorsatztat, S. 28; B. Schünemann in: Schneider, Das Verbrechensopfer, S. 407, 415
2) Samson in SK, § 263 Rn. 58; ders., JA 1978, 474
3) die zugleich seine von B. Schünemann betreute (Mannheimer) Dissertation darstellt
4) s.o.S. 109
5) R. Hassemer, Schutzbedürftigkeit, S. 166
6) R. Hassemer, a.a.O., S. 62
7) R. Hassemer, a.a.O., S. 24; vgl. Roxin, JuS 1966, 377, 382

dere Mittel[1] mit vergleichbarer Effizienz, verhindert werden können[2].

In den Fällen, in denen der Rechtsgutsträger von den ihm zu Gebote stehenden Schutzmöglichkeiten Abstand nimmt und ein von äußerster Sorglosigkeit gekennzeichnetes Verhalten gezeigt hat, sei der Einsatz strafrechtlicher Mittel „zumindest höchst fragwürdig"[3]. Denn solchen Rechtsgütern solle kein „kumulativer" Strafrechtsschutz gewährt werden, „deren Verletzung durch individuelle Maßnahmen ihrer Träger ohnehin gehindert werden kann"[4]. Potentielle Opfer würden somit nicht schutzlos gemacht, sondern nur deren eigene Schutzfähigkeit ernstgenommen[5]. Wenn der Rechtsgutsträger seine Güter durch mögliche und zumutbare Maßnahmen des Individualschutzes selbst schützen könne, brauche und dürfe das Strafrecht nicht schützen[6].

Die individuelle Selbstschutzmöglichkeit sei wesentlich geprägt vom Grundsatz der Eigenverantwortlichkeit des Individuums[7], der jedoch nur in Fällen „sozialadäquater" (bzw. inzwischen sozialadäquat gewordener) Außenkontakte[8] des Rechtsgutsträgers zur Bejahung der Schutzbedürftigkeit desselben führen könne[9].

Das sich aus dem Eigenverantwortlichkeitsprinzip ergebende Verbot, „ein Sich-davon-Stehlen aus der praktischen Verantwortung für die eigenen Rechtsgüter mit der strafrechtlichen Kompensation der hiermit notwendig einhergehenden Verminderung der individuellen Schutzmöglichkeiten gleichsam noch zu prä-

---

1) Diese umfassen, im Gegensatz zu Herzberg, s.o.S. 118 auch „nicht-staatliche" Maßnahmen; R. Hassemer, s.o.S.118Fn.4; a.A.: Hillenkamp, Vorsatztat, S. 176
2) R. Hassemer, Schutzbedürftigkeit, S. 20
3) R. Hassemer, a.a.O., S. 24
4) R. Hassemer, a.a.O., S. 25
5) R. Hassemer, a.a.O., S. 25
6) R. Hassemer, a.a.O., S. 25; vgl. auch ders., a.a.O., S. 81, 98; s.ferner Roxin, JuS 66, 382; Arthur Kaufmann, Henkel-FS, S. 89 ff; Zipf, Kriminalpolitik, S. 52 f
7) R. Hassemer, Schutzbedürftigkeit, S. 34 ff, 78
8) R. Hassemer, a.a.O., S. 36 ff, 78 f
9) vgl. R. Hassemer, a.a.O., S. 38, 51, 76, 164

mieren", würde (heutzutage) zunehmend vernachlässigt[1]. Nur bei einer ausreichend hohen Gefahrintensität sei strafrechtlicher Schutz erforderlich und damit zulässig[2]. Die Schutzbedürftigkeit des Opfers[3] nehme in dem gleichen Maße ab, wie die konkrete Gefahrintensität als Folge eigentätiger Einflußnahme des Rechtsgutsträgers wachse[4].
Der Zweck eines Gesetzes ergebe sich nicht aus dem Rechtsgut, sondern aus dem Schutzbereich[5]. Diese Konzeption ermögliche es, „die Fassung der jeweiligen Strafnorm als harmonisches und konsistentes Produkt einer Abwägung zwischen Schutzwürdigkeits-, Geeignetheits- und Erforderlichkeitserwägungen zu sehen und Ansatzpunkte für eine Verlängerung der diese Abwägung tragenden Wertungen bis zum Einzelfall bereitzustellen"[6].

Der gesetzliche Zweck bestehe bei „inkongruenten Tatbeständen"[7] im Schutz eines bestimmten Rechtsguts, z.B. des Vermögens, „vor Angriffshandlungen ausreichend hoher Gefahrintensität und in der Versagung dieses Schutzes gegen weniger gefahrintensive Angriffsarten"[8]. So bestehe der Zweck speziell des § 263 StGB im Vermögensschutz gegen „selbstschutzungeeignete listige Angriffe"[9].
Ausgehend von diesen grundsätzlichen Überlegungen kommt R. Hassemer zu folgender Funktionsbestimmung des Irrtumsmerkmals im Betrugstatbestand: Seine Aufgabe besteht darin, „Handlungssituationen mit mangelnder Gefahrintensität aus dem Strafbarkeitsbereich des § 263 auszugliedern und damit letztlich" dem Subsidiaritätsprinzip zur Geltung zu verhelfen[10].

---

1) R. Hassemer, Schutzbedürftigkeit, S. 38
2) R. Hassemer, a.a.O., S. 51
3) Dieses Prinzip wird von B. Schünemann, Bockelmann-FS, S.130 und in: Schneider, Das Verbrechensopfer, S. 412 f, das „viktimologische Prinzip" genannt; vgl. R. Hassemer, a.a.O., S. 82; Hillenkamp, Vorsatztat, S. 3, 60 ff
4) R. Hassemer, a.a.O., S. 73
5) R. Hassemer, a.a.O., S. 60
6) R. Hassemer, a.a.O., S. 60
7) nähere Begriffsbestimmung bei R. Hassemer, a.a.O., S. 53 f
8) R. Hassemer, a.a.O., S. 61
9) R. Hassemer, a.a.O., S. 127
10) R. Hassemer, a.a.O., S. 118; vgl. Amelung, s.o.S. 112

Während das Täuschungsmerkmal die „Gefährdungswurzel der Gefahrintensität" kennzeichne, deute das Irrtumsmerkmal „auf eine Opfersituation hin, die typischerweise deshalb durch mangelnde Selbstschutzmöglichkeiten gekennzeichnet ist, weil hier eine Fehlkonditionierung des Rechtsgutsträgers hervorgerufen wurde"[1].
Gegen die Kritik Herzbergs an Amelung, daß individuelle Selbstschutzmöglichkeiten nicht zum Aufbau general- oder spezialpräventiver Maßnahmen fähig seien[2], wendet R. Hassemer ein, daß im hier interessierenden Bereich kein Bedürfnis für den Schutz strafrechtlicher General- oder Spezialprävention sei, da der Rechtsgutsträger genügend faktische Möglichkeiten zur Verhinderung der Gutsverletzung besitze[3]. In Bereichen, in denen ohne Überredung des Rechtsgutsträgers ein Vermögensverlust unmöglich[4] sei, habe das Betrugsopfer angesichts dieses grundsätzlich perfekten Selbstschutzpotentials[5] die Möglichkeit, sich selbst zu schützen[6]. Deswegen sei es auch nicht zu beklagen, „daß die Rechtsgutsträger keine darüber hinausgehenden ‚präventiven' Effekte zur Verhinderung solcher Angriffe auslösen können"[7]. Es sei „Prävention" genug, wenn eine Täuschung an diesem „Selbstschutzwall" des Rechtsgutsträgers scheitern müsse[8]. Die gesellschaftlichen Rahmenbedingungen, die in der Praxis den „Selbstschutzwall" porös machen, würden nicht den Inhalt, sondern nur die Grenzen der

---

1) R. Hassemer, Schutzbedürftigkeit, S. 117
2) Herzberg, s.o.S. 118
3) R. Hassemer, a.a.O., S. 119
4) R. Hassemer, a.a.O., S. 128 f: Der Rechtsgutsträger könne sich zwar, angesichts des heutigen Wirtschaftsprozesses, nicht mehr total der Vornahme von Austauschakten entziehen; jedoch bestehe im Einzelfall sehr wohl eine Verweigerungsmöglichkeit und damit eine Verunmöglichung einer eigenen Vermögensschädigung.
5) R. Hassemer, a.a.O., S. 119 bezeichnet dies als „optimalen und schlicht unüberwindlichen Selbstschutzwall". Einschränkend betont er aber auch, a.a.O., S. 128, daß diese Selbstschutzmöglichkeiten zwar gedacht, aber heutzutage nicht praktiziert werden können.
6) R. Hassemer, a.a.O., S. 119
7) R. Hassemer, a.a.O., S. 119
8) R. Hassemer, a.a.O., S. 120; kritisch hierzu: Hillenkamp, Vorsatztat, S. 179 Fn. 617

Selbstschutzmöglichkeiten betreffen[1].

Zu den Vorwürfen W. Frischs gegenüber Amelung, daß das Subsidiaritätsprinzip nicht mit dem Wortsinn des Irrtumsbegriffs vereinbar und es unbegreiflich sei, wieso ein einheitliches Prinzip des StGB in vielen unterschiedlichen sprachlichen Ausdrücken erscheinen solle[2], bemerkt R. Hassemer folgendes: Dem Irrtumsmerkmal komme die Aufgabe der Durchsetzbarkeit des Subsidiaritätsprinzips zwar nicht unmittelbar, aber doch „auf dem Wege der Umschreibung der Situation fehlender Selbstschutzmöglichkeiten" vermittelnd zu[3]. Da bei differierenden Rechtsgütern Gefährdungsintensität und Selbstschutzmöglichkeiten je unterschiedlich auftreten, würden sie dementsprechend in der „vergleichsweise plastischeren Sprache des Gesetzgebers" unterschiedlich benannt werden[4]. Der Irrtumsbegriff „als Bezeichnung für eine Situation mangelnder Selbstschutzmöglichkeiten und hieraus resultierender hoher Gefahrintensität" sei „klug und zutreffend gewählt"[5]. Da letzteres Voraussetzung für die Bejahung der Erforderlichkeit strafrechtlichen Schutzes sei, diene der Begriff „Irrtum" „mittelbar tatsächlich dem Subsidiaritätsprinzip, ohne jedoch hierdurch einer eigenen Funktionszumessung und eines eigenständigen Sinngehalts entkleidet zu sein"[6]. Anhand des Irrtumsmerkmals müsse überprüft werden, ob wirklich eine Neutralisierung der Selbstschutzmöglichkeiten vorlag[7].

Zur Bestimmung der Grenzen der Selbstschutzmöglichkeiten des Betrugsopfers, d.h. der Frage, „wann das präsumtive Opfer einen genügenden Anlaß hat, die Durchlässigkeit der faktischen

1) R. Hassemer, Schutzbedürftigkeit, S. 128
2) W. Frisch, s.o.S. 120 f
3) R. Hassemer, a.a.O., S. 120
4) R. Hassemer, a.a.O., S. 121
5) R. Hassemer, a.a.O., S. 121
6) R. Hassemer, a.a.O., S. 121; Hillenkamp, Vorsatztat, S.22 Fn. 17 bezeichnet diese Argumentation R. Hassemers gegen die Kritik von W. Frisch zwar als „beachtlich", sieht jedoch allgemein Frischs und Herzbergs Einwände „nicht aus dem Felde geschlagen"; Hillenkamp, a.a.O., S. 34 Fn. 60
7) R. Hassemer, Schutzbedürftigkeit, S. 122

Selbstschutzgrenze zu nutzen"[1], differenziert R. Hassemer zwischen verschiedenen „Kognitionslagen" beim Rechtsgutsträger: subjektive Gewißheit, diffuser und konkreter Zweifel[2].
„Subjektive Gewißheit"[3] sei dann gegeben, wenn der Rechtsgutsträger im Widerspruch zur Realität einen Irrtum vollständig ausschließt, da er glaubt, im Besitz aller, für die Vornahme der von ihm beabsichtigten Verfügung relevanter Informationen zu sein[4], wie z.B. in Bereichen von „habituellen oder Routineentscheidungen"[5].
„Diffuser Zweifel" liege dann vor, wenn der Rechtsgutsträger „die zur Grundlage eines Austauschaktes genommenen Tatsachen bezüglich ihrer Wahrheit und/oder Vollständigkeit" nicht überprüft hat und „er insoweit auf den guten Willen und die Lauterkeit" des anderen angewiesen ist[6]. Diese diffusen Zweifel können sich z.B. „aufgrund individueller Ungewöhnlichkeit des Austauschaktes" oder „eines unspezifizierbaren Mißtrauens an der Glaubwürdigkeit" des Partners ergeben[7].
Der „konkrete Zweifel" gehe über den diffusen Zweifel (bzw. Anlaß des „üblichen"Mißtrauens) hinaus und habe zum Inhalt, daß der Rechtsgutsträger in einer spezifischen Handlungssituation an der Wahrheit einer ganz bestimmten relevanten Tatsache zweifle[8], wie z.B. bezüglich der Unfallfreiheit eines Gebrauchtwagens, wenn dieser eine farblich nicht harmonisierende Kühlerhabe habe[9] oder bei Hinweisen auf die eventuelle Unzuverlässigkeit des Vertragspartners[10].

1) R. Hassemer, Schutzbedürftigkeit, S. 131
2) R. Hassemer, a.a.O., S. 131 ff
3) vgl. auch Lackner in LK, § 263 Rn. 79, der ebenfalls diesen Terminus verwendet
4) R. Hassemer, a.a.O., S. 132; vgl. ders., a.a.O., S. 138 ff
5) R. Hassemer, a.a.O., S. 132
6) R. Hassemer, a.a.O., S. 132; R. Hassemer, a.a.O., S. 133, sieht das Problem, daß in der Praxis eine Grenzziehung zwischen subjektiver Gewißheit und diffusem Zweifel nicht immer exakt zu ziehen sein wird.
7) R. Hassemer, a.a.O., S. 133
8) R. Hassemer, a.a.O., S. 134
9) R. Hassemer, a.a.O., S. 134
10) R. Hassemer, a.a.O., S. 135

Sowohl beim diffusen als beim konkreten Zweifel verfüge der Rechtsgutsträger unter Unsicherheit am Wahrheitsgehalt der Tatsachenbehauptungen des anderen. Der wesentliche Unterschied sei darin zu sehen, daß der Rechtsgutsträger beim diffusen Zweifel (zumindest generell) nicht wisse, in welcher Richtung er etwas dagegen unternehmen könne, während der konkret Zweifelnde „durchaus spezifische Ansatzpunkte und genügend Anlaß zur Erhebung weiterer Informationen oder ... zum Unterlassen der projektierten Verfügung" habe[1].

Daraus folge, daß die Schutzbedürftigkeit desjenigen Rechtsgutsträgers entfalle, der trotz konkreter Zweifel an der Wahrheit der vorgespiegelten Tatsachen seine Selbstschutzmöglichkeiten verringere, obwohl dies ihm möglich[2] und zumutbar[3] ist. Beim konkreten Zweifel entfalle „zumindest" eine Bestrafung des Täuschenden wegen vollendeten Betruges[4].

Die beiden Konstellationen subjektiver Gewißheit und diffusen Zweifels seien dagegen unter den Irrtumsbegriff zu subsumieren[5]; auch in Fällen plumper und leicht durchschaubarer Täuschungen bestehe bei diesen beiden Kognitionsstufen die Schutzbedürftigkeit des Betrugsopfers[6].

Seine Konzeption sei, so R. Hassemer, mit der Auffassung der herrschenden Lehre unvereinbar, abgesehen davon, daß die herrschende Meinung ihrer „Darlegungslast" für eine extensive Auslegung des Irrtumsbegriffs nicht nachkomme[7]. Gegenüber Amelungs Überlegungen unterscheide sich seine Konzeption hinsichtlich dessen Abgrenzungskriterium der „konkreten Anhaltspunkte"[8],

---

1) R. Hassemer, Schutzbedürftigkeit, S. 136
2) vgl. zur „Möglichkeit" der Kompensation: R. Hassemer, a.a.O., S. 95 ff
3) Zur „Zumutbarkeit" alternativen Verhaltens: R. Hassemer, a.a.O., S. 94 f; 159 ff
4) R. Hassemer, a.a.O., S. 147, 167
5) R. Hassemer, a.a.O., S. 147
6) R. Hassemer, a.a.O., S. 154
7) R. Hassemer, a.a.O., S. 151
8) s.o.S. 113; Amelung benutzt ebenfalls den Terminus „konkreter Zweifel", jedoch in einem etwas anderen Sinn; vgl. R. Hassemer, a.a.O., S. 134 Fn. 172

da allein entscheidend immer nur das kognitive Ergebnis beim Betrugsopfer und nicht, wie bei Amelung, die objektive Konkretheit des Ansatzpunktes des Zweifels sei[1]. Es sei nur die Frage maßgeblich, „wie" der Rechtsgutsträger zur Wahrheit der vorgespiegelten Tatsache stehe, denn die Frage nach dem „weshalb" einer solchen Position des Betrugsopfers sei irrelevant[2]. Da das Irrtumsmerkmal „ausschließlich an die subjektiv-kognitive Situation des Rechtsgutsträgers" anknüpfe, könne auch die Behauptung des Täuschenden, die auf noch so unglaubwürdigen Tatsachen beruht, zu einem Irrtum führen, wie auch derselbe zu verneinen wäre, wenn der Rechtsgutsträger „aufgrund irgendwelcher Umstände an der Wahrheit einer mit größter Raffinesse vorgespiegelten Tatsache" (konkret) zweifle[3]. Es sei aber zugegeben, daß das Vorliegen „konkreter Anhaltspunkte" (im Sinne Amelungs) mittelbare Relevanz dadurch entfalte, daß sie wohl typischerweise tatsächlich zu einem „konkreten Zweifel" (im Sinne R. Hassemers) führen dürften[4].

Ferner betont R. Hassemer, daß es sich bei der Schutz„bedürftigkeit" und der Schutz„würdigkeit" um zwei zu trennende, unterschiedliche Phänomene handle[5]. Im Gegensatz zur Schutzbedürftigkeit sei die Schutzwürdigkeit nicht Thema seiner

1) R. Hassemer, Schutzbedürftigkeit, S. 153
2) R. Hassemer, a.a.O., S. 153
3) R. Hassemer, a.a.O., S. 153
4) R. Hassemer, a.a.O., S. 154; vgl. auch seinen Hinweis, a.a.O., S. 156, auf die „zahlenmäßig sicher geringen Fälle konkreter Zweifel ohne konkrete Anhaltspunkte".

Zugleich würden diese Anhaltspunkte Anlaß für den Tatrichter sein, die Kognitionslage des Betrugsopfers mit besonderer Aufmerksamkeit zu ermitteln. Somit würden die von Samson, s.o.S. 126, kritisierte Unbestimmtheit der „konkreten Anhaltspunkte" aufgrund ihrer „lediglich mittelbaren Relevanz" „weitestgehend unschädlich"; R. Hassemer, a.a.O., S. 154 Fn. 224
5) R. Hassemer, a.a.O., S. 154; vgl. Amelung, s.o.S. 116 Hillenkamp, Vorsatztat, S. 134, 174 f. Arzt, GA 1982, 522 f bezeichnet diese Unterscheidung als „wenig plausibel" bzw. „dubios".

Untersuchungen, da dies die Frage der - insoweit als gelöst vorausgesetzten - Konstitution des Rechtsguts betreffe[1]. Somit sei der Nachweis einer „gesetzlichen Wertentscheidung, etwa in dem Sinne, daß Rechtsgut des § 263 nur das Vermögen eines alerten, nicht aber dasjenige eines blauäugigen Verfügenden sei", nicht Gegenstand seiner Erörterungen[2]. Demgemäß könne er zu den Vorschlägen, ungeschickte und grundsätzlich leicht durchschaubare Täuschungshandlungen aus dem Anwendungsbereich des § 263 StGB auszuscheiden[3], keine Stellung beziehen[4]. Jedoch lasse sich aus dem Ergebnis, „daß auch - und gerade - das Opfer einer Täuschungshandlung schutzbedürftig bleibt, das aus Dummheit, Bedenkenlosigkeit, Unerfahrenheit oder Profitsucht selbst gegenüber solchen durchsichtigen Manipulationen tatsächlich im Zustand subjektiver Gewißheit oder diffusen Zweifels verharrt, ein weiterer Beleg für die" seines Erachtens „zu Recht konstatierte und beklagte ‚sozialdarwinistische' Tendenz dieser Lehre gewinnen"[5].

Schließlich trifft R. Hassemer die Feststellung, daß die Fälle der „Trägheit" und des „Risikos" unter kriminalpolitischen Gesichtspunkten aus dem Schutzbereich des § 263 StGB ausgeschieden werden sollten[6].
Bezüglich des Falles der Trägheit[7] widerspräche es dem Subsidiaritätsprinzip, wenn die Nachlässigkeit des Verfügenden, trotz konkreter Zweifel die zumutbare Erhebung weiterer In-

---

1) R. Hassemer, Schutzbedürftigkeit, S. 154
2) R. Hassemer, a.a.O., S. 155; Für Arzt, GA 1982, 523, zeigt sich an der Unterscheidung zwischen „alertem" und „blauäugigem" Vermögensinhaber „die Beliebigkeit", mit der hier R. Hassemer „die Begriffe jongliert".
3) Vgl. insbes. Naucke, Peters-FS, S. 109 ff; R. Hassemer, a.a.O., S. 155, erscheint die Forderung Amelungs nach konkreten Anhaltspunkten im Ergebnis ebenfalls darauf hinauszulaufen.
4) R. Hassemer, a.a.O., S. 155
5) R. Hassemer, a.a.O., S. 155; vgl. ähnliche Kritik bei Gross, Raritätenbetrug, s.o.S. 86
6) R. Hassemer, a.a.O., S. 161 ff
7) vgl. Amelungs zweite Fallgruppe, s.o.S. 116

formationen auf sich zu nehmen, durch das Strafrecht „gleichsam noch prämiert" würde[1].
Der Fall des (kalkulierten) Risikos betreffe Verfügungen eines gewinnsüchtigen Opfers, das die bewußte Gefahr in Kauf nimmt, weil es sich etwas davon verspricht[2]. So sei oft weniger die Vorspiegelung des Täuschenden als vielmehr der Versuch, aus einer Situation Kapital zu schlagen, das bestimmende Moment für die Verfügung[3]. Das Ausscheiden des mißlungenen Risikogeschäftes aus dem Schutzbereich des § 263 StGB erscheine „höchst erstrebenswert"[4], wie sich dies z.B. beim Angebot der Kreditzusage ohne jede Erkundigung über die Vermögenslage des Darlehensnehmers („Kreditbetrug"), beim Versand von Warenpaketen durch Versandhäuser zu Ratenzahlungsbedingungen, ohne eine Information,außer der Adresse, über den Kunden zu besitzen („Abzahlungsbetrug")[5] oder beim Anvertrauen von 236 (!) Scheckformularen[6] durch eine Bank an ihren Kunden („Scheckkartenbetrug"), anbieten würde[7].
Würde der Staat in diesen Fällen, die vor allem (das Risiko einkalkulierende) Geschäftsleute betreffen, den (konkret zweifelnden) Opfern strafrechtlichen Schutz gewähren, so würde er völlig „zum mit strafrechtlichen Zwangsmitteln ausgestatteten

---

1) R. Hassemer, Schutzbedürftigkeit, S. 162
2) R. Hassemer, a.a.O., S. 163
3) R. Hassemer, a.a.O., S. 163
4) R. Hassemer, a.a.O., S. 163
5) vgl. OLG Köln JZ 68,340 mit zust.Anm.Schweichel und OLG Stuttgart, JR 78,388. Ebenfalls zustimmend R.Hassemer, a.a.O., S. 175, da sich die verfügenden Firmen jeweils im Zustand des konkreten Zweifels an der Wahrheit der zumindest konkludent erklärten Zahlungsfähigkeit ihrer Kunden befanden; vgl. zum OLG Köln-Urteil ferner Naucke, Peters-FS , S. 118 Fn. 17; Reese, Betrug, S. 31 f; vgl. allgemein zum Abzahlungsbetrug: Naucke, Betrug, S. 144 f; Tönnies, S. 92 ff
6) so in BGHSt 24,386 (sog.Scheckkartenfall); vgl. dazu R. Hassemer, a.a.O., S. 107, 164, 171 ff und zur vielfältigen Kritik Gross, NJW 73, 600 ff; Reese, Betrug, S. 50; Arzt, LH 3, S. 160, mit kriminalpolitischen Bedenken
7) R. Hassemer, a.a.O., S. 164; vgl. Reese, Betrug, S.83 ff mit weiteren Beispielen

Über-Gerichtsvollzieher"[1]. Der Geschädigte, der sich (bewußt) auf ein kalkuliertes Risiko einlasse, dürfe sich zumindest prinzipiell nicht auf den kumulativen Einsatz des Strafrechts verlassen dürfen, sondern müßte auf die alleinige Verweisung auf den Zivilrechtsweg gefaßt sein[2].

h) Hillenkamp

Hillenkamp behandelt in seiner Habilitationsschrift „Vorsatztat und Opferverhalten" den Einfluß des Opferverhaltens zwar generalisierend, widmet sich aber auch speziell dem Betrugstatbestand und den hier ausgeführten Meinungen von Amelung und R. Hassemer[3].
In den Konzeptionen der beiden Letztgenannten, das Opferverhalten zur Reduzierung der Strafandrohung einzubeziehen, sieht Hillenkamp eine einseitige Verschiebung der Verantwortung vom Täter hin zum Opfer, die die bislang akzeptierte Opferschutzbarriere in einem noch nicht abzusehenden Ausmaß unterminiere[4].
Der sogenannte „viktimologische Ansatz", wie ihn Amelung vertritt, diene nicht besserem Opferschutz, sondern der Täterentlastung[5]. Da die Viktimologie die Transponierung der Mitursächlichkeit seitens des Opfers in dessen Mitverantwortlichkeit bislang nicht geleistet habe, die die Dogmatik erst

1) R. Hassemer, Schutzbedürftigkeit, S. 165; vgl. Naucke, Betrug, S. 146 ff mit Beispielen, in denen das Strafgericht zum „Vollstreckungsgericht" wird; H. Mayer, Strafrechtsreform, S. 78: Die Staatsanwaltschaft werde von vielen Geschäftsleuten als „Beitreibungsinstitut" angesehen.
2) vgl. R. Hassemer, a.a.O., S. 165 f;
3) Hillenkamp, Vorsatztat, vgl. insbes. S. 18 ff, 83 ff, 138 ff, 304 f; vgl. auch seine Argumentationsübersicht zum Problem Irrtum und Zweifel: ders., 36 Probleme, S.118 ff
4) Hillenkamp, Vorsatztat, S. 35
5) Hillenkamp, a.a.O., S. 8, 29; Dieser Vorwurf trifft nach ihm auch B. Schünemanns „viktimologischen Ansatz" und Beulkes Argumentation (s.o.S.112Fn.6);a.a.O., S. 3 f, 38

noch zu vollbringen habe[1], sei es sehr zweifelhaft, ob „aus viktimologischen Beschreibungen gewisser Mitursächlichkeiten des Opferverhaltens" sich dogmatisch die Verteilung der Verantwortlichkeit in der Weise vornehmen lasse, daß einem völlig entlasteten Täter ein ungeschütztes Opfer entgegentrete[2].

Bei der „ohnehin eigenwilligen und einseitigen" Funktionsbestimmung, aufgrund einer sich „viktimologisch" nennenden Interpretation, hätten Amelung und R. Hassemer das Tatbestandsmerkmal des Irrtums aus den Augen verloren und würden gleichwohl eine nicht existierende Konkordanz behaupten[3]. Hier werde, worauf schon W. Frisch hingewiesen hat[4], der Wortlaut nicht mehr interpretiert, sondern der Irrtumsbegriff durch eine individuell für richtig gehaltene kriminalpolitische Entscheidung ersetzt[5]. Diese Korrektur der gesetzgeberischen Entscheidung müsse ebenso wie die Erhebung des Mitverschuldens des Opfers zum Tatbestandskorrektiv auf Ablehnung stoßen[6].

Bei allen Autoren bleibe die „zentrale Frage nach dem kriminalpolitisch nachvollziehbaren Sinn der Freiheitserweiterung für den Vorsatztäter" ungestellt[7]. Diese Feststellung treffe auch R. Hassemer, dessen Überlegungen nicht über die von Amelung und B. Schünemann hinausgingen[8].

---

1) Hillenkamp, Vorsatztat, S. 6
2) Hillenkamp, a.a.O., S. 8, 103
3) Hillenkamp, a.a.O., S. 22
4) W. Frisch, s.o.S. 120 f
5) Hillenkamp, a.a.O., S. 23, 191; Diesen Vorwurf der Gesetzeskorrektur aufgrund höchstpersönlicher Schutzwürdigkeitsüberlegungen (vgl. dazu schon W. Frisch, s.o.S. 122) dehnt Hillenkamp, a.a.O., S. 25, auch auf die Konzeption Bleis aus (s.o.S. 112 Fn. 6).
6) Hillenkamp, a.a.O., S. 23, 39 ff, 110 ff. Vgl. H.J. Hirsch in LK (9.Aufl.), Rn. 101 vor § 51, der sich gegen eine Erhebung des Mitverschuldens des Opfers zum Tatbestandskorrektiv bei Fahrlässigkeitsdelikten wendet. Hillenkamp, Vorsatztat, S. 11 ff, 16, weist in diesem Zusammenhang darauf hin, daß das mitwirkende Opferverhalten im Vorsatz- und Fahrlässigkeitsbereich nicht an demselben Maßstab gemessen werden dürfe.
7) Hillenkamp, a.a.O., S. 33 Fn. 54
8) Hillenkamp, a.a.O., S. 33 Fn. 54

Das methodische Verfahren, das als Strafzumessungsfaktor inzwischen wohl weitgehend anerkannte Mitverschulden „unbesehen" in die „dem Bestimmtheitsgebot unterworfene und daher dem Subsumtionsprimat unterstellte Tatbestandsebene" zu „verpflanzen", sei völlig unabgesichert[1]. Bei den Irrtumskonzeptionen Amelungs als auch R. Hassemers könne man nicht mehr von einer mit dem Wortsinn zu vereinbarenden (restriktiven) „Auslegung"[2] sprechen, sondern von einer „teleologischen Tatbestandsreduktion"[3]. Für diese Einstufung spreche insbesondere, daß es nicht „um restriktive Bereinigung des Irrtumsbegriffs durch Elimination aller ‚Zweifelsfälle' (gehe), sondern um differenzierende Herausnahme der Zweifelssituationen, die das Opfer selbst hätte beheben können"[4].
Bei einer teleologischen Reduktion eines Strafgesetzes drohe aber die Bestimmtheit der Tatbestände gemäß Art. 103 Abs. 2 GG aufgelöst zu werden[5], so daß sie verfassungsrechtlich als bedenklich angesehen werden müsse[6]. Eine Einschränkung einer gesetzgeberischen Entscheidung mittels einer teleologischen Reduktion habe jedenfalls im Strafrecht grundsätzlich zu unterbleiben[7]. Der Artikel 103 Abs. 2 GG solle ja nicht nur den negativen Abwehranspruch der Freiheitsentziehung des Täters, sondern auch den Schutzraum des Opfers gewährleisten[8], im Sinne eines Verständnisses des StGB als

1) Hillenkamp, Vorsatztat, S. 40
2) so von Amelung, GA 1977, 8 selbst bezeichnet. Auch R. Hassemer hat seine Dissertation mit dem Untertitel versehen: „Zugleich ein Beitrag zur Auslegung des Irrtumsmerkmals in § 263 StGB".
3) Hillenkamp, a.a.O., S. 138 ff; vgl. zu dieser methodischen Einschränkung des Wortlauts: Larenz, Methodenlehre, S. 377 ff
4) Hillenkamp, a.a.O., S. 139; Um eine teleologische Reduktion handelt es sich für Hillenkamp, a.a.O., S.140 ff, auch bei den Überlegungen Bleis und Beulkes (s.o.S.112Fn.6)
5) Hillenkamp, a.a.O., S. 154
6) Hillenkamp, a.a.O., S. 161; ders., Einfluß, S. 13
7) Hillenkamp, a.a.O., S. 162 f; vgl. ähnlich Hruschka, JR 1968, 454, 456: Eine teleologische Reduktion darf „jedenfalls im Strafrecht nur sehr behutsam vorgenommen werden" und muß strengen Anforderungen genügen.
8) Hillenkamp, a.a.O., S. 161

„magna charta des Opfers"[1].

Die von Amelung und R. Hassemer herangezogene Legitimationsgrundlage des Subsidiaritätsgedankens[2] sei zum Scheitern verurteilt, da verkannt werde, daß der Bürger nur eingreifen „dürfe", wo der Staat nicht präsent sei, mit der Folge, daß das durch Selbstschutz rettungsfähige Rechtsgut auch des Strafrechtsschutzes bedürftig bleibe[3]. Das Subsidiaritätsprinzip wäre mißverstanden, wenn „das Strafrecht dem Bürger die Verbrechensabwehr nicht abnehmen dürfe, nur weil der Bürger selbst Abwehrmöglichkeiten besitzt"[4]. Der Staat verdränge mit seiner Strafdrohung nicht den Bürger, sondern springe ihm nur zur Seite[5]. Der Staat dürfe sich zwar gegen die Übernahme solcher Aufgaben wehren, die der Bürger selbst erfüllen könne, jedoch nur insoweit es das Individuum „ebensogut" zu lösen vermöge[6].

Eine Berücksichtigung des Mitverschuldens des Betrugsopfers im Rahmen des Irrtumsmerkmals sei somit weder sachlich noch methodisch vertretbar. Der richtige Weg kann nach Hillenkamp nur in die Strafzumessung führen[7], wie noch näher zu erörtern sein wird.

---

1) Hillenkamp, Vorsatztat, S. 159 ff; ders., Einfluß, S. 13
2) s.o.S. 112 f, 128 ff
3) Hillenkamp, a.a.O., S. 176
4) Hillenkamp, a.a.O., S. 178; vgl. ders., Einfluß, S. 14
5) Hillenkamp, a.a.O., S. 179
6) Hillenkamp, a.a.O., S. 179; so auch schon Herzberg, s.o.S. 118
7) Hillenkamp, a.a.O., S. 184; ders., Einfluß, S. 18 ff

2. Zusammenfassung und eigene Stellungnahme

Dieser Überblick über den gegenwärtigen Diskussionsstand zur Problematik, ob das zweifelnde Betrugsopfer auch irrt im Sinne des § 263 StGB, verdeutlicht die unterschiedlichen Positionen.
Die herrschende Meinung läßt für den Irrtumsbegriff im Betrugstatbestand ein „Für-möglich-Halten" des Wahrheitsgehaltes der Tatsachenbehauptungen genügen, d.h. die Zweifel des Opfers werden als irrelevant angesehen[1].
Demgegenüber wird die Auffassung vertreten, daß der Getäuschte sich nur dann im Sinne des § 263 StGB irrt, wenn er die Wahrheit der Vorspiegelungen für „wahrscheinlich"[2] bzw. „überwiegend wahrscheinlich"[3] hält.
Dieser Ansicht, die auf den Grad der Wahrscheinlichkeit abstellt, ist im Sinne der vielfältigen Kritik[4] nicht zu folgen, da die „überwiegende Wahrscheinlichkeit" kein praktikables Abgrenzungskriterium darstellt. Eine Anwendung dieses Ansatzpunktes würde die Grenzziehung letztlich auf den problematischen Einsatz von „Alltagstheorien" reduzieren. Willkürliche Ergebnisse[5] wären nicht auszuschließen, zumal das Betrugsopfer kaum jemals verläßlich Auskunft über die Intensität seines Zweifels geben kann[6].
Auch der Versuch Herzbergs, über eine systematische Auslegung zur Lehre von den Willensmängeln bei der Einwilligung[7] das Irrtumsmerkmal näher zu bestimmen, muß auf Ablehnung stoßen, da hier Unvergleichbares miteinander verglichen worden ist,

---

1) s.o.S. 109; vgl. Lackner und Samson, oben S. 123 ff
2) Krey, s.o.S. 111 Fn. 1
3) Giehring, s.o.S. 111
4) Lackner, s.o.S. 124; Amelung, s.o.S. 114
5) Selbst Giehring, GA 1973, 21 f, sieht die Gefahr, daß sein Lösungsweg „nicht ohne eine gewisse Willkür entschieden" werden könne.
6) vgl. Lackner, s.o.S. 124
7) Herzberg, s.o.S. 119 f

weil die beiden in Beziehung gebrachten Rechtslagen auf verschiedenen Ebenen liegen[1].
Es bleiben somit als diskussionswürdige Vorschläge gegen die „herrschende" Auffassung nur die im Ergebnis ähnlichen Konzeptionen von Amelung und R. Hassemer[2]. Während die herrschende Lehre den Zweck des Betrugstatbestandes darin sieht, das Vermögen gegen Überlistung zu schützen[3], versteht R. Hassemer den Telos des § 263 StGB dahin, daß das Vermögen gegen „selbstschutzungeeignete" listige Angriffe geschützt werden soll[4].
Sowohl nach Amelung als auch nach R. Hassemer besteht die Funktion des Irrtumsmerkmals im Betrugstatbestand darin, dem Subsidiaritätsprinzip zur Geltung zu verhelfen[5]. Das Subsidiaritätsprinzip gebietet, dann mildere Mittel als das Strafrecht einzusetzen, wenn dadurch Rechtsgutsverletzungen „ebensogut" oder besser verhindert werden können[6].
Amelung und R. Hassemer sind der Ansicht, daß in den Fällen, in denen der Getäuschte die (zumutbare) Möglichkeit besaß, seinen Vermögensverlust durch Beschaffen von Informationen oder durch das Absehen von der beabsichtigten Verfügung zu verhindern, nicht das Strafrecht mit seinen oft existenzgefährdenden Wirkungen zum Einsatz zu bringen sei[7]. Diese Auffassung steht im Einklang mit derjenigen, nach der das Strafrecht nur dort eingesetzt werden dürfe, „wo es zum

---

1) Zur näheren Argumentation der Kritik: W.Frisch,s.o.S. 121 Samson, s.o.S. 125; R.Hassemer, s.o.S. 120 Fn. 2
2) W.Frisch,s.o.S.121 ff bietet mit seinen Ausführungen nur einen - unausgereiften - Ansatz, dessen Ausarbeitung er selbst einer weiteren dogmatischen Untersuchung vorbehalten will; ders.,Bockelmann-FS., S. 665 Fn. 63
3) s.o.S. 110
4) R. Hassemer, s.o.S. 128 ; vgl. Amelung, s.o.S. 112 f
5) Amelung, s.o.S. 112;R. Hassemer, s.o.S. 128; B.Schünemann,in: Schneider, Das Verbrechensopfer, S.415
6) Arthur Kaufmann, Henkel-FS., S.91; vgl. R.Hassemer, s.o.S.126 f ; Herzberg, s.o.S. 118; B.Schünemann, in: Schneider, Das Verbrechensopfer, S. 411
7) Amelung, s.o.S. 113;vgl.Roxin, JuS 1966, 382; vgl. R. Hassemer, s.o.S. 126 f

Schutze der Gesellschaft unbedingt notwendig ist"[1], d.h. der Schutz (unentbehrlicher) Rechtsgüter nicht auf andere Art als durch das Strafrecht wirksam gewährleistet werden kann[2].

Gegenüber diesem Verständnis des Subsidiaritätsprinzips in seiner „klassisch-liberalistischen Bedeutung"[3] wird eingewandt, daß das Subsidiaritätsprinzip im Strafrecht beinhalte, daß das Strafrecht dann nicht eingesetzt werden dürfe, wenn andere (nicht diskriminierende)„staatliche" Zwangsmittel mindestens den gleichen Effekt erzielten[4].
Dieser Einschränkung des Subsidiaritätsprinzips auf alternative „staatliche Zwangsmittel" kann nicht gefolgt werden, denn es ist kein (zwingender) Grund ersichtlich, wieso das Subsidiaritätsprinzip nicht auch im Strafrecht die „individuellen" Selbstschutzmöglichkeiten in die Erwägungen eines „milderen Mittels" mit einbeziehen sollte. Der selbst- und freiverantwortliche Bürger hat nicht nur das Recht „sondern auch die Pflicht zur vorzugsweisen Selbstgestaltung seines eigenen Lebensbereiches und damit zum Verzicht auf fremde Hilfe, solange eine Notlage aus eigener Kraft behoben werden kann"[5].
Selbst Kritiker hinsichtlich der Berechtigung des Subsidiaritätsprinzips als Legitimationsgrundlage bei Amelung und R. Hassemer gestehen ein, daß sich der Staat gegen die Übernahme solcher Aufgaben wehren dürfe, die der Bürger selbst erfüllen könne[6]. Gleichzeitig weisen sie aber einschränkend

---

1) Arthur Kaufmann, Henkel-FS, S. 102
2) Arthur Kaufmann, a.a.O., S. 102; zustimmend: Zipf, Kriminalpolitik, S. 53; R. Hassemer, Schutzbedürftigkeit,S.19
3) so Herzberg, s.o.S. 118
4) Herzberg, s.o.S. 118;
R. Hassemer, Schutzbedürftigkeit, S.23, hält diesen Gesichtspunkt zwar im Verwaltungsrecht für angebracht, nicht aber im Strafrecht; dagegen wiederum Hillenkamp, Vorsatztat, S. 176 Fn. 601
5) Ingo v.Münch, JZ 1960, 303, 305; zustimmend Arthur Kaufmann, Henkel-FS, S.98, und R. Hassemer, Schutzbedürftigkeit, S. 35; Die Bedenken Herzbergs und Hillenkamps vermögen mich diesbezüglich nicht zu überzeugen.
6) Hillenkamp, s.o.S. 139

darauf hin, daß das Individuum selbst den Vermögensschutz „ebensogut" wie der Staat besorgen können müsse[1].
Es stellt sich damit die Problematik, ob der einzelne durch Selbstschutzmaßnahmen sein Vermögen „ebensogut" zu schützen vermag wie eine staatliche Strafdrohung.
So kritisiert Herzberg, daß der Zweifelnde nicht schon im Vorfeld general- oder spezialpräventive Hemmungen schaffen könne[2]. R. Hassemer gesteht zu, daß individuelle Schutzmaßnahmen nicht „präventiv" im strafrechtlichen Sinne sein können, verneint jedoch im hier interessierenden Bereich ein Präventionsbedürfnis, da der Rechtsgutsträger genügend faktische Möglichkeiten besitze, um einen Vermögensverlust, der nur (!) durch Überredung möglich ist, zu verhindern[3]. Zwar sieht auch er die nur begrenzte Realisierungsmöglichkeit dieses „Selbstschutzwalles", jedoch würden diese gesellschaftlichen Rahmenbedingungen nur die Grenzen und nicht den Inhalt der Selbstschutzmöglichkeiten betreffen[4].

Diese Überlegungen R. Hassemers berücksichtigen meines Erachtens zu wenig, daß ein kriminalpolitisches Ziel beim Betrug auch die Generalprävention ist[5]. Sein Hinweis, daß der „unüberwindliche Selbstschutzwall" des potentiellen Betrugsopfers Prävention genug sei, vermag nicht zu überzeugen angesichts des nicht feststellbaren Rückgangs der Betrugskriminalität, so daß sich der Gesetzgeber zu einer

1) Hillenkamp, s.o.S. 139 ; Herzberg, s.o.S. 118
2) Herzberg, s.o.S. 118
3) R. Hassemer, s.o.S. 129
4) R. Hassemer, s.o.S. 129 f
5) Naucke, Betrug, S. 218; ders., a.a.O., S. 163, 217 betont aber, daß Generalprävention wegen der Konturlosigkeit des Tatbestandes und der Fülle und Milde der Urteile nur schwerlich möglich sei. Auch v. Hentig, Psychologie, S. 217 sieht nur begrenzte (General-) Präventionsmöglichkeiten, da es der Welt, so wie sie ist, nicht gelingen wird, „die Masse des Kleinbetrugs auszurotten". In diesem Bereich straft das Strafrecht nach Naucke, a.a.O., S. 161 „ohne möglichen Zweck".

Ausweitung des § 263 StGB (durch §§ 264, 265 b StGB und 2. WiKG-Entwurf) veranlaßt sieht[1].
Gerade in einem Bereich wie hier, in dem der Täter den Opfern relativ selten bekannt ist, scheint eine Strafdrohung das Opfer deshalb besser zu schützen, weil sie gewährleistet, daß der Staat dem Opfer die Täterermittlung abnimmt. Ein zivilrechtlicher Schadensersatzanspruch gegen einen unbekannten Täter ist faktisch nicht durchsetzbar, wenn der Täter nicht identifiziert werden kann.
Unter diesem Gesichtspunkt der Prävention ist hinsichtlich bestimmter Fallgruppen, die später herauskristallisiert werden, zu überlegen, ob der Staat mit seinem umfangreichen Fahndungsapparat und seiner Erfahrung dem Betrogenen die Täterermittlung abnehmen sollte, damit bestehende Schadensersatzansprüche auch vor Zivilgerichten durchgesetzt werden können.

Ein solcher Verweis des Betrugsopfers auf den zivilrechtlichen Rechtsweg, wenn auch nicht generell, sondern nur im Rahmen (noch zu erörternder) bestimmter Fallgruppen, trägt dem Subsidiaritätsprinzip Rechnung, nämlich „Hilfe (subsiduum) dann und dort, wo die Kräfte des einzelnen nicht ausreichen"[2]. Scheitert die Durchsetzung der zivilrechtlichen Ansprüche daran, daß der Täter nicht bekannt oder flüchtig ist, so muß der Staat dem Opfer sein strafprozessuales Instrumentarium zur Verfügung stellen, jedoch nicht die strafgericht-

---

1) Hillenkamp, Vorsatztat, S. 179 Fn. 617 bezeichnet diese Argumentation R. Hassemers als an der Realität vorbeigehend.
Arzt, LH 3, S. 121 Fn. 3 meint, daß die strafrechtliche Sanktion „vielleicht" deshalb besser schützt, weil sie schärfer, d.h. generalpräventiv wirksamer ist. Nur „vielleicht" deshalb, weil der Zusammenhang zwischen Sanktionsschärfe und generalpräventivem Effekt zweifelhaft sei. Dagegen sei die Strafsanktion „sicher" spezialpräventiv der Schadensersatzverpflichtung überlegen, weil sie dem Opfer das Prozeßrisiko abnehme.
2) Arthur Kaufmann, Henkel-FS, S. 97

liche Verfolgung[1]. Daraus folgt, daß die Heranziehung des Subsidiaritätsprinzips als Legitimationsgrundlage für den Strafrechtsausschluß bestimmter Betrugskonstellationen, wie von Amelung und R. Hassemer angeregt, Unterstützung verdient[2].

Die Einwände der Kritik[3] gegen den methodischen Ansatz, das Subsidiaritätsprinzip gerade beim Irrtumsmerkmal zu berücksichtigen, sind jedoch nicht dadurch widerlegt, daß (nur) bei diesem Tatbestandsmerkmal sich eine Prüfung ergebe, ob tatsächlich eine Neutralisierung der Selbstschutzmöglichkeiten vorliegt[4].

Es erscheint meines Erachtens nicht angebracht, das Subsidiaritätsprinzip dem speziellen Tatbestandsmerkmal „Irrtum" bei § 263 StGB zu der Funktionsbestimmung zu unterlegen, daß bei einem (in bestimmter Art und Weise) zweifelnden Getäuschten der Strafrechtsausschluß für den „Betrüger" zu bejahen sei. Stattdessen bedarf es einer Berücksichtigung des Subsidiaritätsprinzips im Rahmen der strafrechtlichen objektiven Zurechnung, unabhängig davon, ob der Getäuschte nun zweifelt oder nicht.

Der Versuch Amelungs und R. Hassemers, zwischen dem unter Zweifeln Verfügenden und der Verfügung eines besonders leichtgläubigen Betrugsopfers zu differenzieren, indem eine Einschränkung des Strafrechtsschutzes auch für das leichtgläubige Opfer zumindest tendenziell für verfehlt angesehen wird[5], vermag nicht zu überzeugen. Denn es ist schwerlich

---

1) Diese Auffassung des Betruges als Tatbestand zwischen Bürgerlichem Recht und Strafrecht erinnert an die Dreiteilung des Unrechts bei Hegel, s.o.S. 36

2) Diese Bezugnahme auf das Subsidiaritätsprinzip beim Betrugstatbestand ist aber keineswegs neu; vgl. schon die Rechtslehre bis 1851, s.o.S. 75; und Kohler, s.o.S. 83

3) W. Frisch, s.o.S. 120 f; Lackner, s.o.S. 124; Hillenkamp, Vorsatztat, S. 22 f

4) R. Hassemer, s.o.S. 130

5) R. Hassemer, s.o.S. 134; vgl. Amelung, s.o.S. 114 ff

einzusehen, worauf Seelmann schon hingewiesen hat[1], wieso derjenige, der aufgrund „extremer Leichtgläubigkeit bei im übrigen gleichen Voraussetzungen an der Wahrheit der Behauptung nicht im entferntesten zweifelt" schutzwürdiger sein soll als der („konkret") Zweifelnde. Eine konsequente kriminalpolitische Übereinstimmung zwischen diesen beiden Arten von Betrugsopfern wird auch von der herrschenden Lehre verlangt[2], da sowohl der unter Zweifeln Verfügende als auch derjenige, der aufgrund seiner ungewöhnlichen Leichtgläubigkeit irrt, sich den eingetretenen Vermögensschaden selbst zuzuschreiben haben[3]. Die Mitverantwortung des Opfers, das die Tatsachenbehauptungen des Täters bezweifelt und dennoch verfügt, „ist kaum größer als die eines Opfers, das so leichtgläubig ist, daß es nicht einmal zweifelt"[4]. Amelung beruft sich bei seiner differenzierenden Betrachtungsweise auf die Entscheidung des historischen Gesetzgebers des PrStGB von 1851, die nicht unterlaufen oder verschoben werden könne[5].

Wie oben ausgeführt, hat dieser historische Gesetzgeber aus Gründen der mangelnden Bestimmtheit die Täuschungshandlung in der Weise beschränkt, daß er auf den Terminus „arglistigerweise" verzichtete und sich damit für den strafrechtlichen Schutz des leichtgläubigen Betrugsopfers ausgesprochen hat[6]. Einer Bewertung des Betrugsopfers hat er sich aber völlig ent-

---

1) Seelmann, JuS 1982, 270; vgl. auch Arzt, GA 1982, 523 und Otto, Jura 1983, 22
2) Lackner, s.o.S. 124; Hillenkamp, Vorsatztat, S. 86: „Der Täuschende beherrscht den Tölpel wie den Zweifelnden".
3) Lackner, s.o.S. 123
4) Arzt, LH 3, S. 134 f
5) Amelung, s.o.S. 114 ff; vgl. dagegen B. Schünemann, in: Schneider, Das Verbrechensopfer, S. 412, meint, daß bei einer „viktimologischen Auslegungsmaxime" keine Untergrabung, sondern vielmehr eine Entfaltung der gesetzgeberischen Entscheidung einsetze.
6) s.o.S. 23

halten[1].

Abgesehen davon, daß nicht völlig geklärt erscheint, ob der Gesetzgeber die Tragweite seiner Entscheidung vorausgesehen hat, muß die Berufung auf die subjektiv-historische Auslegung in diesem Punkt angesichts ihrer sonstigen allgemeinen Ablehnung überraschen[2].

Wenn heute allgemein, zumindest schwerpunktmäßig, auf die objektiv-teleologische Auslegungsmethode[3] abgestellt wird, so muß sich die herrschende Meinung[4] auch an diesem Maßstab messen lassen und kann sich nicht durch einen Wechsel in der Auslegungsmethode einer Diskussion über die Berechtigung einer Berücksichtigung des Mitverschuldens des Betrugsopfers entziehen, zumal wenn dieses Problem von aktuellem Interesse ist.

Aufgrund dieser Erörterungen ist die Feststellung berechtigt, daß sich der unter Zweifeln Verfügende nicht wesentlich vom besonders leichtgläubigen Betrugsopfer unterscheidet.

Diese Gleichartigkeit der Problemlage darf aber nicht zur Konsequenz führen, daß deswegen der Strafrechtsschutz undifferenziert und uneingeschränkt auf beide Opferarten zu erstrekken sei[5], was zu einer Beibehaltung des status quo führt.

Vielmehr ist im Rahmen des Kausalzusammenhangs bzw. der ob-

---

1) Amelung, s.o.S.116 bezeichnet dies als „weise" Entscheidung. Schünemann, in: Schneider, Das Verbrechensopfer, S. 407 f ist der Ansicht, daß die gesetzgeberischen Entscheidungen zu einer Zeit ergingen, als „viktimologische Überlegungen noch völlig unbekannt waren und infolgedessen auf die Fassung des Gesetzes noch keinen Einfluß - mindestens keinen reflektierten Einfluß - nehmen konnten".

2) So ist insbesondere die Auffassung Nauckes, „subjektiv" auszulegen (Betrug, S. 184 ff, 191 ff, 214 ff; vgl. ders., Engisch-FS, S. 274 ff), auf Ablehnung gestoßen: Cramer, Vermögensbegriff, S. 28 ff; Baumann, AT, S. 152; Arzt, LH 3, S. 121; vgl. auch Stratenwerth, Germann-FS., S. 257 ff, 273

3) vgl. Larenz, Methodenlehre, S. 322 ff, 334 f; S/S/Eser, § 1 Rn. 47 ff m.w.N.; Baumann, AT, S. 152 f

4) vgl. Amelung, s.o.S.114 ff; Hillenkamp, Vorsatztat, S. 87; Lackner, s.o.S. 124

5) Lackner, s.o.S. 124

jektiven Zurechnung zu untersuchen, ob nicht bestimmte Fallgruppen, unter Einbeziehung des von Amelung und R. Hassemer zu Recht betonten Prinzips der Subsidiarität des Strafrechts, aus dem Strafbarkeitsbereich des § 263 StGB herausfallen könnten. Dabei können als Anhaltspunkte Überlegungen von Amelung und R. Hassemer dienen. Einerseits wird der Fall, in dem dem Betrogenen die Erkundigungen im Vergleich zum möglichen Schaden als zu aufwendig erscheinen[1], d.h. der Fall der „Trägheit" des Getäuschten[2], aus dem Strafbarkeitsbereich des § 263 StGB herausgenommen.
Zum anderen wird auf den Fall des (kalkulierten) Risikogeschäfts[3], in dem das profitsüchtige Opfer das Risiko des Mißlingens aufgrund des erhofften Gewinns in Kauf nimmt[4], hingewiesen.

Am Schluß dieser Zusammenfassung und der Bewertung der Auffassungen Amelungs und R. Hassemers soll noch auf deren unterschiedlichen Maßstab bei der Bestimmung der Grenzen der Selbstschutzmöglichkeiten eingegangen werden. Amelung will nur den Zweifel, der auf einem (objektiven) „konkreten Anhaltspunkt" beruht, aus dem Irrtumsbegriff ausgrenzen, wie äußere Umstände des Geschäfts und Widersprüchlichkeiten der Behauptungen[5]. Gegen diesen Begriff des „konkreten Zweifels"

---

1) Amelung, s.o.S. 116 (zweite Fallgruppe)
2) R. Hassemer, s.o.S.134 f; vgl. auch Naucke, Peters-FS, S. 115, der betont, daß das Strafrecht nicht die Bequemlichkeit des Rechtsgutsträgers begünstigen dürfe; vgl. ferner Kühne, Geschäftstüchtigkeit, S. 9
3) Amelung, s.o.S. 116 (dritte Fallgruppe); R. Hassemer, s.o.S. 135 f
4) Gegen eine solche Strafbarkeitseinschränkung, aber ohne nähere Begründung: Lackner, s.o.S. 123.
Der Fall des Prozeßbetrugs ist, wie Amelung, s.o.S.117Fn.1, zu Recht feststellt, eine „atypische Fallgruppe", da die Selbstschutzmöglichkeiten des Richters nur sehr begrenzt sind. Dieser Fall soll deshalb auch nicht weiter verfolgt werden.
5) Amelung, s.o.S. 113

sind aber wegen dessen Unbestimmtheit (Artikel 103 Abs. 2 GG) Bedenken anzumelden[1]. R. Hassemer versucht dieser Gefahr der Unbestimmtheit aufgrund eines subjektiv-kognitiven Ergebnisses beim Getäuschten zu entgehen[2]. Er schlägt vor, nur bei „konkreten Zweifeln" (im Gegensatz zu „diffusen" Zweifeln und „subjektiver Gewißheit"[3]), d.h. bei Zweifeln an der Wahrheit einer bestimmten Tatsache, das Irrtumsmerkmal zu verneinen, z.B. hinsichtlich der Unfallfreiheit eines Gebrauchtwagens, wenn dieser neu oder unterschiedlich lackiert ist[4].
Nach R. Hassemers Konzeption kann auch bei noch so unglaubwürdigen und plumpen Täuschungshandlungen der Irrtum bejaht werden, sofern dieser im Zustand diffusen Zweifels oder subjektiver Gewißheit verharrt[5].
Damit offenbart sich wieder die Auffassung, daß zwischen zweifelnden und leichtgläubigen Betrugsopfern zu differenzieren sei. Dieses Auseinanderdividieren kann nicht überzeugen, wie oben näher ausgeführt.
Zudem bleiben einige Zweifel, ob mit R. Hassemers subjektivem Maßstab die Gefahr der Unbestimmtheit tatsächlich ausgeräumt wird, denn in praxi dürfte es nur wenige Fälle „konkreter Zweifel" ohne „konkrete Anhaltspunkte" (im Sinne Amelungs) geben[6].
Die Annahme, daß derjenige, der einen Irrtum erzeugen will, jedoch nur einen („konkreten") Zweifel hervorruft, im Regelfall sich eines versuchten Betruges strafbar macht[7], ist

---

1) so auch: Herzberg, s.o.S. 117 ; Samson, s.o.S. 126 Fn. 1 mit Hinweis auf Krey, Hillenkamp, R. Hassemer und B. Schünemann
2) R. Hassemer, s.o.S. 133
3) R. Hassemer, s.o.S. 131 f; kritisch zu dieser Differenzierung: Samson in SK, § 263 Rn. 57
4) R. Hassemer, s.o.S. 131
5) R. Hassemer, s.o.S. 132 f
6) vgl. R. Hassemer, s.o.S. 133
7) so Amelung, GA 1977, 12; Arzt, LH 3, S. 135 und GA 1982, 523; Auch R. Hassemer, s.o.S. 132 betont, daß bei konkretem Zweifel des Getäuschten „zumindest" eine Bestrafung des Täuschenden wegen „vollendeten"Betrugs entfalle.

zweifelhaft. Zwar dürften die meisten „Betrüger" versuchen, ihre Opfer zu überzeugen, um ihr Vorhaben nicht durch Zweifel zu gefährden. Jedoch wird es angesichts der zu registrierenden „Dreistigkeit und himmelschreiender Unglaubwürdigkeit zahlloser Betrugsmanöver ... schon häufig so sein, daß sich Überzeugung beim Opfer nicht einzustellen vermag, der Täter dies aber auch gar nicht will ..., ihm also der Zweifel genügt, wenn er nur zur erstrebten Verfügung führt"[1]. Nimmt der Täter das offensichtlich Unerreichbare dann gar nicht erst in seinen Vorsatz auf[2], so entfällt die Möglichkeit einer Bestrafung wegen Betrugsversuchs. Angesichts der objektiven Unglaubwürdigkeit der Täuschungshandlung dürfte es eine nur schwer zu widerlegende Behauptung darstellen, der Täter habe nicht damit rechnen können, daß man ihm solche „Märchen" ohne Zweifel abnehme[3].

Es läßt sich als Ergebnis der Untersuchung der Problematik „Irrtum und Zweifel des Getäuschten" festhalten, daß dieser Lösungsmöglichkeit nicht gefolgt werden kann, da die Vertreter einer solchen Meinung den Strafrechtsschutz allein beim zweifelnden Betrugsopfer einschränken wollen, währenddessen eine Strafrechtsreduzierung gegenüber einem leichtgläubigen Betrugsopfer (zumindest tendenziell) abgelehnt wird. Diese Differenzierung zwischen diesen beiden Opferarten des Betrugs ist - wie ausgeführt - unberechtigt und wenig überzeugend, da sich die Mitverantwortung des unter Zweifeln Verfügenden nicht wesentlich von der des unkritisch-leichtgläubigen Betrugsopfers unterscheidet.
Jedoch sollte der auch schon im 19. Jh. betonte Gesichtspunkt der Subsidiarität des Strafrechts bei den weiteren Lösungsalternativen in die Erwägungen miteinbezogen werden.

---

1) Hillenkamp, Vorsatztat, S. 28 f; ähnlich Herzberg, GA 1977, 293
2) Herzberg, GA 1977, 293
3) Hillenkamp, Vorsatztat, S. 29; vgl. Herzberg, s.o.S.117

IV. Kausalzusammenhang zwischen Täuschung und Irrtum

Als weitere Lösungsmöglichkeit hinsichtlich einer Berücksichtigung des Mitverschuldens des Betrugsopfers bietet sich der Kausalzusammenhang zwischen Täuschungshandlung und Irrtum an[1].
Die herrschende Lehre[2] und die Rechtsprechung[3] ziehen auch hierbei, in Fortsetzung der ganz überwiegenden Ansicht seit dem Inkrafttreten des PrStGB von 1851 bzw. des RStGB von 1871[4], die Bedingungstheorie heran, indem ständig betont wird, daß die mitwirkende Fahrlässigkeit des Getäuschten die Ursächlichkeit nicht ausschließe.

1. Das Abstellen auf den adäquaten Kausalzusammenhang bei Naucke

Gegenüber dieser herrschenden Meinung gehen die Überlegungen Nauckes dahin, beim Betrugstatbestand nicht auf den „äquivalenten", sondern auf den „adäquaten" Ursachenzusammhang zwischen Täuschung und Irrtum abzustellen[5].
Naucke weist darauf hin, daß Unterschiede zwischen geschickten und ungeschickten Täuschungen von der herrschenden Meinung zwar im Rahmen der Kausalitätsprüfung verneint würden, jedoch die heutige gängige Praxis das Problem der Täuschungsintensität im Rahmen der Strafzumessung und der Einstellung

---

1) vgl. oben S. 5
2) Kohlrausch/Lange, Anm. III zu § 263; Welzel, Strafrecht, S. 370; S/S/Cramer, § 263 Rn. 43; Dreher/Tröndle, § 263 Rn. 19; Lackner, StGB, § 263 Anm. 4b; ders., in LK, § 263 Rn. 91; Samson in SK, § 263 Rn. 62; Wessels, BT-2, S. 106 f; Maurach/Schroeder, BT 1, S. 408; Blei, Strafrecht II, S.226f; Eser, StrafR IV Nr. 11 A 60; Hillenkamp, Vorsatztat, S. 27; Scheu, MDR 1981, 467, 468; vgl. auch Rudolphi in SK, vor § 1 Rn. 48
3) OLG Hamburg, NJW 1956, 392; BGH 1 StR 304/63 v.17.9.63, zitiert nach Pfeiffer/Maul/Schulte, § 263 Anm. 14; BGH bei Dallinger, MDR 1972, 387
4) s.o.S. 77, 80, 91
5) Naucke, Peters-FS, S. 109 ff

von Betrugsverfahren abhandeln würde[1].

Der durch die Anwendung der Äquivalenztheorie erweiterte Strafbarkeitsumfang nach § 263 StGB dürfte somit „in einer beträchtlichen Zahl von Fällen durch Einstellungs- und Strafmaßentscheidungen teilweise kompensiert oder korrigiert" werden[2].

Die herrschende Meinung gehe von der dogmatischen Annahme aus, daß der Vermögensschutz durch staatliche Hilfe zu gewährleisten sei. Die dadurch bezweckte Verringerung des Risikos eines auf Täuschung beruhenden Vermögensschadens, könne „bei denjenigen, denen sie zugute kommt, Anhänglichkeit[3] und Bequemlichkeit begünstigen"[4]. Naucke sieht darin aber die Gefahr, daß der Staat zu einem „luxusartigen Dienst durch das Strafrecht verpflichtet" wird[5].

Zwar klinge es zweckmäßig, so Naucke weiter, daß die mangelnde Differenzierung zwischen unterschiedlichen Intensitätsgraden der Täuschungshandlung die „geschäftlich Hilflosen, die im Rechtsverkehr Unerfahrenen und die leicht zu Täuschenden" schützen soll. Dies bedeute aber andererseits die Hinnahme und Festschreibung der mangelnden intellektuellen Übung, der unvollständigen Unterrichtung über vermögensgefährdendes Verhalten anderer und der mangelnden Übung im täglichen Geschäftsverkehr[6]. Eine breitgefächerte Ausbildung im Gebiet des rechtsgeschäftlichen Verkehrs würde

---

1) Naucke, Peters-FS., S. 118, 113; vgl. Riegger, Betrug, S. 195; Lackner in LK, § 263 Rn. 91 hält die Berücksichtigung des Mitverschuldens des Getäuschten im Rahmen dieser beiden Möglichkeiten für sinnvoll.
2) Naucke, a.a.O., S. 114
3) Hillenkamp, Vorsatztat, S. 84 Fn. 226 vermißt eine nähere Definition dieses Begriffes
4) Naucke, a.a.O., S. 115
5) Naucke, a.a.O.,
6) Naucke, a.a.O., S. 115; Diese „schicksalsergebene" Einstellung zeigt sich bei Katzenstein, S. 70, der der Ansicht ist, daß „so wenig - vielleicht sogar noch weniger - wie man sich vor einem gelegentlichen Diebstahl schützen kann, kann man sich in der Regel auch davor schützen, einmal betrogen zu werden".

somit durch das Strafrecht ersetzt[1]. Für Naucke werden aufgrund der strafrechtsdogmatischen Figur des äquivalenten Ursachenzusammenhangs zwischen Täuschung und Irrtum intellektuelle Hilflosigkeit und mangelnde Unterrichtung über einfache wirtschaftliche Zusammenhänge als unveränderliche Faktoren hingenommen und die lästigen Konsequenzen aus diesem Zustand durch das Strafrecht ausgeglichen[2].
Diese Dogmatik passe in die „Tendenz, Alltagsrisiken zunehmend auch mit Hilfe strafrechtlicher Begriffsbildungen abzuwälzen, d.h. erträglich zu machen, diese Risiken ... nicht durch eigene Vorsorge zu mindern"[3].
Naucke schlägt demgegenüber die Alternative vor, durch Nichtbestrafung bestimmter Fallgruppen die Eigenzuständigkeit für den eigenen Vermögensschutz gegen durchsichtige Täuschungen zu fördern. Nachteile fehlender „Ausbildung" sollten nicht durch Strafen ausgeglichen werden, sondern Anlaß zu umfangreicherer Ausbildung[4] sein[5]. Die nicht änderbare[6] Tor-

1) Naucke, Peters-FS, S. 115
2) Naucke, a.a.O., S. 115; vgl. ähnlich Kühne, Geschäftstüchtigkeit, S. 90, der meint, daß es nicht Aufgabe des § 263 StGB sein dürfe, dem Unvorsichtigen, der die Möglichkeit besitzt, durch bloße Anfrage (zur Kontrolle) sein Vermögen zu schützen, dazu noch Hilfestellung zu geben. Vgl. auch Riegger, Betrug, S. 196
3) Naucke, a.a.O., S. 116; vgl. auch allgemein zu Tendenzen in der Strafrechtsentwicklung: Naucke, Tendenzen, S. 5 ff
4) Hillenkamp, Vorsatztat, S. 85 nennt beispielsweise die „Teilnahme an Volksbildungskursen".
5) Naucke, Peters-FS, S. 116; Hillenkamp, Vorsatztat, S. 90 hält diese „erzieherischen" Gesichtspunkte zumindest prinzipiell für durchaus diskutabel und beachtenswert, auch wenn er ihnen letztlich nicht folgt.
Tröndle, JR 1974, 224 beurteilt diese „schöne und sozialeuphorische Erwartung" als „vollends fern der Wirklichkeit"; ähnlich Blei, JA 1974, 684 f.
Vgl. aber auch Zipf, MSchKrim 1970, 6, der in der Vermittlung wirtschaftlicher Zusammenhänge die Chance sieht, daß die meisten Betrüger es schwerer hätten, ihr Ziel zu erreichen, was auch zum Ausscheiden mancher Täter aus dem „Wettbewerb" führen würde.
6) Für Hillenkamp, Vorsatztat, S. 89 ändert sich auch durch dieses Kriterium nicht die Tatsache, daß das Mitverschulden abermals begrifflich unscharf bleibt.

heit und Lebensfremdheit im gegebenen Augenblick, wie z.B. bei Geisteskranken und Kindern, will Naucke aber auch weiterhin strafrechtlich geschützt wissen[1]. Strafrechtlicher Schutz sei auch dann angebracht, „wenn andere Mittel, vom Zivilrecht bis zur gezielten sozialpolitischen Maßnahme, versagt haben"[2]. Das Strafrecht dürfe aber Torheit und Lebensfremdheit nicht fördern und „sollte eher Chancen zur Einübung von (möglicher) Eigeninitiative offenlassen" anstatt sie abzuwerten[3]. Das Strafrecht sei nicht zur Kompensation „verbreitete(r) Formen intellektueller Ungeübtheit und Unsicherheit" bestimmt[4].

Aufgrund dieser Überlegungen soll nach Naucke als Voraussetzung des § 263 StGB nur der adäquate Kausalzusammenhang zwischen Täuschung und Irrtum genügen[5]. Dieser Begriff des

---

1) Naucke, Peters-FS, S. 117; Zustimmend Riegger, Betrug, S. 196, der betont, daß sich diese Fallgruppen der Kinder und Geisteskranken „mittels der eingeschränkten Auslegung der Täuschungshandlung nur bei adäquatem Kausalzusammenhang befriedigend lösen" lassen. Vgl. ferner zum Strafrechtsschutz unzurechnungsfähiger Betrugsopfer: R. Hassemer, Schutzbedürftigkeit, S. 94 und schon Ortloff, s.o.S. 65.
Drastischer und weitergehend als die Erwägung Nauckes, da ohne jedes Differenzierungskriterium, ist die Auffassung von H. J. Hirsch, ZStW 74 (1962), 130, daß „durch das Verbot des Betruges nicht die Törichten und die Lebensfremden geschützt werden sollen". Ähnlich Mohrbotter, GA 1975, 50 f

2) Naucke, a.a.O., S. 117

3) Naucke, a.a.O., S. 117

4) Naucke, a.a.O., S. 117; Samson in SK, § 263 Rn. 62 hält diese „Grundthese" für fragwürdig

5) Naucke, a.a.O., S. 118; so schon früher Sauer, BT, S. 81, der im Fall des „groben Leichtsinns" des Betrugsopfers, das sich bei zu erwartender Sorgfalt nicht hätte täuschen lassen können, die generelle Eignung der Täuschungshandlung und damit die „adäquate Kausalität" zwischen Täuschung und Irrtum verneint. Vgl. demgegenüber Sauer, s.o.S. 89.
Auch der überwiegende Teil der argentinischen und der mexikanischen Rechtslehre vertreten hier eine „Adäquanztheorie", da „nur das im Rahmen der allgemeinen Lebenserfahrung ‚geeignete' Täuschungsmittel" kausal für den Irrtum des Getäuschten werde; Riegger, Betrug, S. 49, 149. Ebenso ziehen hier die überwiegende Lehre und größtenteils die (diesbezüglich uneinheitliche) Rspr. des Tribunal

Kausalzusammenhangs ermögliche es, die leicht entdeckbare Täuschung zu erfassen, indem „man den Täuschenden, den zu Täuschenden und die Situation, in der sich beide befinden, zugleich" betrachten könne[1].
Mit dieser Lösung werde das Problem aus der Einstellungs- und Strafzumessungslehre in den Betrugstatbestand zurückgeholt, und das Strafrecht von dem Zwang befreit, „jeden billigen Schwindel als Bestrafungsvoraussetzung zu akzeptieren und jede änderbare intellektuelle Schwäche" oder mangelnde, aber behebbare intellektuelle Übung strafrechtlich schützen zu müssen[2]. Das Betrugsopfer „müßte sich an dem objektiven Maßstab, worauf ‚man' hätte kommen können und müssen, messen lassen"[3].
Anfängliche (Rechts-) Unsicherheit wäre zwar unvermeidlich, aber ähnlich der durch die Strafrechtsreformgesetze entstandenen bestimmt hinnehmbar[4].

Supremo in Spanien die Adäquanztheorie heran; Berning, S. 16 ff, S. 21 ff m.w.N.

1) Naucke, Peters-FS, S. 118; Auch die argentinische Dogmatik verlagert die Qualifizierung der Täuschungshandlung auf das Gebiet der Kausalität; Riegger, Betrug, S. 38. Nuñez verneint bei grober Fahrlässigkeit des Betrugsopfers die Kausalität der Täuschung, „da der Geschädigte durch das vollkommene Außerachtlassen jeder Sorgfaltspflicht zu erkennen gebe, daß er einer möglichen Täuschung vollkommen indifferent gegenüberstehe"; zitiert nach Riegger, Betrug, S. 40, 49. Ähnlich die spanische Jurisprudenz, die den Kreis der betrugsgeeigneten Täuschungen vom (adäquaten) Kausalzusammenhang zwischen Täuschung und Irrtum abhängig macht; Berning, S. 16 ff, 22 ff

2) Naucke, a.a.O., S. 118; zustimmend: Riegger, Betrug, S.196

3) Naucke, a.a.O., S. 119. So auch Teile der argentinischen und die mexikanische Rechtslehre, die eine Täuschungshandlung dann als „geeignet" ansehen, wenn sie bei „durchschnittlicher Intelligenz" einen Irrtum erwecken kann; Riegger, Betrug, S. 149, 39. Ebenso die h.L. und das Tribunal Supremo Spaniens; Berning, S. 20 ff (vgl. aber auch, a.a.O., S. 24 f gegenteilige Entscheidungen dieses Gerichts)

4) Naucke, a.a.O., S. 119; insoweit zustimmend Tröndle, JR 1974, 221, 224. Riegger, Betrug, S. 196 hält den Vorwurf, „eine Anwendung des Adäquanzmaßstabs würde zu Unsicherheiten und Einzelfallentscheidungen führen", für „nicht stichhaltig".

2. Bewertung der Ansicht Nauckes durch die Rechtslehre

Der von Naucke vertretene Lösungsvorschlag, der zugleich eine Reduzierung des strafrechtlichen Opferschutzes beinhaltet, ist (bislang) überwiegend auf Kritik im Schrifttum gestoßen[1]. So sieht Tröndle den vorgeschlagenen Weg von Naucke als kriminalpolitisch nicht gangbar an, da er diejenigen zahlreichen Betrugsfälle nicht berücksichtige, die zwar dem wirtschaftlich Erfahrenen und kritisch Abwägenden als offensichtlich plump erscheinen mögen, „bei denen jedoch das Opfer kritisches Mißtrauen gar nicht aufkommen läßt"[2]. Denn das Opferverhalten resultiere weniger aus intellektuellen Schwächen als aus „einem situationsbedingten Zutrauen oder zufolge blinden Vertrauens gegenüber dem Betrüger, vielleicht aber auch aus einer vom Verstande her schwer steuerbaren Verhaltenskonstitution"[3]. Die Herausnahme der aus emotionellen Einflüßen Unvorsichtigen, Unaufmerksamen oder blind Vertrauenden aus dem Schutz des § 263 StGB übt nach Hillenkamp „nicht Druck in Richtung staatlicher Verbesserung der Bildungschancen aus, sondern zensiert mit dem Strafrecht Emotionen und Bedürfnisse der Opfer"[4].

Ferner wird Nauckes Konzeption vorgehalten, daß sie eine unangemessene Verkürzung des Schutzes der „Hilflosen, Ungewandten und Lebensfremden zum Vorteil der ‚Geschäftstüchtigen' darstelle"[5], d.h. die „Schwachen (würden) weitgehend zur Schä-

---

1) Die Feststellung Hillenkamps, Vorsatztat, S. 86, daß die Ansicht Nauckes auf bisher „einhellige" Ablehnung gestoßen sei, ist unzutreffend. Außer Riegger, Betrug, S. 195 ff hat auch schon Kühne, Geschäftstüchtigkeit, S. 90 Fn. 257 seine Sympathie zu Nauckes Erwägungen zum Ausdruck gebracht. Auch Seelmann, JuS 1982, 270 hält es für „erwägenswert", „ob man nicht bei extremer Leichtgläubigkeit des Getäuschten ... die adäquate Kausalität zwischen Täuschung und Irrtum" verneinen sollte.

2) Tröndle, JR 1974, 224

3) Tröndle, a.a.O.; zustimmend Hillenkamp, Vorsatztat, S. 88; vgl. auch Amelung, s.o.S. 115, der auf die Emotionen und Bedürfnisse der Betrugsopfer hinweist; siehe auch Schüler-Springorum, Honig-FS, S. 204

4) Hillenkamp, Vorsatztat, S. 88

5) Lackner in LK, § 263 Rn. 91

digung freigegeben"[1]. „Betrügerische Geschäftemacher werden - nun risikolos - noch mehr als bisher auf Jagd nach ‚geistig Unterprivilegierten' ausgehen" und jene, die trotzdem angeklagt würden, „werden versuchen, den ‚Betrug' in der Hauptverhandlung fortzusetzen und ihren Trick auf Kosten der Intelligenz der Betrogenen als besonders plump darzustellen"[2]. Der Geschädigte müßte dann außer dem Schaden auch noch den Spott ertragen, daß der „Betrüger" freigesprochen werde, was wiederum zu einem weiteren Rückgang der Anzeigebereitschaft des Betrogenen führen würde[3].
Blei bezeichnet es als „irreale Hoffnung", daß durch Nauckes vorgeschlagene Restriktion „sozialpädagogische Erziehungsprozesse" eingeleitet werden könnten, die zukünftig vor leichter Übertölpelung schützen würden[4]. Die sich aus Nauckes Überlegungen ergebende Erforderlichkeit der Aufklärung über Betrugstechniken[5], insbesondere durch die Massenmedien[6], beinhaltet

---

1) Arzt, LH 3, S. 121 Fn. 4; zustimmend Hillenkamp, Vorsatztat, S. 88; vgl. auch schon Ortloff u.a., s.o.S. 78 m.w.N.
2) Tröndle, JR 1974, 224; vgl. Hillenkamp, Vorsatztat, S. 90 und S. 199 ff zum „blaming the victim"; vgl. auch schon Köstlin, s.o.S. 62
3) Tröndle, a.a.O.; v. Hentig, Psychologie, S. 2; Zirpins, HWBdK, S. 92; Ehrlich, Betrüger, S. 46
4) Blei, JA 1974, 684 f
5) Allgemein zur Aufklärungsarbeit und den Aufklärungsmöglichkeiten: Paasch, S. 59 f; Kämpchen, S. 55; Schwind, Kriminalistik 1979, 514, 517; Zipf, Kriminalpolitik, S. 179; Kube, Kriminalistik 1980, 152, 155 f.
Insbesondere zur Funktion einer (Betrugs-) Beratungsstelle: Nitsche, Kriminalistik 1930, 65 ff zur Arbeit einer solchen 1929 in Köln (bis Kriegsbeginn 1939) errichteten Behörde; Paasch, S. 7, 61; Lenz, S. 9; Sangmeister, S. 116 f; Niggemeyer, S. 7, 12; Groß/Geerds II, S. 342 (zu präventiven Maßnahmen gegen Betrüger).
Zum Stichwort „Opferpädagogik" vgl. Zipf, Kriminalpolitik, S. 179
6) Zur Aufklärung über Betrugstechniken in den Medien: Kaessmann, S. 127; Dransfeld, S. 176 f; Daniels, S. 63; Eschenbach, S. 36; Ehrlich, Betrüger, S. 160. Lenz, S. 186 äußert sich zum Nutzen solcher „Aufklärungsfeldzüge" skeptisch

nach Samson aber auch die Gefahr, daß demjenigen der Strafrechtsschutz entzogen würde, „der sich anders als die Masse der Bürger bestimmte Sendungen des Fernsehens nicht ansieht"[1]. Die von einem liberalen Ausgangspunkt her von Naucke geforderte Tatbestandseinschränkung des § 263 StGB würde im Ergebnis zu der Bürgerpflicht führen, „anderweite und vielfach problematische, wenngleich fürsorglich gemeinte Information" entgegennehmen zu müssen[2].
Für Hillenkamp führt die Berücksichtigung einer Mitverantwortung des Betrugsopfers zu einer „bisher noch nicht beobachtete(n) Dimension einer Art Lebensführungsschuld, die solange zur Verweigerung des Strafrechtsschutzes führt, bis das Opfer ein besseres Einsehen hat und das von Naucke ... erwartete breit gefächerte Bildungsangebot des Staates wahrnimmt"[3].

Als weiterer Kritikpunkt wird hervorgehoben, daß die „bewußte Ausnutzung intellektueller Mängel" bzw. „das Hereinfallen auf plumpe, leicht durchschaubare Täuschungen" gerade zur „Adäquanz" des Betruges gehöre [4]. Es wird deshalb als zweifelhaft angesehen, ob der Adäquanzbegriff das eigentlich

---

1) Samson in SK, § 263 Rn. 62;
Zur Rolle des Fernsehens als Aufklärungsmittel vgl. Sendungen wie die Serie: „Vorsicht Falle! - Die Kriminalpolizei warnt: Nepper, Schlepper, Bauernfänger" (vgl. dazu Zipf, MSchrKrim 1970, 6 Fn. 17 und H.W. Schünemann, DRiZ 1972, 384, 386) oder „Die Kriminalpolizei rät" (vgl. dazu Schwind, Kriminalistik 1979, 517) oder Warnungen der Polizei in Presse und Funk über gerade aktuelle Betrugspraktiken.
Vorbehalte zur Darstellung von Betrugsmanipulationen im Fernsehen, da diese auch Anregungen für potentielle Täter enthalten können: Schneider, Viktimologie, S. 175 f und Sangmeister, S. 118
2) Samson in SK, § 263 Rn. 62; vgl. Hillenkamp, Vorsatztat, S. 90
3) Hillenkamp, Vorsatztat, S. 90
4) Maurach/Schroeder, BT 1, S. 408; Hillenkamp, Vorsatztat, S. 147 (vgl. ders., a.a.O., S. 87, 305). Hillenkamp, Vorsatztat, S. 147 f sieht deshalb in der „Adäquanzformel" Nauckes keine restriktive Auslegung, sondern den Versuch einer teleologischen Reduktion, der sich nicht aus der ratio legis selbst zu legitimieren vermag. Diese „teleologische Reduktion" hält Hillenkamp verfassungsrechtlich für bedenklich, s.o.S. 138

leisten könne, was Naucke mit ihm verknüpfe[1]. Als Betrug sei auch die „plumpste Bauernfängerei" anzusehen, wie auch die „Erregung des Aberglaubens durch Vortäuschung überirdischer Kräfte"[2]. Hillenkamp hält Naucke vor, daß er mit seiner Adäquanzformel in Wahrheit die Überwindung des Regreßverbotes wieder aufheben wolle[3]. Zwar mag die Mitverantwortung des Opfers „es dem Täter in bisweilen kaum zu verantwortender Weise leicht gemacht haben", jedoch bleibe es dabei, daß der Täuschende den Irrtum verursacht, den Schaden in zurechenbarer Weise herbeigeführt habe[4]. Entgegen der Ansicht Nauckes sei auch die Strafwürdigkeit solcher Betrugsfälle zu bejahen, die vermeidbar, aufklärbar oder durchschaubar seien, was sich aus der bewußten Einbeziehung der plumpen Täuschung unter § 263 StGB durch den historischen Gesetzgeber ergebe[5]. Nach Hillenkamp muß das von Naucke eigentlich erstrebte Ziel, diese gesetzgeberische durch eigene Strafwürdigkeitsüberlegungen

---

1) Hillenkamp, Vorsatztat, S. 87
2) Maurach/Schroeder, BT 1, S. 408; vgl. auch zur Forderung nach einer harten Bestrafung von „Neppern und Bauernfängern": Sprung, Kriminalistik 1956, 320, 325; vgl. zu dieser speziellen Tätergruppe: Ehrlich, Betrüger, S.127 ff; Groß/Geerds I, S. 291 f
3) Hillenkamp, Vorsatztat, S. 86; vgl. Nauckes Hinweis auf die Bedeutung des Regreßverbots beim Betrugstatbestand, Peters-FS, S. 117; vgl. dazu auch R. Hassemer, Schutzbedürftigkeit, S. 118 Fn. 115
4) Hillenkamp, Vorsatztat, S. 86 f
5) Hillenkamp, Vorsatztat, S. 87; vgl. zur historischen gesetzgeberischen Entscheidung oben S. 23.
Amelung, GA 1977, 9 Fn. 43 hält aufgrund dieser Wertung eine Änderung der Kausallehre i.S. Nauckes für „problematisch". Der Vorwurf Hillenkamps, a.a.O., daß der Gesetzgeber von 1851 die erst in den 80er Jahren des 19.Jh. von v. Kries entwickelte „Adäquanztheorie" (vgl. Jescheck, AT, S. 229 bzw. in LK, vor § 13 Rn. 57; S/S/Lenckner, Vorbem. §§ 13 ff Rn. 91) nicht im Auge gehabt haben könne, läßt sich auch auf die „Äquivalenztheorie" ausdehnen, die auch erst in den 70er Jahren als Lehre des Allgemeinen Teils entstand; vgl. oben S. 77

zu ersetzen, de lege lata scheitern[1]. Außerdem sei nicht in schutz„würdige" und schutzunwürdige Opfer zu unterscheiden, die auf rational nicht überprüfbaren Wertungen beruhe, sondern auf die Schutz„bedürftigkeit" abzustellen[2]. Eine Aufwertung des Mitverschuldens des Betrugsopfers vom Strafmilderungsgrund zum Tatbestandskorrektiv wird von Hillenkamp auch hier abgelehnt[3].

3. Eigene Stellungnahme

Die Diskussion zur Lösungsmöglichkeit, im Rahmen des Kausalzusammenhangs zwischen Täuschung und Irrtum beim Betrug das Mitverschulden des Getäuschten zu berücksichtigen, verdeutlicht, daß die von der herrschenden Meinung herangezogene „Äquivalenztheorie" die kriminalpolitische Problematik verdeckt[4].

In der wohl überwiegenden Lehre wird dementsprechend die Auffassung vertreten, daß die Bedingungstheorie angesichts der uferlosen Weite haftungseinschränkender Korrekturmöglichkeiten bedarf[5].

Naucke sieht das Haftungskorrektiv bei § 263 StGB in der Anwendung der „Adäquanztheorie".

---

1) Hillenkamp, Vorsatztat, S. 88. Dieser Vorwurf treffe Naucke ebenso wie die Vertreter viktimologischer Ansätze; Hillenkamp, a.a.O., S. 87. Zudem würde bei Nauckes Ansicht, so Hillenkamp, a.a.O., S. 85, im Grunde nur das fehlende Attribut „viktimologisch" die Einordnung in die Kategorie der viktimologisch ausgerichteten Ansätze (wie von Amelung, Beulke, R. Hassemer, Blei) verhindern.

2) Hillenkamp, Vorsatztat, S. 89; so schon Amelung, s.o. S. 116 und R. Hassemer, s.o.S. 133 f

3) Hillenkamp, Vorsatztat, S. 89; in diesem Sinne auch schon oben, S. 137

4) Samson in SK, § 263 Rn. 56

5) Rudolphi in SK, vor § 1 Rn. 52; Zur Kritik an der Bedingungstheorie vgl. Roxin, Honig-FS, S. 136, 138; H.Mayer, AT, S. 131, 133 f; Naucke, ZStW 76 (1964), 409, 427. Otto, NJW 1980, 417, 418, weist auf die längst gängige Ergänzung, Modifizierung und Ersetzung der Bedingungstheorie durch die Rspr. hin.

Diese im Zivilrecht[1] wohl (noch) vorherrschende Kausallehre[2], die nur vereinzelt auch im Strafrecht vertreten wird[3], versucht die grenzenlose Weite der Bedingungstheorie bereits auf der Tatbestandsebene einzuschränken, indem solche Ursachen außer Betracht bleiben, die nach „allgemeiner Lebenserfahrung" ungeeignet, d.h. völlig unwahrscheinlich sind, den tatbestandsmäßigen Erfolg herbeizuführen[4]. Dieses für die Adäquanz der Bedingung entscheidende Wahrscheinlichkeitsurteil soll im Wege einer „objektiv-nachträglichen Prognose" unter Einbeziehung des besonderen Täterwissens getroffen werden[5]. Naucke sieht in der Heranziehung der Adäquanztheorie die Möglichkeit, nicht „jede änderbare intellektuelle Schwäche" strafrechtlich schützen zu müssen.

Dieser Ansicht ist prinzipiell zuzustimmen, da zumindest in bestimmten Fallkonstellationen das Betrugsopfer zumutbare

---

1) Larenz, SchuldR, AT, S. 404 ff; Palandt/Heinrichs, Vorbem. § 249 Anm. 5b; BGHZ 3, 261 ff.
Jedoch ist sie im Zivilrecht nicht unbestritten; vgl. Grunsky in Münchener Kommentar, vor § 249 Rn. 42 m.w.N. in Fn. 138. So wird zunehmend die Meinung vertreten, daß man den Haftungsmaßstab nicht nach dem Wahrscheinlichkeitsmaßstab (der Adäquanztheorie), sondern nach dem „Schutzzweck der Norm" bestimmen sollte; Grunsky, a.a.O., vor § 249 Rn. 43 f; vgl. Larenz, SchuldR, AT, S. 408 f; Jescheck, AT, S. 229

2) Es ist umstritten, ob die Adäquanztheorie auch weiterhin als Kausalitätstheorie (so: Baumann, AT, S. 235; Schmidhäuser, Studienbuch, 5/62 f; E.A.Wolff, S. 20; vgl. Eser, StrafR I Nr. 4 A 11 ff) oder als eine Methode zur Begrenzung des Rahmens der objektiven Zurechnung (so: Jescheck, AT, S. 229; Triffterer, Bockelmann-FS, S. 201, 213; Roxin, Honig-FS, S. 136, die ihre Auffassung als inzwischen „weitgehend anerkannt" bezeichnen) anzusehen ist. Im letzteren Sinne auch Deubner, JuS 1969, 561, 562 im Rahmen des Zivilrechts.

3) Bockelmann, AT, S. 66 f; Walder, SchwZStR 93 (1977), 113 ff, 144 ff; Maurach GA 1960, 97, insbes. 103 f; Maurach/Zipf, AT 1, S.239 f; Maihofer, ZStW 70 (1958), 159, 180 ff

4) Eser, StrafR I Nr. 4 A 11; Lackner, StGB, vor § 13 Anm. III 1c; Rudolphi in SK, vor § 1 Rn. 54; Jescheck, AT, S. 230; Stratenwerth, AT, Rn. 221

5) Rudolphi in SK, vor § 1 Rn. 54; Dreher/Tröndle, vor § 1 Rn. 16; S/S/Lenckner, Vorbem. §§ 13 ff Rn. 91

Selbstschutzmöglichkeiten besitzt, so daß eine Abwälzung des Schadenswiedergutmachungsprozesses auf den Staat unbillig erscheint.

Der Vorwurf, daß Nauckes Berücksichtigung des Mitverschuldens zu einer „Art Lebensführungsschuld" beim Opfer führe[1], verkennt, daß es nicht Gegenstand seines Vorschlages ist, dem Betrugsopfer eine „Lebensführungsschuld"[2] oder sogar eine „Tatschuld" an der Verwirklichung des Betruges nachzuweisen. Eine solche Berücksichtigung des Opferverhaltens, die sogar zur Bestrafung des Opfers wegen seines Verhaltens bei der Tatbegehung führen könnte[3], wäre auf jeden Fall verfehlt und kann nicht Aufgabe der Strafrechtsdogmatik sein. Deshalb erscheint es auch nicht angezeigt, von einer sog. „Viktimo-Dogmatik" zu sprechen[4], denn auch die bisherige Dogmatik läßt das Opferverhalten nicht unberücksichtigt, wenn auch begrenzt, wie beispielsweise bei §§ 199, 233, 174 I Nr. 2, 213, 216 StGB, die bei qualifizierter Mitwirkung des Opfers einen Strafrechtsausschluß oder eine Strafrahmenverschiebung zum Inhalt haben[5].

---

1) Hillenkamp, s.o.S. 158

2) vgl. zu dieser mit dem geltenden Schuldstrafrecht unvereinbaren Charakterschuld des Täters: Rudolphi in SK, vor § 19 Rn. 3 f; Baumann, AT, S. 371 f; Zipf, Kriminalpolitik, S. 61 f

3) Zu solchen Überlegungen s.o.S. 108; Man kann auch heutzutage dem (Betrugs-) Opfer kein Genugtuungsbedürfnis (vgl. dazu Günter Hirsch in LK, 10.Aufl., § 46 Rn.26) dahingehend zuerkennen, daß dieses es als Strafe ansieht, wenn der Täter nicht bestraft wird.

4) Dieses Prädikat führt insbesondere Hillenkamp, Vorsatztat, S. 17 ff, 133 ff ein, auch wenn er deren Inhalte kritisch würdigt.

5) vgl. zu diesen Straftatbeständen: Kaiser, Kriminologie, S. 179; v. Hentig, Das Verbrechen II, S. 365 ff; Göppinger, Kriminologie, S. 603; Ebert, JZ 1983, 637. Korrespondierend zu dieser „Viktimo-Dogmatik" müßte dann wohl auch von „Täter-Dogmatik" gesprochen werden, was abzulehnen ist, weil Strafrechtsdogmatik im gesamtgesellschaftlichen Rahmen außer der Tat sowohl den Täter als auch das Opfer beachten muß.

Im Rahmen der Prüfung der objektiven Zurechnung geht es vielmehr darum, ob dem Opfer, und dies auch nur im Rahmen bestimmter Fallgruppen, zugemutet werden kann und soll, den aufgrund der extremen Leichtgläubigkeit erlittenen Vermögensschaden selbst, d.h. auf zivilrechtlichem Wege, einzutreiben und dabei nicht immer nach dem (Wohlfahrts-) Staat zu rufen.

Es kann nicht Aufgabe des Strafrechts sein, worauf Naucke hinweist, daß jedes Alltagsrisiko dem Betrugsopfer durch das Strafrecht, d.h. hier durch den Betrugstatbestand abgenommen wird[1)] und den Einzelnen aus seiner Verantwortung für seinen eigenen Vermögensschutz entläßt.

Der Kritik, daß die Erwägungen Nauckes „sozialdarwinistische Tendenzen"[2)] beinhalten, ist entgegenzuhalten, daß die Intentionen verkannt werden, potentielle Betrugsopfer zu größerer Eigenverantwortlichkeit zu erziehen, indem das Schlagwort vom „mündigen Bürger" ernst genommen wird[3)]. Die prinzipielle Berücksichtigung des Mitverschuldens bei Naucke, mit der einzigen aber wichtigen Ausnahme der „nicht änderbaren intellektuellen Schwäche", wie bei Kindern und Geisteskranken, soll nicht dazu dienen, die „dummen" Opfer in einem Selektionsprozeß auszugliedern, sondern sie vielmehr zu einem erhöhten Selbstschutzinteresse als der besten Verbrechensprophylaxe beim Betrug anzuhalten.

Naucke will mit seinem Vorschlag nicht Emotionen und Bedürfnisse der Opfer zensieren[4)], sondern verlangt vom Betrugs-

1) Naucke, s.o.S. 153 ; vgl. zum Alltagsrisiko auch Rudolphi, JuS 1969, 549, 555
2) R. Hassemer, s.o.S. 134
3) Zur Betonung der Mündigkeit des Bürgers vgl. Peters, Eb.Schmidt-FS, S. 496 Fn. 22 a.E.; Das OLG Hamburg, NJW 1980, 2593, 2594 geht in einem Betrugsfall davon aus, daß der mündige Bürger wisse, daß Börsengeschäfte Spekulationsgeschäfte sind.
Demgegenüber wird nach Arzt, Referat, N 57 dieses Schlagwort bei einer Berücksichtigung des Mitverschuldens des Opfers „zu ernst" genommen.
4) so die Kritik Hillenkamps, s.o.S. 156

opfer zumindest den Versuch, diese Empfindungen und Wünsche im gegebenen Augenblick zu zügeln. Will das Betrugsopfer seine Bedürfnisse aber nicht im Zaum halten, was ihm keiner verbieten kann, so soll es seiner eigenen Initiative im Sinne des Prinzips der wirtschaftlichen Eigenverantwortung[1] überlassen bleiben, zivilrechtlich den Schaden wieder ersetzt zu bekommen.

Allerdings erscheint mir Nauckes Kriterium der „intellektuellen Schwächen" den Emotionen und Bedürfnissen des Betrugsopfers nicht genug Rechnung zu tragen, da es zu sehr intelligenzbestimmt ist. Die viktimologischen Untersuchungen zeigen aber, daß die Betrugsopfer oft mehr von Gefühlen und Wünschen bestimmt werden[2], so daß man mit Lenz anstatt von „Dummheit" besser von „Kritikschwäche oder Kritiklosigkeit" des Opfers sprechen sollte[3]. Viktimologische Erkenntnisse über die Täter-Opfer-Beziehung beim Betrug können zur dogmatischen Beantwortung der Frage nach der Adäquanz der Täuschungshandlung aufschlußreich sein, worauf schon Riegger hingewiesen hat[4].

Es stellt sich jedoch die Frage, ob es tatsächlich als „inadäquat" zu bezeichnen ist, wenn das Betrugsopfer aufgrund seiner großen Leichtgläubigkeit oder Nachlässigkeit zu einer Vermögensverfügung veranlaßt wird. Zweifel an der Verneinung der Adäquanz der Täuschung erscheinen deshalb berechtigt, da die (relative) Häufigkeit der Meldung solcher Betrugsfälle in den Medien und viktimologischen Un-

---

1) Seelmann, NJW 1980, 2545, 2548 m.w.N.; vgl. R. Hassemer, s.o.S. 127
2) vgl. Amelung, s.o.S. 115; Tröndle, s.o.S. 156; zu weiteren viktimologischen Untersuchungen siehe später
3) Lenz, S. 176
4) Riegger, Betrug, S. 197. Diese Bezugnahme auf die Viktimologie als Teil der Kriminologie (zu Einzelheiten später) bedeutet nicht, daß man damit zugleich die sog. „Viktimo-Dogmatik" bejahen muß. Gerade Hillenkamp, Vorsatztat, S. 215 macht dies dadurch deutlich, daß er die bisherigen Ansätze der (von ihm so titulierten) „Viktimo-Dogmatik" ablehnt, sich aber für die Heranziehung viktimologischer Erkenntnisse in der Dogmatik ausspricht.

tersuchungen[1] darauf hindeuten, daß sie keinesfalls außerhalb jeder Erfahrung liegen.
Solche plumpen, leicht durchschaubaren Täuschungen sind durchaus nicht völlig ungeeignet, einen Vermögensschaden herbeizuführen. Es ist deshalb der Kritik zuzugeben, daß es als bedenklich erscheint, ob der Adäquanzbegriff überhaupt das leisten kann, was Naucke mit ihm verknüpft[2], denn die „Inadäquanz" solcher Täuschungshandlungen zur Erregung eines Irrtums liegt nicht auf der Hand.
Ferner sind Bedenken gegenüber dem Bezugspunkt der Adäquanztheorie, der Lebenserfahrung „und dem Tatsachenwissen eines Mitgliedes des betroffenen spezifischen Verkehrskreises"[3] anzumelden, da dieser keine sicheren Ergebnisse ermöglicht. Abgesehen davon, daß gerade die allgemeine Lebenserfahrung lehrt, daß es auch atypische Kausalverläufe gibt[4], sollte es hier nicht um bestimmte Erfahrungsurteile, sondern um die (eigentliche) normative Frage nach der rechtlichen Verantwortung des Täters bzw. der objektiven Zurechnung gehen[5].
Die Orientierung an einem „Durchschnittsmaßstab"[6] zur Beurteilung der Adäquanz der Täuschung für den Irrtum erinnert an die

---

1) Ehrlich, Betrüger, S. 17 betont, daß in der Betrugspraxis fast täglich Fälle unbegreiflicher Leichtgläubigkeit festzustellen seien, die hauptsächlich durch die Aussicht auf hohen Gewinn bedingt seien; Katzenstein, S. 71 bezeichnet die Beispiele von unfaßbarer Vertrauensseligkeit und geradezu sträflichem Leichtsinn nicht als den Durchschnittsfall des Betruges, auch wenn immer wieder in der Presse aus Interesse und Sensationslust der Leser darüber berichtet würde.
2) so Hillenkamp und Schroeder, s.o.S. 158 f;vgl.auch Maeck,S.78f
3) vgl. Wolter, GA 1977, 257, 259; Dreher/Tröndle, vor § 1 Rn. 16; Lackner, StGB, vor § 13 Anm. III 1c; BGHZ 3, 261,266 spricht sogar vom „optimalen" Betrachter.
Kritisch zu diesem Maßstab: Rudolphi, JuS 1969, 549, 551; B.Schünemann, JA 1975, 715 bezeichnet dies als „konturenlose Maßfigur".
4) Rudolphi in SK, vor § 1 Rn. 55; vgl. Maeck, S. 78
5) vgl. Rudolphi in SK, vor § 1 Rn. 55; ders., JuS 1969, 551; Stratenwerth, AT, Rn. 222; Wolter, GA 1977, 259; Jescheck in LK, vor § 13 Rn. 57; S/S/Lenckner, Vorbem.§§ 13 ff Rn. 92
6) vgl. Naucke, s.o.S. 155

- im Anschluß an die frühere ausländische Jurisprudenz[1] - im 19. Jh. vertretene Auffassung, daß nur das Täuschungsmittel, das zur Täuschung der „Meisten" bzw. des „verständigen Mannes" geeignet war[2], als Tatbestandsvoraussetzung des Betruges angesehen wurde. Aus den historischen Untersuchungen dieser Arbeit tritt aber auch zu Tage, daß schon in der ersten Hälfte des 19. Jh. Befürworter einer Berücksichtigung des Mitverschuldens statt dessen die Rücksichtnahme auf die „individuelle" Persönlichkeit des Getäuschten forderten[3].

Auch in der heutigen ausländischen Praxis[4] richtet sich die Frage der Geeignetheit der Täuschungshandlung, soweit dieser Problematik überhaupt noch juristisches Gewicht beigemessen wird, danach, inwieweit die Täuschung vom (konkreten) Opfer

---

1) die englische, französische und italienische Jurisprudenz legten den Maßstab einer „Allgemeinen Lebensklugheit" an; s.o.S. 27 ff.
So auch die ältere Lehre der iberoamerikanischen Länder, die heute noch in Mexiko (und teilweise in Argentinien) vertreten wird; Riegger, Betrug, S. 164; vgl. auch ders., a.a.O., S. 39, 149 und zur spanischen Dogmatik oben S. 155 Fn. 3

2) Temme, s.o.S. 53 ; Escher, s.o.S. 48 f; Mittermaier, s.o.S. 64 ; vgl. zusammenfassend oben S. 74

3) Mittermaier, s.o.S. 44 ; Geib, s.o.S. 50

4) Nach Riegger, Betrug, S. 50, 164 wird in den iberoamerikanischen Ländern von der überwiegenden Lehre eine Orientierung am durchschnittlich sorgfältig handelnden „pater familias" allgemein abgelehnt. Stattdessen wird verlangt, daß konkret auf die geistigen Fähigkeiten (Bildungs- und Wissensstand), die sozialen und kulturellen Situationen Bezug genommen wird gemäß der Erkenntnis, daß eine allgemeine abstrakte Zugrundelegung der Ansicht eines Durchschnittsmenschen den unterschiedlichen Fähigkeiten und Intentionen des Betroffenen nicht gerecht würde; Riegger, S. 50, 39 (speziell zur uruguayischen Lehre, S. 118).
Zur diesbezüglich teilweise widersprüchlichen Rspr. Argentiniens; vgl. Riegger, S. 50 f.

Zur Abkehr von der Berücksichtigung einer „durchschnittlichen Intelligenz" in den anglo-amerikanischen Ländern vgl. Wehrle, s.o.S. 103 Fn. 1.

Auch Ernst Kohlmann, Betrug, S. 354 betont, daß heutzutage auch in Frankreich, Belgien und den Niederlanden nicht mehr die Forderung hinsichtlich eines Täuschungsmittels vertreten werde, das zur Täuschung von Personen „durchschnittlicher Intelligenz" geeignet sein müsse.

erkannt und verarbeitet wurde. Das Abstellen auf die individuelle Persönlichkeit des Betrugsopfers gewährleistet, daß die unterschiedlichen intellektuellen Fähigkeiten, die Bedürfnisse und Emotionen des Betrogenen besser berücksichtigt werden können,und man dabei nicht auf ein „fingiertes Normalverhalten" abstellt. Denn bei einer Beurteilung durch einen „optimalen" Betrachter besteht die Gefahr, daß dieser die Tatsituation „genau so wenig erleben und nachempfinden könne, wie ein Theaterstück, das man einem Nichtkenner später erzählt"[1]. Insbesondere der schauspielerische Teil der Betrugshandlung läßt sich hinterher nicht mehr rekonstruieren oder richtig beschreiben, so daß sich das Bild des Betruges fast immer zuungunsten des Betrogenen verschiebt[2].
Naucke selbst kommt diesem mehr individuellen Maßstab insoweit entgegen, als er auf „änderbare" intellektuelle Schwächen oder „behebbare" mangelnde intellektuelle Übung abstellen will. Denn dieses Kriterium der „Änderbarkeit" muß zu einer näheren Exploration des Getäuschten führen.
Aufgrund der obigen Erörterungen läßt sich festhalten, daß es zweifelhaft erscheint, ob besonders plumpe Täuschungen als „inadäquates" Verhalten zur Hervorrufung eines Irrtums beim Betrug einzustufen sind. Das von Naucke gewünschte Ergebnis, bestimmte Fallgruppen durch die Anwendung der Adäquanztheorie aus dem Strafbarkeitsbereich des § 263 StGB ausgrenzen zu können, wird somit, zumindest häufig, nicht erreicht werden. Außerdem wird bei der Prüfung der Adäquanz die Frage nach dem normativ zu bestimmenden funktionalen Zusammenhang nicht gestellt.

1) Eschenbach, S. 27; zustimmend: Schulte, S. 122; vgl. auch schon Gross, s.o.S. 87
2) Ehrlich, Kriminalistik 1957, 366

Das grundsätzlich zu befürwortende Ziel, im Rahmen bestimmter Fallgruppen den Strafrechtsausschluß beim Betrug zu erwirken, kann durch ein weiteres (bzw. anderes) Haftungskorrektiv erreicht werden, nämlich durch die Lehre vom Schutzzweck der Norm[1]. Dieses gegenüber der Adäquanztheorie verfeinerte Korrektiv der objektiven Zurechnung wird im folgenden Abschnitt näher zu untersuchen sein.

1) vgl. in diesem Sinne Seelmann, JuS 1982, 270

V. Schutzbereich des Betrugstatbestandes (als objektiver Zurechnungsmaßstab)

Die bisherigen Erörterungen haben zur Ablehnung der vorgeschlagenen Lösungsmöglichkeiten geführt.
Als letzte Möglichkeit einer Berücksichtigung des Mitverschuldens des Betrugsopfers auf der Tatbestandsebene bietet sich die Untersuchung der objektiven Zurechnung zwischen Täuschung und Irrtum anhand normativer Zurechnungskriterien, hier dem Schutzzweck der Norm[1], an.

1. Lehre von der objektiven Zurechnung

Nach den Lehren von der objektiven Zurechnung[2] kommt es entscheidend darauf an, „für welche Handlungen und welche Folgen ein Mensch verantwortlich zu machen" ist[3].
Dabei wird zwischen der Kausalität und der objektiven Zurechnung unterschieden[4]. Ein durch menschliches Verhalten (im Sinne der Bedingungstheorie) verursachter Unrechtserfolg wird nur dann diesem objektiv zugerechnet, „wenn dieses Verhalten eine rechtlich mißbilligte Gefahr des Erfolgseintritts geschaffen und diese Gefahr sich auch tatsächlich in dem konkreten erfolgsverursachenden Geschehen realisiert hat"[5].
Diese Lehren von der objektiven Zurechnung, die die Gesichtspunkte der Adäquanz- und der Relevanztheorie durch präzisere, normative Zurechnungskriterien ersetzt haben[6], stehen zwar

1) vgl. Seelmann, JuS 1982, 270
2) Die Lehre von der objektiven Zurechnung fußt auf dem Personbegriff des deutschen Idealismus, besonders Hegels: Larenz, Hegels Zurechnungslehre, S. 60 ff; Naucke, ZStW 76 (1964), 430
3) Naucke, ZStW 76 (1964), 426
4) Jescheck in LK, vor § 13 Rn. 48 Fn. 48; Schmidhäuser, Lehrbuch 8/62; Maurach/Zipf, AT 1, S. 241 ff; Ebert/Kühl, Jura 1979, 561, 568; Naucke, ZStW 76 (1964),427
5) Rudolphi in SK, vor § 1 Rn. 57; Jescheck, AT, S. 231; ders. in LK, vor § 13 Rn. 59; S/S/Lenckner, Vorbem. §§ 13 ff Rn. 95; Maurach/Zipf, AT 1, S. 242 ff, 244
6) Jescheck, AT, S. 230

noch am Anfang, sind jedoch im Vordringen begriffen[1]. Während einerseits als Maßstab der objektiven Zurechnung das Prinzip der Vermeidbarkeit herangezogen wird[2], wollen andere nach der objektiven Bezweckbarkeit[3] des auf einen Schaden zulaufenden Kausalverlaufs entscheiden. Aus diesem letzteren Prinzip sind mehrere (normative) Zurechnungskriterien entwickelt worden, so neben dem Risikoerhöhungsprinzip[4] auch die (aus dem Zivilrecht stammende) Lehre vom „Schutzzweck der Norm"[5].

---

1) Die Lehre von der objektiven Zurechnung hat u.a. bei folgenden Autoren Zustimmung gefunden: Wessels, AT, S. 48 ff; Eser, StrafR I Nr. 4 A 16 ff; Roxin, Honig-FS, S. 133 ff; ders., Gallas-FS, S. 241 ff; Schaffstein, Honig-FS,S.169 ff; H. Mayer, AT, S. 131 ff; ders., Studienbuch, S. 72 ff; Otto, Maurach-FS, S. 91 ff; Hardwig, Die Zurechnung; Kahrs, Vermeidbarkeitsprinzip; Jakobs, ZStW 89 (1977), S. 1 ff; Naucke, ZStW 76, 424 ff; Schmidhäuser, Studienbuch, 5/60; dagegen kritisch: Schlüchter, JuS 1976, 313 ff.
Die Rspr. hat eine Haftungsbegrenzung im Rahmen der Tatbestandsmäßigkeit durch Heranziehung objektiver Zurechnungskriterien bisher nur im Einzelfall und beinahe ausschließlich bei Fahrlässigkeitsdelikten vorgenommen.

2) Kahrs, Vermeidbarkeitsprinzip, S. 33 ff; vgl. Hardwig, JZ 1968, 289, 291; Otto, Maurach-FS, S. 91, 100; vgl. ferner dazu Samson, Hypothetische Kausalverläufe, S. 37 ff

3) Dieser Gedanke Honigs, Frank-Festgabe, Bd. I, S. 174, 184, der seine historische Wurzel in der Hegelschen Zurechnungslehre hat, wurde insbesondere von Roxin, Honig-FS, S.133 ff wieder aufgegriffen. Diesem Maßstab der objektiven Zweckhaftigkeit liegt das Kriterium der „Beherrschbarkeit durch den menschlichen Willen" zugrunde; Roxin, a.a.O., S. 135; vgl. Naucke, ZStW 76, 428 ff

4) Roxin, Honig-FS, S. 138 ff; S/S/Lenckner, Vorbem. §§ 13 ff Rn. 96 ff; Rudolphi in SK, vor § 1 Rn. 65 ff.
Otto, NJW 1980, 417 ff tritt für eine gänzliche Ersetzung des Kausalitätsgrundsatzes durch das „Risikoerhöhungsprinzip" ein.
Wessels, AT, S. 50 weist darauf hin, daß sich die Risikoerhöhungslehre nur in Teilbereichen mit der „vorherrschenden" Lehre der objektiven Zurechnung deckt.

5) Es ist umstritten, ob das Risikoerhöhungsprinzip auch zur Schutzlehre zu rechnen ist oder einen gesonderten Zurechnungspunkt darstellt; vgl. Schlüchter, JuS 1977, 105 Fn. 23 m.w.N.

Dieser zurechnungstheoretisch grundsätzlich bedeutsame Gesichtspunkt des „Schutzbereichs der Norm" reicht aber über den Gedanken der objektiven Bezweckbarkeit hinaus, da es nicht die mangelnde Bezweckbarkeit ist, die zur Begrenzung des Schutzbereichs einer Norm führt[1].

2. Der Schutzbereich der Norm als Zurechnungsmaßstab

Die Lehre vom Schutzzweck bzw. vom Schutzbereich der Norm als haftungsbegrenzendes Kriterium ist im Zivilrecht entwickelt worden[2]. Der Vorzug dieser Lehre gegenüber der verallgemeinernden, schematisierenden Betrachtung der Adäquanzlehre wird in einer am konkreten Normzweck ausgerichteten, individualisierenden Beurteilung gesehen[3].
Diese Lehre vom Schutzzweck der Norm beginnt sich auch im Strafrecht, wenn auch bislang zögernd und vorwiegend als objektives Zurechnungskriterium bei den Fahrlässigkeitsdelikten[4]

---

1) Roxin, Honig-FS, S. 144
2) Grunsky in Münchener Kommentar, vor § 249 Rn. 43 ff; Palandt/Heinrichs, Vorbem. 5c vor § 249 m.w.N. der Rspr.; Huber, JZ 1969, 677 ff m.w.N; vgl. auch Roxin, Honig-FS, S. 140; B. Schünemann, JA 75, 716.
Streitig ist allerdings, ob die Schutzzwecklehre die Adäquanztheorie nur ergänzen oder sogar ersetzen soll; vgl. Larenz, SchuldR, AT, S. 408 ff und Huber, JZ 69, 678 m.w.N.
Neuerdings wird auch die Übertragung der Normzwecklehre in das öffentliche Recht vertreten, um den Schutzbereich von Grundrechten nach dem Normzweck zu bestimmen; Ramsauer, VerwArchiv 72 (1981), 89 ff.
3) vgl. Larenz, SchuldR, AT, S. 409 m.w.N.
4) Bei den Fahrlässigkeitsdelikten hat der Gedanke des Schutzzwecks der Norm erstmals Eingang ins Strafrecht gefunden; vgl. Rudolphi, JuS 1969, 549 ff; Roxin, Gallas-FS, S. 241ff; S/S/Cramer, § 15 Rn. 173 ff; Samson in SK, Anh. zu § 16 Rn. 28; Bockelmann, AT, S. 164 f; Maurach/Gössel, AT 2, S. 89 ff, 91; Burgstaller, S. 98 ff; Lackner, StGB, § 15 Anm. III 2b, bb; Marxen/Winter, JuS 1979, 204, 208; Sax, JZ 1976, 80, 84; Ulsenheimer, JZ 1969, 364, 368 f; vgl. auch Krümpelmann, Bockelmann-FS, S. 443 ff.
B. Schünemann, JA 1975, 715 bezeichnet den Schutzzweckzusammenhang als einen der „wichtigsten dogmatischen Exerzierfelder der Zukunft"; vgl. ders. in: Schneider, Das Verbrechensopfer, S. 415; grundsätzlich gegen die Schutzzwecklehre: Bindokat, JZ 1977, 549, 550
Das OLG Hamm VRS 60 (1981), 38, 39: VRS 61 (1981) 353, 355

durchzusetzen[1].

Nach dieser Lehre ist dem Täter der von ihm verursachte Erfolg nur dann objektiv zuzurechnen, wenn das erfolgsverursachende Verhalten noch in den Schutzbereich der verletzten strafrechtlichen Norm fällt[2]. Diese Norm, gegen die der Täter verstoßen hat, muß den Zweck gehabt haben, gerade eine Rechtsgutsverletzung der eingetretenen Art zu verhindern.

So liegt der Erfolg außerhalb des Schutzbereichs der Norm, wenn er nicht durch das vom Täter verursachte, rechtlich mißbilligte Risiko, sondern durch ein anderes Risiko verwirklicht wurde[3]. Ein allgemeines Lebensrisiko bzw. das Ergebnis eines „Handelns auf eigene Gefahr"[4] wäre nicht dem Täter zuzurechnen.

Die Zurechnung wird somit durch rein normative Gesichtspunkte, wie der Berücksichtigung des Sinns und der Tragweite der Norm bestimmt. Sicherlich enthält der Gedanke vom Schutzzweck der

---

stellt ausdrücklich auf den Schutzzweck der Norm ab; vgl. auch OLG Stuttgart JZ 1980, 618, 621

1) So befürworten dieses Zurechnungskorrektiv, nicht nur bei den Fahrlässigkeitsdelikten: Stratenwerth, AT, Rn. 348,350; Jescheck, AT, S. 229, 231 f; S/S/Lenckner, Vorbem. §§ 13 ff Rn. 101 f; Roxin, Honig-FS, S. 140 ff; Rudolphi in SK, vor § 1 Rn. 64, 71 ff; Wessels, AT, S. 49 ff; Maurach/Zipf, AT 1, S. 244; Sax, JZ 1976, 9 und Jakobs, AT, S. 184 ff

2) Rudolphi in SK, vor § 1 Rn. 64;
Für Baumann, AT, S. 229 Fn. 19 ist es unbestreitbar, daß die Lehre vom Schutzzweck der Norm und die vom Regreßverbot (vgl. oben S. 159) im Ergebnis auf eine gewisse Wiederbelebung der letzteren hinauslaufe. In diesem Sinne auch Jakobs, ZStW 89 (1977), 15, der darauf hinweist, daß sich in der Lehre vom Normzweck das Regreßverbot „verkappt" wiederfindet.
Roxin, Honig-FS, S. 144 Fn. 28 betont, daß die Lehre vom Regreßverbot sich unter teleologischen Aspekten als eine Begrenzung des Schutzbereichs der Norm darstellt.

3) vgl. Jescheck, AT, S. 231; ders. in LK, vor § 13 Rn. 62; S/S/Lenckner, Vorbem. §§ 13 ff Rn. 101;
Ramsauer, VerwArchiv 72 (1981), 100 hebt hervor, daß die Schutznorm den Berechtigten immer nur gegen bestimmte Gefahrenbereiche absichere, nicht aber gegen das allgemeine Lebensrisiko; i.d.S. Rudolphi, JuS 69, 555; Huber, JZ 69, 677, 683; siehe auch oben S. 163

4) Huber, JZ 1969, 683

Norm „noch keine fertigen Lösungen in sich"[1], jedoch hat er sich in der Praxis, jedenfalls des Zivilrechts[2], als praktikabel erwiesen und sich auch an Randfällen bewährt[3]. Der Vorwurf, daß die Schutzzwecklehre nur „Leerformelcharakter" besitze[4], erscheint damit unberechtigt[5].
Eine am konkreten Normzweck orientierte individualisierende Betrachtungsweise stellt ein präziseres Mittel zur Bestimmung des objektiven Zurechnungszusammenhangs dar als die objektive Auslegungslehre oder etwa der Rekurs auf die Lehre von der Sozialadäquanz[6]. Es ist aber zu betonen, daß die Schutzzwecklehre im Sinne eines objektiven Zurechnungskorrektivs nur dazu dient, eine Einschränkung der Strafbarkeit (hier: des Betrugs) zu erreichen.
Dieser Lehre wird vorgehalten, daß sie eine Haftungsbegrenzung aufgrund einer Art Billigkeitskorrektur vornehme, indem die damit begründeten Entscheidungen anhand unbestimmter, am subjektiven Rechtsgefühl orientierter Wertungskriterien getroffen würden[7] und damit gegen das Bestimmtheitsgebot des Artikel 103 Abs. 2 GG verstoßen.
Ein Verstoß gegen Artikel 103 Abs. 2 GG ist aber zu verneinen, da der Gesetzgeber die mit dem Verursachungsproblem zusammen-

---

1) vgl. Rudolphi, JuS 1969, 557
2) vgl. BGHZ 27, 137; 37, 311, 315; 57, 137, 142
3) Schlüchter, JuS 1977, 108
4) so Otto, Maurach-FS, S. 98 Fn. 28; ders., JuS 1974, 706 Fn. 30; Schroeder in LK (9. Aufl.), § 59 Rn. 203; ebenfalls kritisch: Schmidhäuser, Studienbuch, 6/121
5) vgl. in diesem Sinne, B. Schünemann, JA 1975, 715; Schlüchter, JuS 1977, 108 Fn. 63
6) Zu dieser von Welzel, ZStW 58 (1939), 491, 516 ff (vgl. ders., Strafrecht, S. 55 ff) geprägten Lehre von der Sozialadäquanz vgl. Schaffstein, ZStW 72 (1960), 369 ff; H.J. Hirsch, ZStW 74 (1962), 78 ff; Zipf, ZStW 82 (1970), 633 ff; Geerds, Unrechtsgehalt, S. 73 ff
Kritisch zu dieser Lehre wegen der mangelnden Bestimmtheit und der Entbehrlichkeit des Begriffs der Sozialadäquanz: Naucke, Betrug, S. 165 ff; Samson in SK, vor § 32 Rn. 15; Baumann, AT, S. 277 ff
7) Spendel, JuS 1974, 749, 755

hängenden Fragen nicht selbst geregelt hat, sondern dies der Rechtswissenschaft überlassen hat[1], wie ja auch andere zahlreiche Grundsätze des Allgemeinen Teils noch heute ungeschriebenes Recht sind[2].
Dieses Instrument der Zurechnungslimitierung führt nicht zu einer Tatbestands- oder Strafrechtsausdehnung, so daß eine Analogie „in malam partem" dabei gar nicht in Betracht kommen kann. Das die Zurechnung begrenzende Kriterium des Schutzzwecks der Norm wirkt ja zugunsten des Täters und kann deshalb den Grundsatz „Nullum crimen sine lege" nicht verletzen.
Die Wertungskriterien zur Bestimmung des Schutzbereichs der einzelnen Straftatbestände des Besonderen Teils lassen sich nur durch deren Auslegung ermitteln[3]. Damit die Wertungskriterien nicht allein dem richterlichen Ermessen überantwortet werden, ist im Wege normativer Betrachtungsweise die sorgsame, mit aller Behutsamkeit schrittweise zu entwickelnde Herausarbeitung verschiedener Fallgruppen unumgänglich[4].

Die bisher gebildeten Fallgruppen und Beispiele für eine Zurechnungsbegrenzung anhand des normativen Kriteriums des Schutzzwecks betreffen ganz überwiegend Tötungs- und Körperverletzungsdelikte[5]. Im folgenden soll jedoch beim Betrugstatbestand der Frage nachgegangen werden, ob jedes betrügeri-

---

1) Larenz, NJW 1955, 1009, 1012; vgl. Kahrs, Vermeidbarkeitsprinzip, S. 28 f
2) B. Schünemann, in: Schneider, Das Verbrechensopfer, S. 409
3) Rudolphi in SK, vor § 1 Rn. 71; vgl. Otto, NJW 1980, 422; Ramsauer, VerwArchiv 72 (1981), 100; Grunsky in Münchener Kommentar, vor § 249 Rn. 44
4) B. Schünemann, JA 75, 716; vgl. Rudolphi, JuS 1969, 553 ff; auch Stratenwerth, AT, Rn. 350 weist darauf hin, daß vor allem der Kreis der einzubeziehenden Fälle weiterer Klärung bedarf.
Huber, JZ 1969, 683 warnt vor einer allzu schematischen Anwendung des Normzweckgesichtspunkts.
5) Otto, NJW 1980, 419; vgl. ferner die Fallgruppen bei S/S/Lenckner, Vorbem. §§ 13 ff Rn. 102; Roxin, Gallas-FS, S. 243 ff; Jescheck, AT, S. 231 f; Rudolphi in SK, vor § 1 Rn. 71 ff

sche Verhalten vom Schutzbereich dieser Norm erfaßt wird und dabei der Versuch unternommen werden, verschiedene Fallgruppen herauszukristallisieren, in denen der objektive Zurechnungszusammenhang zwischen Täuschung und Irrtum typischerweise nicht anzunehmen ist.

3. Ermittlung des Schutzbereichs des Betrugstatbestandes

Im Rahmen der Begrenzungsmöglichkeiten der objektiven Zurechnung ist zu untersuchen, ob der Betrugstatbestand nach § 263 StGB ausnahmslos den Schutz des Vermögens bezweckt oder ob man den normativ aus dem Schutzzweck der Norm zu bestimmenden funktionalen Zusammenhang zwischen Täuschungshandlung und Irrtum (bei bestimmten Fallgruppen) verneinen sollte[1].
Zur Frage, welche Fallgruppen des Betrugs entkriminalisiert werden sollen, bieten sich die Wertungen aufgrund einer Abwägung zwischen Schutzwürdigkeits-, Geeignetheits- und Erforderlichkeitserwägungen an[2].
Eine normative Betrachtungsweise nach dem „Schutzzweck der Norm" ist keineswegs neu, denn die historischen Untersuchungen in diesem Text haben den Nachweis erbracht, daß schon im 19. Jh. - im Rahmen der Diskussion hinsichtlich des Für und Wider einer Berücksichtigung des Mitverschuldens des Betrogenen - dem Schutzzweck des Betrugstatbestandes größte Bedeutung zugemessen wurde[3]. Die Gesichtspunkte der Eigenverantwortlichkeit, des Selbstschutzes und des Subsidiaritätsprinzips, die

---

1) vgl. Seelmann, JuS 82, 270.
Der Gesichtspunkt des „Schutzbereichs" des Betrugstatbestandes wird auch hervorgehoben von: Giehring, s.o.S. 110; R. Hassemer, Schutzbedürftigkeit, S. 46 ff, 58 ff, bes. S. 60; Hillenkamp, Vorsatztat, S. 26 f, 47; Naucke, Peters-FS, S. 117
2) vgl. R. Hassemer, s.o.S. 128
3) vgl. oben die Zusammenfassungen auf S. 75, 78, 92 f mit jeweils weiteren Angaben. Einen ähnlichen Schwerpunkt in der damaligen Diskussion vor dem Erlaß des PrStGB von 1851 bildete eigentlich nur die Problematik der Qualifikation der Täuschungshandlung; vgl. oben S. 74

heute teilweise als neue Erkenntnisse vertreten werden, bestimmten auch schon die Auseinandersetzung Mitte des 19.Jh.[1], bis sie nach dem Inkrafttreten des RStGB von 1871 zunehmend in den Hintergrund traten.
Damals wie heute bot und bietet sich hinsichtlich der normativen Bestimmung des Schutzbereichs des Betrugs ein großes Feld kriminalpolitischer Argumentation[2].
Auch bei den bisherigen Erörterungen zu anderen Lösungsmöglichkeiten, insbesondere zur Problematik „Irrtum und Zweifel" und zur Anwendung der Adäquanztheorie, tritt deutlich zu Tage, daß neben dogmatischen auch rechts- und kriminalpolitische Argumente gewechselt werden. Der Einfluß kriminalpolitischer Erwägungen auf die Strafrechtsdogmatik dürfte inzwischen wohl unbestritten sein[3]. So sind als Leitlinien der Kriminalpolitik, die die Dogmatik normativ beeinflussen, der fragmentarische und der subsidiäre Charakter des Strafrechts von ent-

---

1) vgl. oben S. 75

2) Die Bedeutung der Kriminalpolitik in diesem Zusammenhang wird des öfteren hervorgehoben: vgl. Hillenkamp, Vorsatztat, S. 192 ff; R. Hassemer, Schutzbedürftigkeit, S.155 ff, 162; B. Schünemann, Bockelmann-FS, S. 131; Lenz, S.186 ff; Naucke, Peters-FS, S. 109 versieht seinen Aufsatz mit dem Untertitel: „Zum Verhältnis zwischen Kriminalpolitik und Strafrechtsdogmatik"; dazu kritisch aus „kriminalpolitischen" Gründen Tröndle, s.o.S. 156.
Naucke, ZStW 76, 421 weist zu Recht darauf hin, daß die Berufung der h.M. auf die Äquivalenztheorie ebenfalls nur die juristische Formulierung „kriminalpolitischer" Erwägungen sei. Samson in SK, § 263 Rn. 56 betont die Verdeckung der „kriminalpolitischen Problematik" bei der Heranziehung der Äquivalenztheorie.
Zum Thema: „Kriminalpolitik und Rechtsgeschichte" vgl. Ebert, ZStW 90 (1978), 377 ff.

3) Zipf, Kriminalpolitik, S. 9 ff; Roos, S. 263; vgl. auch Naucke, ZStW 94 (1982), 525, 544 f. Sehr pointiert Tröndle, NJW 1973, 31, 32: „Die Strafrechtsdogmatik wird künftig das sein, was sie in der Kriminalpolitik leistet". Zum nicht unumstrittenen Verhältnis der Kriminalpolitik zur Strafrechtsdogmatik vgl. einerseits i.S. zweier selbständiger (aber sich oft durchdringender) Bereiche: Zipf, Kriminalpolitik, S. 7 ff; W. Hassemer, Strafrechtsdogmatik und Kriminalpolitik, S. 195 ff und andererseits mehr i.S. einer Einheit: Roxin, Kriminalpolitik und Strafrechtssystem, S. 10.

scheidender Bedeutung[1)].

a) Fragmentarischer und subsidiärer Charakter des strafrechtlichen Vermögensschutzes

Bei der Bestimmung des Schutzzwecks des Betrugstatbestandes ist davon auszugehen, daß der strafrechtliche Vermögensschutz nur „fragmentarischen Charakter" besitzt[2)]. Ein umfassender Vermögensschutz ist „in erster Linie Aufgabe des Privatrechts und des Vollstreckungsrechts", d.h. daß nicht jede vorsätzliche Vermögensverletzung unter Strafe gestellt werden muß[3)].

Es wird zu Recht die Aufgabe des Strafrechts, insbesondere des Betrugstatbestandes,nicht darin gesehen, jedem denkbaren Risiko Rechnung zu tragen, insbesondere dann, wenn dieses Ri-

---

1) Zipf, Kriminalpolitik, S. 52; Roxin, JuS 1966, 382; Peters, Eb.Schmidt-FS, S. 492; Rogall, ZRP 1982, 124, 127, 130; Volk, JZ 1982, 85, 88.
Auch R. Hassemer, Schutzbedürftigkeit, S. 32 ff greift hinsichtlich normativer Kriterien der individuellen Schutzmöglichkeit auf das Subsidiaritätsprinzip bzw. das „Prinzip der Eigenverantwortlichkeit" zurück; vgl. Arthur Kaufmann, Henkel-FS, S. 103

2) Riegger, Betrug, S. 196; Peters, Eb.Schmidt-FS, S. 492; vgl. ders., ZStW 77 (1965), 470, 475; Reese, Betrug, S.86; vgl. ferner zum „fragmentarischen Charakter des Strafrechts": Maiwald, Maurach-FS, S.9 ff; Roxin, Kriminalpolitik und Strafrechtssystem, S. 23; Geerds, Engisch-FS, S. 406, 412; Naucke, Einführung, S. 83, 202; H. Mayer, AT, S. 56; ders., Studienbuch, S. 54 spricht in diesem Zusammenhang von einer Straftat als „unerträglichem Beispiel".
Dieses Prinzip wird aber durch die Rspr. und die überwiegende Lehre verleugnet, indem versucht wird, einen möglichst umfassenden strafrechtlichen Vermögensschutz zu erreichen.

3) Riegger, Betrug, S. 196; H. Mayer, Strafrechtsreform, S.68. Riegger, a.a.O., bezeichnet in Anlehnung an H. Mayer, Materialien I, S. 333 ff, 339 das „totale Vermögensstrafrecht" als den Weg zum „totalen Staat". Auch Arthur Kaufmann, Henkel-FS, S. 93 stellt heute eine „allenthalben zu beobachtende Entwicklung zu einem staatlichen Totalitarismus" fest, dessen Wesensmerkmal aber nicht die Unterdrückung des Einzelnen (wie in faschistischen oder kommunistischen Diktaturen), sondern vielmehr seine „Entpersönlichung" darstelle.

siko in der eigenen Person begründet ist[1]. Lenz betont, daß es nicht Aufgabe der Rechtsordnung sein könne, den Bürger vor jeder „wirtschaftlichen oder gesellschaftlichen Tölpelei" zu schützen[2]. Wie es wohl keine Möglichkeit gibt, jeden Betrug durch gesetzliche Regelungen und Maßnahmen unterbinden zu können, genauso wenig kann das Strafgesetz den Bürger vor jeder „Dummheit" schützen.

Aufgrund des Subsidiaritätsprinzips[3] ergibt sich, daß das Strafrecht als schärfste Reaktion der Rechtsgemeinschaft nur als „ultima ratio" eingesetzt werden kann[4]. Das Strafrecht darf nicht für zivilprozessuale Zwecke mißbraucht werden[5], d.h. es darf nicht zum Druckmittel für die zivilrechtliche Schuldeintreibung degradiert werden[6].

Der betrogene Bürger oder das geschädigte Geschäftsunternehmen bedarf, zumindest bei bestimmten Fallkonstellationen, dann keines strafrechtlichen Schutzes, wenn sein Schaden zivilrechtlich kompensiert werden kann. Der Staat ist dann nur insoweit zur Hilfestellung verpflichtet, als das Opfer den ihm unbekannten Täter nicht ermitteln kann, und es deshalb auf das strafprozessuale Instrumentarium des Staates angewiesen ist, um seine Ansprüche durchsetzen zu

---

1) Lenckner, JZ 1971, 324; zustimmend Mohrbotter, GA 1975, 52

2) Lenz, S. 187; zustimmend Amelunxen, Kriminalistik 1969, 178,179; vgl. auch Daniels, S. 65, die betont, daß der Zweck des Rechts nicht der Schutz der Dummheit ist.

3) siehe dazu schon oben S. 141 ff. Während z.B. Roxin, JuS 1966, 382 Fn. 17 den fragmentarischen und den subsidiären Charakter gleichsetzt, bezeichnet Arthur Kaufmann, Henkel-FS, S. 103 den fragmentarischen Charakter als einen, den „liberal-rechtsstaatlichen" Teil des Subsidiaritätsprinzips. Das Subsidiaritätsprinzip gehe aber über den fragmentarischen Charakter hinaus, da es auch den Aspekt des sozialen Rechtsstaats betone. Kaufmann zustimmend: Jescheck, AT, S. 40 Fn. 7 .

4) vgl. Roxin, JuS 1966, 382; Reese, Betrug, S. 88

5) vgl. H. Mayer, Strafrechtsreform, S. 115

6) Vogler, ZStW 90 (1978), 132, 147; vgl. auch in diesem Sinne R. Hassemer, H. Mayer, Naucke, s.o.S. 136 Fn.1 und Peters, Eb. Schmidt-FS, S. 491

können[1]. Das Subsidiaritätsprinzip schützt nicht nur den Einzelnen vor dem Staat, sondern auch den Staat vor den Forderungen Einzelner[2], soweit dieser sich selbst helfen kann. Dies gilt insbesondere dann, wenn das Betrugsopfer über genügend prophylaktische und zumutbare Möglichkeiten verfügt, den Vermögensverlust zu vermeiden. Hier muß das Prinzip der Eigenverantwortlichkeit[3] zu einer Verneinung des strafrechtlichen Vermögensschutzes führen. Damit wird auch den „wohlfahrtsstaatlichen Tendenzen" der Rechtsprechung entgegengewirkt, „die das eigene Verantwortungsbewußtsein und das Bewußtsein, zunächst einmal seine eigenen Interessen selbst wahrzunehmen, nicht genügend in Rechnung stellt"[4].
Die Befürworter einer Entkriminalisierung beim Betrug aufgrund einer Berücksichtigung des Mitverschuldens des Getäuschten, zumindest im Rahmen bestimmter, sogleich zu erörternder Fallgruppen, dürfte kriminalprophylaktisch dazu führen, daß beim potentiellen Betrugsopfer ein erhöhtes Selbstschutzinteresse entsteht[5]. Der (potentielle) Betrogene muß sich darüber im Klaren sein, daß er sich zum Ausgleich seiner versäumten Vorsicht oder seiner unterlassenen Zügelung seiner Bedürfnisse und Emotionen nicht (kumulativ) auf die Strafgerichtsbarkeit verlassen kann[6].
Jedoch darf die Betonung des fragmentarischen und subsidiären Charakters des strafrechtlichen Vermögensschutzes nicht dazu führen, daß man generell auf den Strafrechtsschutz jedes Betrugsopfers wegen seines Mitverschuldens verzichtet. Eine

---

1) siehe oben S.144 f. Diese Verpflichtung des Staates insoweit entspringt auch dem „Solidaritätsaspekt" des Subsidiaritätsprinzips; vgl. Arthur Kaufmann, Henkel-FS, S.98
2) I.v.Münch, JZ 1960, 304; zustimmend Arthur Kaufmann, Henkel-FS, S. 92
3) vgl. Seelmann, NJW 1980, 2548; R. Hassemer, Schutzbedürftigkeit, S. 34 ff; Lenckner, JZ 1971, 324; Kühne, Geschäftstüchtigkeit, S. 90; Arzt, GA 1982, 522
4) Peters, Eb.Schmidt-FS, S. 496 Fn. 22; zustimmend: Lenckner, JZ 1971, 320
5) Lenz, S. 186 f
6) vgl. so schon v. Jagemann, s.o.S. 56

nicht auf bestimmte Fallgruppen beschränkte, undifferenzierte Verweigerung des Strafrechtsschutzes würde einen Anreiz zur Ausbeutung der Schwächen der Menschen[1] (d.h. aller Menschen, nicht nur der so häufig zitierten „Dummen" und Schwachen) in kriminalpolitisch kaum erträglicher Weise bedeuten[2]. Diese Befürchtung, daß damit die potentiellen Betrugsopfer zum „Freiwild"[3] erklärt werden würden, hatte man auch schon Mitte des 19. Jh.[4].

Auch aufgrund der sicherlich strafrechtsschutzwürdigen und -bedürftigen Minderjährigen und Geisteskranken[5] wird die Notwendigkeit deutlich, bestimmte typische Fallgruppen zu bilden, die aufgrund der ausgeführten Gesichtspunkte aus dem Schutzbereich des Betrugstatbestandes herausfallen sollen. Bevor sich dieser Fallgruppenbildung in concreto gewidmet wird, bedarf es noch der Erörterung des Vorwurfs, daß mit einer Berücksichtigung des Mitverschuldens des Betrugsopfers eine Gesellschaft des Mißtrauens erzeugt werde.

b) Erziehung zu einer Gesellschaft des Mißtrauens

Gegenüber der Forderung nach einer „Erziehung" der (Betrugs-) Opfer zu möglichen und zumutbaren Selbstschutzmaßnahmen und zu mehr Eigenverantwortung wird eingewandt, daß dies eine Gesellschaft des (gegenseitigen) Mißtrauens erzeuge. Schüler-Springorum betont, daß es hier letztlich um die Funktion gehe, „die dem Vertrauen für jedwede Form von Zusammenleben zukommt: Bis zu welchem Punkt genau darf jeder von uns darauf vertrauen, nicht zum Opfer zu werden ...?"[6].

1) Dies wird umgangssprachlich auch als auf „Dummenfang-Gehen" bezeichnet.
2) Arzt, Referat, N 57; vgl. auch oben S. 156 f
3) Lenz, S. 187;
4) Ortloff, s.o.S. 65
5) so die Beispiele von Naucke, s.o.S. 154
6) Schüler-Springorum, Honig-FS, S. 215; zustimmend: Haag, S. 157; vgl. auch Arzt, Kriminalistik 1976, 434

Würde die Position, daß Strafrechtsschutz erst derjenige verdient, der alles Zumutbare getan hat, um sich selbst zu schützen, ohne Unterschiede und Ausnahmen zur allgemeinen Meinung, so könnte dies zugegebenermaßen zu einem großen Einschnitt in die gewohnheitsmäßige persönliche Freiheit des Einzelnen führen. Denn es könnte daraus die Situation entstehen, daß jeder in seinem Nächsten einen potentiellen Feind sieht[1].

Jedoch erscheint hinsichtlich dieser Sicht eine Differenzierung zwischen Fremd- und Selbstschädigungsdelikten geboten.

Zwar würde einerseits das menschliche Zusammenleben unerträglich gefährdet, wenn z.B. zur Verhütung des Massendeliktes Diebstahl eine „Gesellschaft der verriegelten Türen und Fenster"[2] als Ausdruck einer auf Verängstigung und Verunsicherung basierenden Selbstschutzhysterie entstehen würde[3]. Jedoch entfallen andererseits bei einem Selbstschädigungsdelikt wie dem Betrug sämtliche äußeren Sicherungsvorkehrungen zur Deliktsvorsorge. Das Betrugsopfer kann nun einmal ohne eine freiwillige Übergabe von Geld oder anderen Vermögenswerten keinen Vermögensschaden erleiden. Deshalb erscheint es auch zweifelhaft, auf eine - angebliche - Gleichartigkeit der Lage zwischen dem Bestohlenen und dem Betrogenen zu verweisen, wie dies schon Köstlin und Merkel getan haben[4].

Während es z.B. beim Diebstahl fraglich erscheint, ob durch Selbstschutzmaßnahmen tatsächlich Kriminalität verhütet wird,

---

1) Diese Gefahr zu verhindern, so Grünwald im Tagungsbericht von Berz über die Strafrechtslehrertagung in Gießen, ZStW 90 (1978), 214, sei aber auch eine legitime Aufgabe des Strafrechts; vgl. auch schon Friedreich und Gryziecki, oben S. 55 Fn. 5

2) so Arzt, Referat N 47

3) vgl. R. Hassemer, Schutzbedürftigkeit, S. 33; weitere Beispiele bei Hillenkamp, Vorsatztat, S. 194 f, 206 ff. Arzt, LH 3, S. 59 betont zu Recht, daß nicht nur Eigentum oder Vermögen, sondern a u c h eine Gesellschaft der offenen Türen ein verteidigenswertes Rechtsgut darstellt.

4) Köstlin, s.o.S. 62; Merkel, s.o.S. 66

oder ob sie nicht vielmehr damit auf das ärmere (oder „dümmere") Opfer umgelenkt wird, das sich die teure Sicherung nicht leisten kann[1], stellt sich beim Betrug dieses Problem überhaupt nicht.
Der Bürger kann gegen Fremdschädigungsdelikte auf öffentlichen Verkehrswegen, Parks etc. kaum selbst Vorsorge treffen, höchstens durch Vermeiden vermeintlich gefährlicher Orte. Demgegenüber besitzt das Opfer von Selbstschädigungsdelikten in der Regel genügend Möglichkeiten und Anlaß zur Eigenvorsorge, zumal eine Übertragung des Risikos auf Versicherungen, wie beim Diebstahl, weitestgehend entfällt[2].
Mit dieser zwischen Fremd- und Selbstschädigungsdelikten differenzierenden Betrachtung wird aber auch deutlich, daß man die für den Betrug herauskristallisierten Wertungen nicht ohne weiteres auf andere Delikte übertragen kann[3].
Mit dem Appell an die potentiellen Betrugsopfer bei Geschäften, insbesondere mit unbekannten Partnern, eine gewisse Vorsicht und Kritikfähigkeit walten zu lassen, soll nicht ein übertriebenes Mißtrauen gegenüber der Umwelt propagiert werden. Vielmehr soll das Gefühl der privaten Verantwortung für die eigenen Rechtsgüter motiviert bzw. aktiviert werden, indem zu einer nüchternen Abwägung, die weitgehend das Gefühlsmäßige ausschaltet[4], aufgefordert wird. Zudem wird eine Überprüfung der Angaben des Anderen teilweise durch einfache Erkundigungen möglich sein[5].
Das Opfer soll in die Lage versetzt werden, den Täter zu durchschauen, da dann der Betrug schon im Ansatz scheitert[6].

---

1) Arzt, Referat,N 47; ders., LH 3, S. 59 und Kriminalistik 1976, 434; ihm zustimmend Hillenkamp, Vorsatztat, S. 208
2) vgl. Zipf, Kriminalpolitik, S. 193
3) vgl. aber die diesbezüglichen Befürchtungen von Hillenkamp, Vorsatztat, S. 27
4) So lautet auch die Forderung von Ehrlich, Betrüger, S. 161; vgl. Groß/Geerds, II, S. 342
5) vgl. Ehrlich, Betrüger, S. 162
6) vgl. auch Zipf, Kriminalpolitik, S. 179

Die Verpflichtung des Opfers auf Wahrnehmung seiner eigenen Interessen ist nun einmal der wirksamste Rechtsgüterschutz beim Betrug überhaupt[1].
Auch aufgrund dieser Überlegungen ist es somit zu befürworten, daß bei bestimmten, nun zu diskutierenden Fallgruppen, das Betrugsopfer auf seine eigenen Selbstschutzmöglichkeiten bzw. die zivilrechtlichen Schadensersatzansprüche verwiesen wird.

c) Aus dem Schutzbereich des Betrugstatbestandes auszugrenzende Fallgruppen

Als Anhaltspunkte hinsichtlich der Bildung bestimmter typischer Fallgruppen[2], die dem fragmentarischen und subsidiären Charakter des Vermögensstrafrechts Rechnung tragen, können die bisherigen Überlegungen von Amelung und R. Hassemer[3] sowie die Vorschläge von Arzt[4] dienen, um materiellrechtlich bestimmte Fallgruppen aus dem Schutzbereich des § 263 StGB herauszufiltern[5].

aa) (Kalkuliertes) Risiko- bzw. Spekulationsgeschäft

Schon Lenz hat es für angezeigt gehalten, daß demjenigen, der sich in ein „unehrenhaftes oder riskantes Geschäft" einläßt, der strafrechtliche Rechtsschutz durch § 263 StGB versagt werden sollte[6]. Auch R. Hassemer will - wie ausgeführt[7] - den Fall des (kalkulierten) Risikos aus kriminal-

1) B. Schünemann, in: Schneider, Das Verbrechensopfer, S. 415
2) vgl. dazu auch Naucke, Peters-FS, S. 116, 120
3) s.o.S. 148
4) Arzt, LH 3, S. 121 Fn. 4; ders., Referat, N 57 ff; vgl. zu Arzt auch Hillenkamp, Vorsatztat, S. 42, 45 ff
5) Auch Zipf, Kriminalpolitik, S. 114 sieht in der partiellen Entkriminalisierung der Vermögensdelikte in der Zukunft Erfolgsaussichten
6) Lenz, S. 187. Dabei verdeutlicht er aber nicht seine dogmatischen Vorstellungen. Vgl. zur diesbezüglichen Kritik: Hillenkamp, Vorsatztat, S. 86 Fn. 234
7) R. Hassemer, s.o.S. 135 f

politischen Gründen aus dem Schutzbereich des § 263 StGB ausscheiden.
Für eine solche Beurteilung spricht, daß es bei Spekulationsgeschäften grundsätzlich anerkannt ist, daß „jeder Vertragspartner sein Risiko und damit auch sein Aufklärungsrisiko über die Höhe der Chancen selbst zu tragen hat"[1].
Dieser Grundsatz der wirtschaftlichen Eigenverantwortung wird dann eingeschränkt, wenn „die eigene Informationsbeschaffung aus anderen Quellen dem Geschäftspartner nicht zuzumuten ist, wo sein Wissensmangel also durch ein zumutbares Engagement nicht wettgemacht werden kann"[2].
Bei „Geschäften des gehobenen Bedarfs", wie beispielsweise beim Kauf eines antiken Möbels oder eines Bildes[3], erscheint dem Käufer bei Ermangelung eigener Sachkenntnisse die Frage nach der Echtheit dieser Gegenstände durchaus zumutbar[4].
Wird diese Frage vom Verkäufer aber fälschlicherweise bejaht, so besteht an einer ausdrücklichen Täuschung und einer Strafbarkeit nach § 263 StGB kein Zweifel[5].
Wie Raimund Hassemer zu Recht betont, mag derjenige, den die Aussicht auf guten Profit, Nervenkitzel und Abenteuer reizt, ein kalkuliertes Risikogeschäft abschließen; jedoch soll er im Falle des Mißlingens „nicht darüber zu lamentieren beginnen, daß er das bedauernswerte Opfer eines gewissenlosen Betrügers geworden sei"[6]. Die Staatsanwaltschaft darf gerade wegen des fragmentarischen und subsidiären Charakters des Strafrechts nicht zum „Beitreibungsinstitut" zivilrechtlicher

---

1) S/S/Cramer, § 263 Rn. 31b; Seelmann, NJW 1980, 2548
2) Seelmann, NJW 1980, 2548
3) Vgl. den Fall eines angeblichen „Kunsthändlers" in Den Haag, der „oft amateur- und stümperhaft" gefälschte „Meisterwerke" zum Preis von teilweise mehreren 100.000 DM verkaufte, obwohl er den Kunden gesagt haben will, daß er von Kunst überhaupt nichts verstehe; FAZ vom 29.10.1981, S. 10
4) so auch Seelmann, NJW 1980, 2548
5) Seelmann, a.a.O.
6) R. Hassemer, Schutzbedürftigkeit, S. 163.
Schon für v.Cleric, SchwZStR 39 (1926), 16, 49 war in dem Fall, in dem „übertriebene Gewinnsucht die Einstellung des Geschädigten motiviert ...natürlich für Rücksicht auch nicht zu viel Raum".

Forderungen werden[1].

Ein Beispiel eines solchen kalkulierten Risikogeschäfts, das nicht nach § 263 StGB bestraft werden sollte, stellen bestimmte Abzahlungsgeschäfte dar.
Bei Abzahlungsgeschäften, in denen der (nachlässig verfahrende) Verkäufer - insbesondere Händler, Warenversandhäuser oder ähnliche Firmen - eine Sache aus der Hand gibt, „ohne wenigstens ein Drittel des Kaufpreises als Anzahlung zu nehmen", könnte der Strafrechtsweg versperrt werden, da kein Anlaß besteht, dem Verkäufer die mühevolle Zivilklage zu erleichtern[2]. Denn ansonsten würde der Verkäufer ja geradezu ermutigt, das große und ihm bekannte Risiko bezüglich der Zahlungsfähigkeit und -willigkeit des Kunden „im Vertrauen auf das Druckmittel der Drohung mit einem Strafverfahren einzugehen"[3].
Der Ausschluß einer Bestrafungsmöglichkeit nach § 263 StGB bei solchen Risikogeschäften würde zwar auch Privatpersonen treffen, aber wohl zahlenmäßig und von der Strategie her insbesondere Geschäftsunternehmen, die das Risiko der finanziellen Einbußen aufgrund der Zahlungsunfähigkeit mancher Kunden von vornherein in den Preis ihrer Leistungen einberechnen und sich teilweise mit Mahn- und Rechtsabteilungen versehen[4].

Als weiteres Beispiel eines (kalkulierten) Risikogeschäfts, das nicht mehr vom Schutzbereich des § 263 StGB erfaßt wird, sind solche Fälle des Kreditbetruges zu nennen, in denen eine Kreditzusage ohne jede Erkundigung über die Vermögenslage des Darlehensnehmers erfolgt[5]. In diesem Sinne hat

1) H. Mayer, Strafrechtsreform, S. 78; in diesem Sinne auch R. Hassemer, s.o.S. 135 f
2) Arzt, JuS 1974, 698; vgl. auch R. Hassemer, s.o.S. 135 und Schulte, S. 45, der auf die Benutzung der Strafverfolgungsbehörden „als billiges Inkassomittel" bei solchen Geschäften hinweist.
3) Arzt, JuS 74, 698
4) vgl. R. Hassemer, Schutzbedürftigkeit, S. 165
5) so auch R. Hassemer, s.o.S. 135; vgl. auch ein Betrugsverfahren vor einer Strafkammer in Mainz im Frühjahr 1983, FAZ vom 19.3.1983, S. 9 unter der Überschrift: „Kreditschwindel oder Leichtfertigkeit der Banken?"

auch ein Schweizer Gericht die Betrugsstrafbarkeit eines Darlehensnehmers verneint, da es das „leichtfertige Verhalten" einer Bank bei der Gewährung eines Darlehens als „strafrechtlich nicht schutzwürdig" ansieht[1].

Auch sind solche Geschäfte, in denen sich die Opfer fragwürdige Titel und Orden für (viel) Geld kaufen, nicht vom Schutzbereich des § 263 StGB gedeckt. Darauf wird im Rahmen viktimologischer Untersuchungen zur Eitelkeit bzw. zum Geltungsbedürfnis der Betrugsopfer noch näher eingegangen werden[2].

Ferner sind solche Fälle zu nennen, in denen das Opfer aufgrund einer Zeitungsannonce an eine ihm unbekannte (betrügerische) Person über Chiffre einen Vorschuß auf eine später zu erbringende Gegenleistung zahlt[3]. Hierbei sollte allerdings eine Wertbegrenzung des Vermögensschadens (etwa 300 DM) in Betracht gezogen werden.
Zudem dürfte es sich hier vielfach um solche Beispiele eines kalkulierten Risikogeschäfts handeln, bei denen das Opfer zur Durchsetzung seiner zivilrechtlichen Ansprüche auf die Täterermittlungstätigkeit der Polizei angewiesen ist[4].

Ein aktuelles, umstrittenes Beispiel eines Risikogeschäftes stellt die Beurteilung des Handels mit Rohstoffoptionen dar, der auf einem Warentermingeschäft basiert und bei dem der Käufer gegen Bezahlung einer „Prämie" ein Anrecht auf den Abschluß eines Warenterminkontraktes erwirbt[5].

---

1) Urteil einer Strafkammer in der Schweiz vom 11.6.1979, Kriminalistik 1981, 39 f
2) siehe unten S. 218 f
3) vgl. das instruktive Beispiel bei Naucke, Peters-FS, S. 111
4) Zur diesbezüglichen Verpflichtung des Staates, siehe oben S. 144 f, 178 f
5) vgl. zu diesen Geschäften insbesondere Uwe Schmidt, Kriminalistik 1981, 18 ff; Koch, JZ 1980, 704 ff; Seelmann, NJW 1980, 2545 ff; Sonnen, wistra 1982, 123 ff

Das OLG Hamburg[1] hat in einem solchen Fall eine Strafbarkeit nach § 263 StGB verneint, da der Wert einer Warenterminoption rein spekulativen Charakter besitze[2].

Nach Auffassung dieses Gerichts erfüllt allein ein 100 %iger Preisaufschlag auf die Prämie für Kosten und Provision ohne Einzelfallprüfung noch nicht den Betrugstatbestand gemäß §§ 263, 13 StGB, da eine diesbezügliche Aufklärungspflicht des Vermittlers nicht bestehe[3]. Verbleibe dem Anleger eine spekulative Gewinnchance, so sei der Betrugstatbestand nicht erfüllt[4]. So wird auch teilweise in der Lehre betont, daß bei einem Geschäft über eine Gewinnchance eine Täuschung allenfalls dann in Betracht kommt, wenn die Gewinnchance praktisch entfällt[5].

Schließlich führt das OLG Hamburg aus, daß der Anleger als mündiger Bürger bei Spekulationsgeschäften die mangelnde Ernstlichkeit überzogener Gewinnchancen erkennen müsse, so daß ein Irrtum entfalle[6].

Demgegenüber bejahen in gleichgelagerten Fällen das OLG

---

1) NJW 1980, 2593 f; bestätigt durch Beschluß vom 9.9.1980 (2 Ws 279/80), zitiert nach Scheu, MDR 1981, 467 Fn. 5
2) OLG Hamburg, NJW 1980, 2594
3) Dieser Entscheidung zustimmend: Sonnen, NStZ 1981, 24 f; Seelmann, NJW 1980, 2551; S/S/Cramer, § 263 Rn. 31 b; Lackner, StGB, § 263 Anm. 3b,aa; Vgl. i.d.S. auch zur zivilrechtlichen Problematik: KG, NJW 1980, 1471 f. Demgegenüber zur Entscheidung des OLG Hamburg kritisch: Scheu, MDR 1981, 467 f; Rochus, NJW 1981, 736 f
4) Im Fall des OLG Hamburg erzielten durchschnittlich 31,6 % der Anleger nicht unerhebliche Gewinne. Nach Rochus, NJW 1981, 736 beträgt die durchschnittliche Gewinnchance bei solchen Geschäften 20 %.
5) S/S/Cramer, § 263 Rn. 31 b (a.E.); Seelmann, NJW 1981, 2132 bezeichnet es allerdings als streitig, von welcher Reduktion der Gewinnchance an dies der Fall ist. Nach Sonnen, wistra 1982, 126, 128 ist der „Gradmesser für die Substanz bzw. Substanzlosigkeit der Option ... die ‚Üblichkeit' der Gewinnchance. Nach Ansicht von Bankfachleuten ist im Optionshandel eine Gewinnchance von 1:2 bis 1:4 gegen den Spekulanten üblich".
6) OLG Hamburg, NJW 1980, 2594; zustimmend Sonnen, NStZ 1981, 24

München[1] und nun auch der BGH[2] den Betrug beim Handel mit Rohstoffoptionen, da die Kunden statt der versprochenen Teilhabe an den Gewinnmöglichkeiten des Optionshandels nur ein Verlustrisiko mit minimalen Gewinnchancen erhalten hätten. Aufgrund der gewaltigen Erhöhung der „Prämie" hätten solche Geschäfte nichts mehr mit dem Handel von Börsenoptionen zu tun.

Der Streit bezieht sich bei der Täuschung durch Unterlassen hier insbesondere auf die Aufklärungspflichten des Vermittlers (sog. „Telefonverkäufer", die in der Regel ohne Fachwissen sind[3]) bzw. auf die Informationspflichten des Käufers, denn bei einer ausdrücklichen Täuschung über die Zusammensetzung des „Optionspreises" und des Risikos liegt eine Täuschung im Sinne des § 263 StGB vor[4].

In der Lehre wird teilweise betont, daß der Kunde, der es unterläßt, sich über Prämienhöhe, Vermittlerprovision und Eigenverdienst zu informieren, auch dafür das Risiko zu tragen habe, da er nicht schutzlos den Manipulationen der Verkäufer oder Vermittler ausgesetzt sei[5]. Unzureichende Informationen des Vermittlers müßten zudem beim Käufer die notwendige Skepsis hervorrufen[6].

Es ist in der Tat überlegenswert, ob man dem Opfer den - ja nur ausnahmsweisen - strafrechtlichen Schutz dann versagen sollte, wenn es sich ohne Not auf ein Risikogeschäft

---

1) NJW 1980, 794 mit abl. Anm. Hohenlohe-Oehringen, BB 1980, 231 f

2) BGHSt 30, 177 (= NJW 1981, 2131) m.Anm. Seelmann, NJW 1981, 2132 und Scheu, JR 1982, 121 f; vgl. BGH, NJW 1983, 126 und in Zivilsachen BGHZ 80, 80 (= NJW 1981, 1266) und BGH, NJW 1982, 2815

3) Rochus, NJW 1981, 736; vgl. auch FAZ vom 29.9.1981, S. 9: „Köche und Kellner als Ratgeber für Geld".

4) Seelmann, NJW 1981, 2132

5) Sonnen, NStZ 1981, 24 f und wistra,1982,128;vgl.Maaß,S.131. Für das Zivilrecht (bei Börsentermingeschäften): KG NJW 1980, 1472

6) S/S/Cramer, § 263 Rn. 31 b, der damit aber wohl entgegen seiner sonstigen Auffassung (a.a.O., § 263 Rn. 43; s.o.S. 151Fn.2) das Mitverschulden des Betrugsopfers berücksichtigen will.

immensen Ausmaßes einläßt, ohne sich vorher über Vermittlerprovisionen informiert zu haben[1]. Denn es ist eben nicht Aufgabe des Betrugstatbestandes, worauf auch Sonnen hinweist, die Redlichkeit des Geschäftsverkehrs zu schützen[2]. „Wer sich ohne das erforderliche Minimalwissen in Geschäfte spekulativer Art einläßt, ist nicht jener ‚Schwache', den zu schützen von den Regeln des Wettbewerbs" und des Prinzips der wirtschaftlichen Eigenverantwortung abgewichen werden sollte[3].
Will man entgegen einer solchen - prinzipiell zu befürwortenden - restriktiven Handhabung des Betrugstatbestandes bei bestimmten Fällen des Handels mit Rohstoffoptionen[4] (unter Berücksichtigung der Gewinnchance im Einzelfall) den Schutz des Kunden wegen der mangelnden Transparenz des Warentermingeschäfts verbessern, so bedarf es gesetzgeberischer Entscheidungen[5]. Nach dem Entwurf des 2. WiKG[6] ist vorgesehen, daß der Vermittlung unseriöser Warentermin- und -optionsgeschäfte durch eine Neugestaltung des Börsenstrafrechts schon im Vorfeld des Betrugs wirksamer begegnet werden soll. Neben dem individuellen Vermögensschutz wird auch dem Schutz des Vertrauens in die Redlichkeit des Kapitalmarktes, dessen Funktionstüchtigkeit für die Wirtschaftsordnung wesentliche Bedeutung beigemessen.
Das geplante 2. WiKG will auch einen Tatbestand des „Kapitalanlagebetrugs" im Vorfeld des schon geltenden Betrugsparagraphen einführen, um insbesondere gegen unrichtige Angaben oder das Verschweigen ungünstiger Umstände in Prospekten

1) Seelmann, NJW 1980, 2548
2) Sonnen, NStZ 1981, 25 und wistra 1982, 127
3) Seelmann, NJW 1980, 2548
4) Es besteht aber auch heute schon die Möglichkeit einer Strafbarkeit bei Warentermingeschäften nach § 89 Börsengesetz; vgl. dazu BGH NJW 1980, 1005; Sonnen, wistra 1982, 128
5) so auch Sonnen, wistra 1982, 128 f
6) der im Juni 1982 vom Bundeskabinett verabschiedet wurde; vgl. Recht, Informationen des Bundesministers der Justiz, Nr. 6 (Juni 1982), S. 96 f; FAZ vom 3.6.1982, S. 13

strafrechtlich vorgehen zu können[1].

bb) Mitverschulden eines Kaufmanns bei Handelsgeschäften

Nach Arzt soll ein Kaufmann bei Handelsgeschäften, der dabei „leichtfertig" Risiken eingeht, auf den Zivilrechtsweg verwiesen werden, soweit der Schaden nicht 300 DM übersteigt[2]. Eine „Sonderbehandlung" eines Kaufmanns gegenüber einem Nicht-Kaufmann ist dem deutschen Recht nicht fremd[3] und erscheint auch zweckmäßig, da von einem Kaufmann Vorsicht und Kritikfähigkeit hinsichtlich des Abschlusses von Verträgen, die sein Vermögen tangieren, zu erwarten sind.Ist sein Handel aber mehr von gewinnsüchtigem Spekulationsinteresse bestimmt, was nach viktimologischen Untersuchungen gerade bei Geschäftsleuten des öfteren anzutreffen ist[4], so erscheint dies bei plumpen Betrugsmanövern als sein persönliches Risiko. Die Ausgleichung eines durch solche Geschäfte entstandenen Vermögensschadens sollte dem bürgerlichen Rechtsweg vorbehalten bleiben[5].

---

1) Nach einer jüngeren zivilrechtlichen Entscheidung des BGH NJW 1982, 1095, 1097 (mit kritischer Anmerkung von Assmann, NJW 1982, 1083 ff) obliegt es einem (Kapital-) Anleger, die sich ihm aufdrängenden Unklarheiten über die Richtigkeit und die Vollständigkeit der vom Anlagevermittler unterbreiteten Informationen zumindest durch Rückfragen, wenn nicht sogar durch eigene Nachforschungen, zu beseitigen. Der BGH berücksichtigt somit in dieser Entscheidung bei der Haftung des Vermittlers das Mitverschulden des Anlegers.

2) Arzt, Referat, N 58 und N 61, These 11

3) man vgl. nur §§ 377, 378 HGB gegenüber den §§ 459 ff BGB

4) siehe später im Rahmen der Erörterung viktimologischer Untersuchungen unter den Abschnitten Beruf und Gewinnsucht, S. 215, 219 ff

5) In einem Zivilverfahren sprach das OLG Frankfurt, NJW 1982, 651 - entgegen der Vorinstanz - einer Kunsthändlerin ein Wandlungsrecht und Schadensersatz wegen Nichterfüllung gem. §§ 459 I,II, 462, 463 BGB zu, da die von einer (nicht sachkundigen) Verkäuferin veräußerten „Biedermeiermöbel" rund 100 Jahre jünger waren, obwohl sie ihren Preis von 13.000 DM (annähernd) wert waren. Mit Eva-Marie v.Münch, in: „DIE ZEIT" vom 7.5.1982, S. 64 erscheint aber diese Ausdehnung der Schutzvorschriften für unerfahrene Käufer auf (vermeintlich sachkundige) Kunsthändler zweifelhaft. „Wenn der Händlerin die Echtheit der Möbel so wichtig war - hätte sie nicht erst prüfen und dann kaufen müssen? Soll sich wirklich in Zukunft ein Händler auf falsche Auskünfte seines nicht

Erachtet man, wie Arzt, eine Schadensgrenze überhaupt für notwendig, was zweifelhaft ist, so ist der Rahmen von 300 DM jedenfalls zu niedrig angesetzt.

cc) Mißbrauch von Kredit- oder Scheckkarte

Arzt ist der Ansicht, daß der vertragswidrige Gebrauch von Kredit- oder Scheckkarten durch den berechtigten Inhaber schon bei „erheblichem Mitverschulden des Verletzten", das z.B. in der Großzügigkeit bzw. Nachlässigkeit der Banken hinsichtlich der Prüfung der Kreditwürdigkeit zu sehen ist[1], entgegen der heutigen Rechtsprechung[2] nicht nach § 263 StGB zu bestrafen sei[3]. Hier sieht Arzt eine Wertbegrenzung nicht als erforderlich an.
Dieser Auffassung ist zuzustimmen, da selbst der Bundesverband deutscher Banken e.V. „keine gravierende Beeinträchtigung der Rechtsordnung beim Scheckkartenmißbrauch, genügende prophylaktische Möglichkeiten durch die Limitierung des Schadensbetrages und durch die Beschränkung der Scheckkartenüberlassung an

---

sachkundigen Zulieferers herausreden können?"

1) vgl. auch oben zu bestimmten Fällen des Kreditbetruges S. 185f.Vgl. auch den Fall in der Frankfurter Rundschau (Abendausgabe) vom 30.11.1981, S. 16. Dort gelang es, mehrfach ungedeckte Schecks bei Reisebüros einzulösen, da - mit einer (!) Ausnahme, die schließlich zur Ergreifung des Täters führte - nie nach einer Scheckkarte gefragt wurde. Siehe auch den Frankfurter Betrugsprozeß gegen einen Engländer, der mit einer (ungedeckten) „Eurocard"-Kreditkarte Kreditinstitute um rund 200.000 DM schädigte. Die Richter hatten hier Schwierigkeiten, das internationale Geschäftsgebaren der Kreditinstitute zu begreifen; FAZ vom 22.7.1981, S. 28 und 24.7.1981, S.42

2) BGHSt 24, 386 ff; OLG Köln, NJW 1978, 713 ff; OLG Hamburg NJW 1983, 768. Demgegenüber gehen Schubarth, ZStW 92 (1980), 80, 92 und Vormbaum, JuS 1981, 18, 25 von der Straflosigkeit des Scheckkartenmißbrauchs nach geltendem Recht aus. Zur Straflosigkeit des Kreditkartenmißbrauchs vgl. LG Bielefeld, NJW 1983, 1335 ff und Knauth, NJW 1983, 1287 ff.

3) Arzt, Referat, N 58; vgl. ders., LH 3, S. 160; siehe ferner Schroth, NJW 1983, 716 ff.
Nach den ursprünglichen Vorstellungen des Referentenentwurfes eines 2.WiKG sollte aber gemäß § 266 b StGB eine solche Strafnorm eingeführt werden; vgl. Schubarth, ZStW 92, 92 f. Der im Juni 1982 von der Bundesregierung verabschiedete Entwurf des 2.WiKG enthält aber eine solche Bestimmung nicht mehr.

kreditwürdige Kunden" sieht[1].
Gegen eine Bestrafung des Scheck- und Kreditkartenmißbrauchs spricht der Gedanke der fragmentarischen und subsidiären Natur des Strafrechts[2], da für die Banken oder sonstigen Kreditinstitute ausreichende außerstrafrechtliche prophylaktische Möglichkeiten bestehen, wie die Möglichkeit einer Vertragsstrafe, der privaten Registrierung als schlechtes Risiko[3], der Entzug der Scheckkarte bzw. der Ausschluß des Kunden von den Vorteilen des Scheckkartensystems[4], so daß hier der strafrechtliche Vermögensschutz als überflüssig anzusehen ist[5].

dd) Fälle der Bequemlichkeit

Als weitere typische Fallgruppe könnte aus dem Schutzbereich des Betrugstatbestandes nach § 263 StGB der Fall der „Trägheit" (im Sinne der Terminologie R. Hassemers[6]) bzw. der Bequemlichkeit des Getäuschten herausfallen.
Es ist einem eigenverantwortlichen Bürger zuzumuten, sein Vermögen dadurch zu schützen, daß er einfachen und zumutbaren Anfragen zur Kontrolle nachgeht, sofern er dazu in der konkreten Situation intellektuell in der Lage ist. Erscheint dem Opfer das Einholen von Informationen, z.B. auch durch Einsichtnahme in das Grundbuch oder die Vornahme von Erkundigungen,im Verhältnis zum möglichen Vermögensschaden zu aufwendig, obwohl

1) zitiert nach Schubarth, ZStW 92, 97
2) so auch Schubarth, a.a.O., S. 99
3) vgl. Arzt, Referat, N 58
4) vgl. Schubarth, ZStW, 92, 98; Vormbaum, JuS 1981, 25
5) Arzt, Referat, N 58 und N 61, These 11; Vogler, ZStW 90 (1978),147, denn es sei abzulehnen, daß mit dem Makel der Kriminalisierung anderer die „Leichtfertigkeit der Kreditinstitute abgesegnet werde"; Dunkel, GA 1977, 329, 340; Schubarth, ZStW 92, 92 ff und R. Hassemer, s.o.S. 135 f
6) R. Hassemer, s.o.S. 134

es für ihn ein leichtes wäre, sich Klarheit zu verschaffen, so soll er sich nicht auf den strafrechtlichen Vermögensschutz berufen können[1].

Wie schon R. Hassemer betont hat, widerspräche es in der Tat dem Subsidiaritätsprinzip, wenn die Nachlässigkeit des Verfügenden, durchsichtige Betrugsmanöver durch einfache Nachfragen zu überprüfen, durch das Strafrecht „gleichsam noch prämiiert" würde[2].

Das potentielle Betrugsopfer muß sich aber darüber bewußt sein, daß ihm die Kontrollmöglichkeit nur zu unbequem ist. An die Erkundigungspflicht dürfen auch keine zu großen Anforderungen gestellt werden, sondern es muß die Täuschung durch einfache und zumutbare Anfrage aufklärbar sein, die keine „juristische Beratung" beinhalten müssen. Unter diesen Voraussetzungen erscheint das Abnehmen des Informationsrisikos gegenüber dem „Trägen" bzw. „Bequemen" durch den strafrechtlichen Schutz des § 263 StGB nicht erforderlich.

---

1) Amelung, s.o.S. 116 (zweite Fallgruppe); vgl. auch Naucke, s.o.S. 152. Mohrbotter, GA 1975, 51 bemerkt, daß das Recht nicht für die „Trägen", sondern für die „Wachen" gemacht sei. Diese Behauptung läuft auf eine Wiederbelebung der Parömie: „leges vigilantibus scriptae sunt" bzw. „vigilantibus iura sunt scripta" hinaus (vgl. dazu schon Gryziecki, Betrug, S. 131 ff und Friedsam, Begriff, S.33), die heute bestimmt einiges von ihrer ursprünglichen Berechtigung verloren hat. Lenckner, JZ 1971, 324 weist jedoch darauf hin, daß dieser Satz nicht auch dort preiszugeben sei, „wo es sich um relativ einfache Rechtsbeziehungen des Alltags handelt und dem einzelnen mit der Bejahung seiner Eigenverantwortlichkeit nichts Unbilliges zugemutet wird".

2) R. Hassemer, Schutzbedürftigkeit, S. 162

4. Zusammenfassung

Nachdem die bisherigen Lösungsmöglichkeiten auf der Tatbestandsebene auf Ablehnung gestoßen sind, ist in diesem Abschnitt näher erörtert worden, ob man aufgrund normativer Zurechnungskriterien zu einer Verneinung des funktionalen Zusammenhangs zwischen Täuschung und Irrtum bei bestimmten Fallgruppen gelangen sollte.
Dabei wurde zur normativen Bestimmung des objektiven Zurechnungszusammenhangs auf die im Zivilrecht entwickelte Lehre vom Schutzzweck der Norm zurückgegriffen, die inzwischen auch bei den Fahrlässigkeitsdelikten im Strafrecht im Vordringen begriffen ist.
Dieses Instrument der Zurechnungslimitierung verstößt nicht gegen das Analogie- und Bestimmtheitsgebot des Artikel 103 Abs. 2 GG, da es einmal zugunsten des Täters wirkt und andererseits die Zurechnungs- bzw. Verursachungsproblematik vom Gesetzgeber bewußt der Rechtswissenschaft überlassen wurde[1].
Bei der Bestimmung des Schutzzwecks des Betrugstatbestandes gemäß § 263 StGB ist vom fragmentarischen und subsidiären Charakter des strafrechtlichen Vermögensschutzes auszugehen, d.h. ein umfassender Vermögensschutz muß vorwiegend Aufgabe des Privatrechts und des Vollstreckungsrechts sein, so daß das Strafrecht nicht zum Druckmittel für rein zivilrechtliche Schuldeintreibung herabgesetzt werden darf[2].
Nach dem Subsidiaritätsprinzip bedarf es dann keines strafrechtlichen Schutzes, wenn das Betrugsopfer ausreichend vorbeugende und zumutbare Möglichkeiten besitzt, den Vermögensverlust zu vermeiden. Nach dem Prinzip der wirtschaftlichen Eigenverantwortung obliegt es dem Betrugsopfer zunächst einmal, seine eigenen Interessen wahrzunehmen und

1) s.o.S. 173 f
2) s.o.S. 177 ff

nach dem Staat erst dann zu rufen, wenn es den ihm unbekannten Täter nicht ermitteln und damit seine Ansprüche nicht durchsetzen kann[1].

Gegen eine generelle Verneinung des Strafrechtsschutzes bei einem Mitverschulden des Betrugsopfers spricht aber, daß einmal ein bestimmter Personenkreis besonders schutzwürdig und schutzbedürftig erscheint, wie Minderjährige, Geisteskranke, ältere Menschen sowie sonstige Bürger mit nicht änderbarer Kritikschwäche, und andererseits dies als Anreiz zur Ausbeutung von menschlichen Schwächen verstanden werden könnte.

Daraus folgt, daß eine Zurechnungslimitierung auf bestimmte typische Fallgruppen beschränkt sein muß, in denen die Opfer aufgrund des betonten fragmentarischen und subsidiären Charakters des (Vermögens-) Strafrechts auf den Zivilrechtsweg verwiesen werden sollten.

Als solche typischen Fallgruppen, die aus dem Schutzbereich des § 263 StGB herausfallen sollten aufgrund der Verneinung des objektiven Zurechnungszusammenhangs zwischen Täuschung und Irrtum, kommt einmal der Fall des kalkulierten Risikos in Betracht, sofern dem Opfer das (Spekulations-) Risiko bekannt ist und ihm eine einfache Informationsbeschaffung möglich und zumutbar erscheint. Als ein solches Beispiel eines kalkulierten Risikos sind solche Abzahlungsgeschäfte zu nennen, in denen der Abzahlungsverkäufer, im Vertrauen auf das Druckmittel der Drohung mit einem Strafverfahren, das ihm bekannte Risiko bezüglich der Zahlungsfähigkeit und -willigkeit des Kunden eingeht[2].

Ferner sind hier diejenigen Kreditbetrugsfälle anzusiedeln, in denen die Kreditzusage durch die Kreditinstitute ohne jede Erkundigung über die Vermögenslage des Darlehensnehmers erfolgt[3].

Auch der Kauf falscher Titel und Orden sollte aus dem Schutzbereich des § 263 StGB herausfallen.

---

1) s.o.S. 178 f
2) s.o.S. 185
3) s.o.S. 185 f

Als weitere Fallgruppe bietet sich das Mitverschulden eines Kaufmannes bei Handelsgeschäften an, der bei leichtfertiger Eingehung von Risiken auf den Zivilrechtsweg verwiesen werden sollte, da gerade von diesem Personenkreis eine gewisse Vorsicht bei Rechtsgeschäften erwartet werden darf[1].

Ferner sollte der Kredit- und Scheckkartenmißbrauch durch den berechtigten Inhaber nicht nach § 263 StGB bestraft werden können, da die Kreditinstitute über genügend außerstrafrechtliche prophylaktische Möglichkeiten verfügen, so daß ein strafrechtlicher Vermögensschutz als überflüssig anzusehen ist[2].

Schließlich sollten die Fälle, in denen das Betrugsopfer aus Bequemlichkeit oder Trägheit einer einfachen und zumutbaren Aufklärungsmöglichkeit nicht nachgeht, nicht von § 263 StGB erfaßt werden, da ansonsten die Nachlässigkeit des Verfügenden durch das Strafrecht geradezu noch prämiiert wird[3].

Mit diesem Versuch der Bildung von Fallgruppen, die aus dem Schutzbereich des Betrugstatbestandes herausfallen sollten, ist der Katalog der typischen Fälle aber nicht als abgeschlossen zu betrachten. Vielmehr besteht durchaus die Möglichkeit, daß weitere Fallgruppen aus dem Betrugstatbestand ausgeschieden werden können, insbesondere dann, wenn viktimologische Erkenntnisse, auf die - soweit vorhanden - bei der Strafzumessung eingegangen wird, dies nahelegen[4]. So sieht B. Schünemann in seinem „viktimologischen Ansatz" nur dann eine dogmatische Fruchtbarkeit, „wenn es gelingt,

---

1) s.o.S. 190
2) s.o.S. 191 f
3) s.o.S. 192 f
4) vgl. auch Riegger, s.o.S. 164; Hillenkamp, Vorsatztat, S. 293 weist darauf hin, daß solche empirischen Befunde Bestrebungen Auftrieb geben könnten, in bestimmten Fällen den (Betrugs-) Tatbestand auszuschließen.

die empirischen Erkenntnisse über den Mitverursachungsanteil des Opfers an dem zur Rechtsgutsverletzung führenden Interaktionsprozeß unter einem normativen Gesichtspunkt, d.h. auf der Wertungsebene der strafrechtlichen Zurechnung, zu reproduzieren"[1].
Das Mitverschulden des Betrugsopfers wird hier als ein Problem der objektiven Zurechnung im Rahmen der Tatbestandsmäßigkeit des § 263 StGB angesehen. Die straftatsystematischen Kategorien der Rechtswidrigkeit und der „Schuld" behalten jedoch ihre Bedeutung, d.h. es können sich auch hier Schuldprobleme, wie beispielsweise ein (vermeidbarer oder unvermeidbarer) Verbotsirrtum gemäß § 17 StGB, ergeben. Diese Gesichtspunkte sind jedoch mit den herkömmlichen Lehren zu diskutieren und stellen kein Spezialproblem des Mitverschuldens des (Betrugs-) Opfers dar.

Zum Schluß bleibt festzuhalten, daß durch eine solche, zu befürwortende, Einschränkung des Schutzbereichs des Betrugstatbestandes mittels einer objektiven Zurechnungslimitierung nicht die Gefahr besteht, daß durch diese Strafrechtsreduzierung eine Gesellschaft des Mißtrauens erzeugt wird, in der jeder Bürger in seinem Nächsten einen potentiellen Feind sieht. Denn im Gegensatz zu den Fremdschädigungsdelikten, wie etwa und gerade beim Diebstahl, ist das potentielle Opfer beim Selbstschädigungsdelikt des Betruges nicht auf äußere Sicherungsvorkehrungen zur Deliktsvorsorge angewiesen. Aufgrund dieser Differenzierung ergibt sich aber auch, daß die hier vorgenommenen Überlegungen hinsichtlich des Betruges nicht ohne weiteres auf andere Delikte übertragen werden können[2].

---

1) B. Schünemann, in: Schneider, Das Verbrechensopfer, S. 409
2) s.o.S. 180 ff

B. Auf der Rechtsfolgenseite

Während bislang das Mitverschulden des Betrugsopfers als Tatbestandskorrektiv diskutiert wurde, bietet sich außerdem die Möglichkeit einer Berücksichtigung desselben auf der Rechtsfolgenseite, d.h. im Rahmen der Strafzumessung, denn es handelt sich hierbei nicht um ein Problem der Maßregelbemessung.

I. Das Mitverschulden als Kriterium der Strafzumessung

Der Gesichtspunkt des Mitverschuldens des Opfers bzw. des Verletzten spielt anerkanntermaßen bei der Strafzumessung eine Rolle, vorwiegend bei den (fahrlässigen) Verkehrsdelikten[1)], indem es dort in der Regel als Strafmilderungsgrund angesehen wird[2)]. Demgegenüber ist dieses Phänomen des Mitverschuldens nur vereinzelt Gegenstand der Erörterungen bei der Strafzumessung von Betrugsfällen.

Während die Rechtsprechung, in Anlehnung an die schon vor dem 2. Weltkrieg erkennbare Tendenz[3)], dazu zu neigen scheint, das Mitverschulden als Strafmilderungsgrund beim Betrug zu berücksichtigen[4)], ist der Meinungsstand innerhalb des Schrift-

---

1) vgl. S/S/Stree, § 46 Rn. 24 m.w.N.; Bruns, Strafzumessungsrecht, S. 431; ders., Leitfaden, S. 139 ff; Hillenkamp, Vorsatztat, S. 295; Geppert, ZStW 83 (1971) 947, 1000; P.Frisch, Fahrlässigkeitsdelikt, S. 41 f, 161 f; BGH NJW 1982, 292 m. Anm. Puppe, JuS 1982, 660 ff

2) Göppinger, Kriminologie, S. 603; Amelunxen, Das Opfer der Straftat, S. 53; Geppert, ZStW 83, 999 f; vgl. aber auch Bruns, Strafzumessungsrecht, S. 435

3) s.o.S. 98

4) siehe das schon eingangs erwähnte Urteil des LG Ffm, s.o. S.2Fn6;OLG Köln JZ 1968, 340;
Nach Recken, S. 161 machten die Fälle im LG-Bezirk Krefeld in den Jahren 1945-51, in denen „das Opfer infolge geradezu verbotswidriger Leichtgläubigkeit die Schwindeleien des Täters ermöglicht hatte" 1,3 % der Milderungsgründe aus. Auch Ehrlich, Betrüger, S. 44 und Sauter, S. 120 sehen bei den Gerichten eine Neigung zur Strafmilderung in solchen Fällen, zum Teil mit der Begründung, „daß es der Betrogene dem Betrüger zu leicht gemacht habe"; Ehrlich, a.a.O., S. 46; Amelunxen, Das Opfer der Straftat, S. 54.
Vgl. allgemein zur Strafzumessungspraxis beim Betrug: Naucke, Betrug, S. 138 ff

tums kontrovers.

1. Befürworter des Mitverschuldens als Strafmilderungsgrund

Die Befürworter einer Berücksichtigung des Mitverschuldens des Betrugsopfers als strafmildernde Zumessungsregel stützen diese Meinung darauf, daß aus den Fällen, in denen es dem Betrüger „allzu leicht gemacht wird", geschlossen werden könne, „daß er einer momentanen Versuchung" nicht habe widerstehen können. Dies rechtfertige eine geringere Bestrafung[1].
Diese Bejahung eines Strafmilderungsgrundes aufgrund der Taterleichterung bzw. der Verführung zur Tat durch das Opfer kann sich auch auf ausländische Vorschriften, wie Art. 64 Abs. 3 SchwStGB[2] und § 34 Ziff. 9 des österreichischen StGB[3] stützen, deren Aufnahme in das deutsche Recht auch vereinzelt gefordert wird[4].

---

1) Happe, S. 103 f. Ebenfalls für eine Berücksichtigung des Mitverschuldens des Betrugsopfers bei der Strafzumessung: Lackner in LK, § 263 Rn. 91; Schultz, SchwZStR 71 (1956), 171, 192; Paasch, S. 120; vgl. Gasser,S.158;Ebert JZ 83, 639
2) Danach besteht eine Strafmilderungsmöglichkeit, „wenn der Täter durch das Verhalten des Verletzten ernstlich in Versuchung geführt wurde"; vgl. zu dieser Norm: Schultz, SchwZStR 71, 185, der diese Regel für „vorbildlich" hält; Gasser, S. 21, 24; Paasch, S. 122; Amelunxen, Das Opfer der Straftat, S. 53; Hillenkamp, Vorsatztat, S. 299. Auch Schneider, Viktimologie, S. 187, betont, daß das Opfer den Täter „nicht ernstlich in Versuchung führen" dürfe.
3) Hier besteht eine Strafmilderungsmöglichkeit, wenn der Täter „die Tat mehr durch eine besonders verlockende Gelegenheit verleitet als mit vorgefaßter Absicht begangen hat"; vgl. Hillenkamp, Vorsatztat, S. 299.
Zipf, Strafzumessung, S. 32 bejaht die Möglichkeit, daß die Verleitung zur Tat und die besondere Erleichterung der Tatausführung (wegen mangelnder Vorsicht des Geschädigten) sich auf die „Handlungskomponente der Strafzumessungsschuld" auswirken können. Dabei differenziert Zipf allerdings zwischen Mitverschulden und Taterleichterung, während die h.L. letzteres in der Regel unter die Rubrik des Mitverschuldens einreiht; vgl. Hillenkamp, a.a.O., S. 297 Fn. 390 m.w.N.
4) v. Hentig, Das Verbrechen II, S. 514

Hillenkamp hat in seiner Habilitationsschrift ausführlich seine Meinung dargelegt, daß das Opferverhalten (nur) bei der Strafzumessung strafmindernd zu berücksichtigen sei[1]. Die Notwendigkeit der Strafmilderung ergebe sich aus dem „Postulat der Gerechtigkeit"[2] und speziell beim Betrug „unabweisbar aus der unrechtsmindernden Wirkung zurechenbarer Mitverursachung"[3]. Für eine solche Berücksichtigung spreche ferner, daß dadurch auch „Verbrechensprävention durch Opfererziehung zu erwarten" sei, da das Opfer durch die Verurteilung des Täters nicht bloßgestellt werde[4] und deshalb die Bereitschaft erhalte, „durch Einsicht in den eigenen Tatbeitrag viktimogenes Verhalten in Zukunft zu vermeiden"[5].

Hillenkamp tritt für eine ausschließliche Zuweisung der Problematik des Mitverschuldens an die Strafzumessungslehre ein und lehnt damit - jedenfalls vorläufig[6] - die Lösungsmöglichkeiten auf der Tatbestandsebene ab. Zur Begründung dieser Ansicht stützt er sich auf folgende Argumentation: Einerseits sei durch § 46 StGB und aufgrund kriminologischer und dogmatischer Untersuchungen Entscheidendes „zur Erhellung des Strafzumessungsdunkels" geschehen, so daß die Skepsis vor der „Domäne richterlicher Willkür"[7] weitgehend unberechtigt sei[8]. Andererseits werde eine „Alles-oder-Nichts-Entscheidung" auf dem Ge-

---

1) Hillenkamp, Vorsatztat, S. 211 ff; vgl. schon oben S. 139, 160. I.d.S. auch Paasch, S. 99, 119 f; v. Hentig, Das Verbrechen II, S. 364;
a.A. B. Schünemann, in: Schneider, Das Verbrechensopfer, S. 409, der sich gegen eine Integration in der Strafzumessung ausspricht, da dies die „praktische Ohnmacht" viktimologischer Erkenntnisse besiegeln würde.
2) Hillenkamp, Vorsatztat, S. 211
3) Hillenkamp, a.a.O., S. 305
4) zu solchen Befürchtungen vgl. Tröndle, s.o.S. 157 und schon Köstlin, s.o.S. 62
5) Hillenkamp, Vorsatztat, S. 212; vgl. ders., a.a.O., S. 312 f zum „erzieherischen Effekt" auf der Opferseite.
6) Hillenkamp, a.a.O., S. 216
7) so B. Schünemann, in: Schneider, Das Verbrechensopfer, S. 409
8) Hillenkamp, a.a.O., S. 214

biet der Strafbarkeitsvoraussetzungen dem Opferverhalten „einstweilen nicht gerecht"[1].

Die bisher vorgeschlagenen Lösungen zur Behandlung der Problematik „Irrtum und Zweifel" und des Kausalzusammenhangs (Adäquanztheorie) mißbrauchen nach Hillenkamp die Viktimologie weitgehend als Etikett, um den Opferschutz zu mindern,und entwickelten ihre Konzeptionen ohne jeden konkreten Bezug zu viktimologischen Forschungsergebnissen[2]. Solange der Versuch aber unterbleibe, die „freilich vorerst noch sehr spärlich vorliegenden Ergebnisse der Viktimologie" als Grundlage normativer Entscheidungen heranzuziehen, sei die Chance einer integrativen Zusammenarbeit zwischen Viktimologie und Dogmatik vertan[3]. Die Integration der Viktimologie in die Strafzumessung könne jedoch möglicherweise einen „Prozeß des Umdenkens" einleiten, der später einmal auf die Strafbarkeitsvoraussetzungen übergreife und dort zu Änderungen führe[4].

Hillenkamps Überlegungen münden schließlich darin, daß als weiterer Strafzumessungsgrund in den Katalog des § 46 Abs. 2 StGB „das Verhalten des Verletzten[5] der Tat" aufgenommen wird[6].

---

1) Hillenkamp, Vorsatztat, S. 215; vgl. Maeck, S. 88
2) Hillenkamp, a.a.O., S. 215; Amelung habe zwar viktimologische Literatur herangezogen, aber nicht deutlich gemacht, so Hillenkamp, a.a.O., S. 196 Fn. 676, „warum der Opferanteil bei einem viktimologischen Verbrechensverständnis zur vollständigen Täterentlastung führen soll".
3) Hillenkamp, a.a.O., S. 215; vgl. ders., a.a.O., S. 5 ff
4) Hillenkamp, a.a.O., S. 216
5) Auch Hillenkamp, a.a.O., S. 311 verwendet die Begriffe „Verletzter" und „Opfer" synonym; vgl. i.d.S. Jung, ZStW 93 (1981), 1147, 1150 Fn. 10
6) Hillenkamp, a.a.O., S. 311 (vgl. auch ders., a.a.O., S. 233); de lege ferenda schlägt er, a.a.O., S. 316, eine Strafabsehensklausel (in Anknüpfung an das Verhalten des Verletzten) bei Vergehen - in einem neu einzufügenden Absatz des § 46 StGB - vor, während für Verbrechen eine Milderung nach Versuchsgrundsätzen erwogen werden könnte. Auch Ebert, JZ 1983, 640 unterstützt die Forderung, das Verhalten des Verbrechensopfers in den Katalog des § 46 Abs. 2 StGB aufzunehmen.

2. Gegner einer Berücksichtigung des Mitverschuldens als Strafmilderungsgrund

Wie schon im älteren Schrifttum[1] wird sich auch bis heute zur Möglichkeit der Strafmilderung beim Mitverschulden des Betrugsopfers ablehnend oder nur sehr zurückhaltend geäußert[2].
So betont Karstendiek im Jahre 1947[3], daß das „konkurrierende Verschulden" des Getäuschten keine Anwendung finden könne, da der Bruch der Rechtsordnung derselbe bleibe, „auch wenn der Geschädigte nicht die erforderliche Sorgfalt angewendet habe[4].
Eine strafmildernde Berücksichtigung aufgrund der „Dummheit" des Betrogenen würde zu einer Prämiierung des berufsmäßigen Verbrechers führen, „der nichts anderes zu tun hat, als seine Umwelt auf Betrugsmöglichkeiten zu mustern"[5]. Allerdings könne, im Sinne der Überlegungen Sauers[6], unter Umständen ein Strafmilderungsgrund dann vorliegen, wenn der Betrüger beim Betrugsopfer keinen erheblichen Widerstand zu überwinden brauche[7].
Für Daniels soll zwar die Stellung des Betrugsopfers bei der Strafzumessung mehr berücksichtigt werden[8], jedoch dürfe der Leichtsinn des Opfers, der dem Täter die Arbeit erleichtere, keinen Milderungs- oder Straffreiheitsgrund darstellen[9].

Zum Teil wird auch die Auffassung vertreten, daß die „systematische Ausnutzung" der „Einfalt" des Betrugsopfers einen Straf-

---

1) siehe beispielsweise Sicking, s.o.S. 90
2) zurückhaltend: Ehrlich, Betrüger, S. 44, 46; Lenz, S. 186 f; ablehnend: z.B. Karstendiek, S. 30 ff; Daniels, S. 66 f; Recken, S. 161 Fn. 1
3) S. 31 in der Auseinandersetzung mit Nagler, s.o.S. 91
4) Karstendiek zustimmend: Recken, S. 161 Fn.1; vgl. RGSt 44, 230, 248
5) Karstendiek, S. 32
6) s.o.S. 89
7) Karstendiek, S. 31; Sauter, S. 174 will nicht generell ausschließen, daß den Betrüger unter Umständen dann ein geringerer Vorwurf treffe, wenn sich der Betrug aufgrund der Leichtgläubigkeit des Opfers „leichter begehen läßt".
8) Daniels, S. 64
9) Daniels, S. 66 f

schärfungsgrund darstellen könne[1]. Die besondere Ausnutzung einer „besonderen Dummheit des Opfers" dürfte für Schüler-Springorum die Schuld des Täters im Einzelfall eher erhöhen. Denn es erscheine „dem Betrüger an letzter Stelle aufgegeben", so Schüler-Springorum, „die Dummen durch Schaden ‚klug' zu machen"[2].

II. Berücksichtigung viktimologischer Ergebnisse bei der Strafzumessung

Es stellt sich die Frage, ob nicht Ergebnisse der Viktimologie zum Mitverschulden des Betrugsopfers eine Strafmilderung nahelegen können.
Die Erörterung der bislang vorhandenen Erkenntnisse der Viktimologie zum Betrugsopfer im Rahmen der Strafzumessung bietet sich deswegen an, weil insbesondere hier, worauf schon Hillenkamp hingewiesen hat[3], der Viktimologie die Chance eröffnet werden kann, Einfluß auf die dogmatische Entwicklung zu nehmen, indem der Prozeß der Systematisierung der viktimologischen Erkenntnisse hier vorbereitet und erleichtert werden kann.
Die Notwendigkeit, das Mitverschulden des Betrugsopfers unter Heranziehung viktimologischer Erkenntnisse bei der Strafzumessung zu berücksichtigen, wird auch von Paasch betont[4].
Zipf ist der Auffassung, daß die gesamte Auswertung der Opfersituation erst in der Strafzumessung stattfinde, „wo die Viktimologie auch ihre wertvollsten Hilfsdienste leistet"[5].

---

1) Schüler-Springorum, Honig-FS, S. 212; Schneider, Viktimologie, S. 187; Schwind, Kriminalistik 1979, 516 weist darauf hin, daß die Leichtgläubigkeit beim Betrug je nach den Umständen entweder erschwerende oder mildernde Bedeutung besitzen soll; so auch Koffka in LK (9.Aufl.), § 13 Rn.32 und Günter Hirsch in LK, § 46 Rn. 40; vgl. auch Ebert, JZ 1983, 639 f
2) Schüler-Springorum, Honig-FS, S. 212. Zu diesem Gesichtspunkt vgl. schon Schneickert und Aschbach, s.o.S. 88
3) Hillenkamp, Vorsatztat, S. 215 f
4) Paasch, S. 115 ff, 120
5) Zipf, MSchrKrim 1970, 4; vgl. auch Maurach/Zipf, AT 2, S. 470. Schüler-Springorum, Honig-FS, S. 209 äußert die Vermutung, „daß eben die Strafzumessung der dogmatische Ort ist, das Verhalten des Opfers ceteris paribus wertend

Nach Zipf ist die Berücksichtigung des Mitverschuldens „letztlich Ausfluß der Viktimologie, man könnte geradezu von ‚angewandter Viktimologie' sprechen"[1].
Damit wird deutlich, daß gerade im Rahmen der Strafzumessung die Bedeutung der Viktimologie besonders hervorgehoben wird.

Dagegen kann aber eingewandt werden, daß man die Viktimologie auch schon vor der Strafzumessungsebene in die Erwägungen einbeziehen könnte.
Dieser Gedanke braucht aber, zumindest zum gegenwärtigen Zeitpunkt, nicht weiter verfolgt zu werden, da es sich bei den bisherigen Überlegungen, die die Viktimologie schon auf der Tatbestandsebene berücksichtigen wollen, um noch nicht ausgereifte Konzeptionen bzw. nur um Andeutungen oder zukünftige Perspektiven handelt[2]. So treten (ganz überwiegend) selbst die Befürworter der Berücksichtigung viktimologischer Erkenntnisse - wie gerade dargestellt - gegen dieselbe schon vor der Strafzumessungsebene ein.
Ferner spricht für eine (zumindest vorläufige) Berücksichtigung der Viktimologie bei der Strafzumessung, daß die empirischen viktimologischen Untersuchungsergebnisse in bezug auf das Mitverschulden des Betrugsopfers bislang noch recht dürftig und wenig repräsentativ sind[3], so daß sie den normativ zu bestimmenden objektiven Zurechnungszusammenhang auf der

---

mit einzubeziehen". I.d.S. auch Bruns, Strafzumessungsrecht, S. 64, 407; Gasser, S. 158; Schwind, Kriminalistik 1979, 515 f. Siehe auch Horn in SK, § 46 Rn. 61 f; S/S/Stree, § 46 Rn. 23 f.

1) Zipf, MSchrKrim 1970, 4. Auch Paasch, S. 120 weist darauf hin, „daß auf dem Gebiet der Strafzumessung angewandte Viktimologie betrieben wird, wenn auch das Bewußtsein, Viktimologie auszuüben, fehlen wird".
2) vgl. insoweit auch Hillenkamp, s.o.S.201
3) Göppinger, Kriminologie, S. 659: „Viktimologisch ist der Betrug noch wenig durchdrungen". Hillenkamp, Vorsatztat, S. 304 betont, daß „außer die Leichtfertigkeit vieler Betrugsopfer immer wieder beschreibender Fallberichte im viktimologischen Schrifttum wenig zu finden" sei.

der Tatbestandsebene (noch) nicht zu beeinflussen vermögen. Solange es der Viktimologie aber noch nicht gelungen ist, wesentlich neue Gesichtspunkte in die Diskussion zur Berücksichtigung des Mitverschuldens des Betrugsopfers einzubringen, die normativ verwertbar sind, sollten die viktimologischen Erkenntnisse in der Strafzumessung erörtert werden.

Während die Viktimologie somit (zumindest gegenwärtig) bei der Strafzumessung anzusiedeln ist, ist auf der Tatbestandsebene auf andere normative Kriterien abzustellen, um das Opferverhalten beim Betrug zu diskutieren. Daraus folgt, daß das Mitverschulden des Betrugsopfers sich sowohl auf der Tatbestandsebene als auch im Strafzumessungsbereich als ein zu erörterndes Problem darstellt,und es nicht ausreicht, diese Diskussion ausschließlich mittels viktimologischer Erkenntnisse und nur auf der Strafzumessungsebene zu führen.

Im folgenden ist auf die Aufgabe der Viktimologie und deren bisherigen Erkenntnisse über das Betrugsopfer einzugehen und diese daraufhin zu durchleuchten, inwieweit sie bei der Strafzumessung (als Strafmilderungsgrund) Berücksichtigung finden können und sollten.

1. Entwicklung, heutiger Stand und Aufgabe der Viktimologie

Die Rolle des Opfers bei der Straftat wurde zwar schon von Feuerbach gesehen[1], die Lehre vom Opfer hat sich jedoch erst nach dem Zweiten Weltkrieg[2] zu einem systematisch er-

---

1) Feuerbach, Merkwürdige Verbrechen, S. 201 ff, 216 berichtet von einem Mordopfer, das selbst „der sträfliche Ursacher alles dessen (war), was an ihm begangen wurde";vgl. hierzu und zur historischen Beachtung des Opfers: Kaiser, Kriminologie, S. 179; Schultz, SchwZStR 71 (1956), 175; Lenz, S. 9 und Hillenkamp, Vorsatztat, S. 5 f
2) Nagel in: Kirchhoff/Sessar, Das Verbrechensopfer, S. 62; Kaiser, Kriminologie, S. 179; Hillenkamp, Vorsatztat, S. 6; Gasser, S. 7

forschten Zweig der Kriminologie[1], der sogenannten Viktimologie entwickelt[2].
Dieser nicht ganz unumstrittene Begriff[3] läßt sich auf das lateinische Wort „victima" (das Opfer) zurückführen[4].
Als „Väter" der Viktimologie werden der amerikanische Psychiater F. Wertham, der deutsche Kriminologe H. v. Hentig und der israelische Rechtsanwalt B. Mendelsohn angesehen[5].

---

1) Die Viktimologie wird heute ganz überwiegend als ein bestimmtes Forschungsgebiet aus dem Gesamtbereich der Kriminologie angesehen: Göppinger, Kriminologie, S. 588 m.w.N.; Weber, S. 13; Amelunxen, Kriminalistik 1969, 178; ders., Das Opfer der Straftat, S. 34; Kirchhoff/Sessar in: Das Verbrechensopfer, S. 4; Mergen, Kriminologie, S. 19, 34, 142; Schüler-Springorum, Honig-FS, S. 203; Paasch, S. 28 ff; Jescheck, AT, S. 35; W. Hassemer, Einführung, S. 64 ff.
Der Versuch Mendelsohns, die Viktimologie als eigenständige Wissenschaft zu verstehen (vgl. dazu Weber, S. 11 f; Paasch, S. 23 ff) ist als fehlgeschlagen zu bezeichnen; Kirchhoff/Sessar, a.a.O., S. 4
Schneider, Viktimologie, S. 11 ff, 20 läßt diesen Streit ausdrücklich unentschieden, da er zwischen Viktimologie im engeren Sinne (hinsichtlich des Verbrechensopfers) und im weiteren Sinne (auch bezüglich sonstiger Opfer) differenziert.
Auch Mergen, S. 140, betont, daß man heute von allgemeiner und spezieller Viktimologie spricht.

2) Die wachsende Bedeutung dieser relativ jungen Wissenschaft zeigt sich auch an den drei „Internationalen Symposien für Viktimologie": 1973 in Jerusalem, 1976 in Boston, 1979 in Münster; Göppinger, Kriminologie, S. 588.
Auch Kaiser, Kriminologie, S. 191 betont den „nicht zu übersehenden, eindrucksvollen Aufschwung" der viktimologischen Forschung im letzten Jahrzehnt.
H.W. Schünemann, DRiZ 1972, 384 ff fordert die Einbeziehung der Viktimologie in die (juristische) Referendarausbildung.

3) Kritisch zu diesem Begriff: Weis, MSchrKrim 1972, 170, 174 ff, 180. W. Hassemer, Einführung, S. 27 Fn. 20 bezeichnet ihn als „Kunstwort".

4) Weber, S. 4; Schneider, JZ 1977, 620; Kaiser, Kriminologie, S. 180; Amelunxen, Das Opfer der Straftat, S. 10

5) Amelunxen, Das Opfer der Straftat, S. 34; Weber, S. 10.
Dabei ist die geistige Urheberschaft unter diesen teilweise umstritten: Schneider, HWBdK, S. 536; Weis, MSchrKrim 1972, 171; Hillenkamp, Vorsatztat, S. 5, der auf S. 223 anstatt Wertham als dritten „Vater" H. Ellenberger nennt (so auch Paasch, S. 10).

Die Viktimologie will die Beziehung zwischen dem Täter und dem Verbrechensopfer erforschen[1], d.h. sich mit der Bedeutung des Opfers bei der Verbrechensentstehung befassen[2]. Sie bemüht sich „mit erfahrungswissenschaftlichen Methoden um bio-psychologische, medizinische, soziologische und kriminalistische Erkenntnisse. Sie interessiert sich für Herkunft, Persönlichkeit, Charakter, Geschlecht, Alter Bewußtseinslage, geistige Eigenschaften und körperliche Merkmale des Opfers und seine familiären, beruflichen und gesellschaftlichen Bezüge"[3].
Letztlich sollen diese viktimologischen Erkenntnisse bei der Auswahl der strafrechtlichen Reaktionen und bei der Strafzumessung Anwendung finden[4].
Viktimologie wird aber nicht als eine Lehre verstanden, „die durch einseitige Suche nach ‚Mitschuldigen' auf der Opferseite die Täterschuld vermindern und eine ‚Knochenerweichung' der Strafjustiz propagieren will"[5].
Schneider betont, daß es der Viktimologie kaum darum gehe, „das Opfer zu beschuldigen und den Täter zu entschuldigen[6], obgleich zuzugeben sei, daß die Feststellung einer Mitschuld des Opfers im konkreten Fall zu einer angemesseneren, wirklichkeitsnäheren strafrechtlichen Beurteilung des Täters führt"[7].

---

1) Kaiser, Kriminologie, S. 180; vgl. Schneider, DRiZ 1978, 141, 142
2) Paasch, S. 19
3) Amelunxen, Das Opfer der Straftat, S. 34
4) Schneider, DRiZ 1978, 142; vgl. Mergen, Kriminologie, S.321
5) Amelunxen, Das Opfer der Straftat, S. 54
6) Nach Kaiser, Kriminologie, S. 196 läßt sich „nach dreißig Jahren viktimologischer Analyse" feststellen, daß „der Täter in seiner Verantwortung im ganzen nicht entlastet ist".
7) Schneider, DRiZ 1978, 142; vgl. allerdings Naucke, Sitzungsbericht, N 66 f, der davor warnt, „die Viktimologie gleichsam als ein Reservoir anzusehen, aus dem man Ergebnisse abrufen könnte". Er glaubt, daß man „aus diesem Reservoir nur die Ergebnisse abrufen (kann), die man vorher hineininterpretiert hat". Für Hillenkamp, Vorsatztat, S. 6 enthält diese Warnung Nauckes „sicherlich einen Schuß polemischer Übertreibung".

Viktimologische Erkenntnisse dürfen nicht dahin gedeutet werden, „daß es bei anderem Opferverhalten - weil diese Straftat dann nicht geschehen wäre - zu gar keiner Straftat gekommen wäre"[1]. Zudem wäre es sicherlich töricht und würde auch dem Anspruch der Viktimologie nicht gerecht, sie in der Perspektive zu betreiben, daß dadurch „ein überall anwendbares Mittel gegen Kriminalitätsursachen"[2] gewonnen werden soll, „nämlich die Kontrolle des Opfers, dem man aufgibt, für Kriminalität nicht mehr ursächlich zu sein"[3]. Viktimologie darf nicht zu einer einseitigen Verlagerung der Kriminalitätskontrolle vom Täter- auf das Opferverhalten führen, bei dem der Täter nicht mehr gesehen wird[4]. Denn das Strafrecht als Mittel des Rechtsgüterschutzes dient gerade der Bekämpfung „abweichenden Verhaltens" des Täters und nicht als Sanktionsmöglichkeit gegenüber (nachlässigen) Opfern[5].

Die Überlegenheit eines viktimologisch konzipierten Präventionssystems über ein täterorientiertes Reaktionssystem, das zugleich rechtsstaatlich befriedigt, ist bislang nicht in Sicht[6], zumal man damit nur kriminogene Entwicklungen im Täterbereich tatenlos hinnehmen würde. Mit dieser notwendigen Eingrenzung des Aufgabengebietes der Viktimologie sollen aber deren interessante Erkenntnisse und der empirische Nutzen zur Abstützung normativer Entscheidungen nicht in Frage gestellt werden.

---

1) Arzt, Kriminalistik 1976, 434
2) Naucke, Gutachten, D 107
3) Arzt, Referat, N 47
4) Arzt, Kriminalistik 1976, 434; Naucke, Gutachten, D 107
5) v. Hentig, Betrüger, S. 45 weist darauf hin, daß es „falsch und auch dogmatisch gar nicht möglich (wäre), wenn man Schuldformen ‚Opferformen' gegenüberstellen wollte"; vgl. auch oben S. 108, 162.
W. Hassemer, Einführung, S. 64, 69 betont die „eindeutige" Täterorientierung des Strafrechts.
6) Kaiser, Kriminologie, S. 328;
Für Mergen, Kriminologie, S. 142 hat sich die Viktimologie noch nicht zu einer fest umschriebenen und begründeten Theorie etabliert.

Zwar stellen die (normative) Strafrechtsdogmatik und die (empirische) Kriminologie (bzw. deren Teildisziplin, die Viktimologie) zwei verschiedene Disziplinen dar[1], jedoch wird „der Dogmatik, den Strafbarkeitsvoraussetzungen durch die Kriminologie ein Spiegel vorgehalten"[2]. „Die Kriminologie mit ihren empirischen Untersuchungen legt dar, was die Dogmatik zu verantworten hat"[3].

Die Kriminologie bzw. die Viktimologie als eines ihrer Teilgebiete liefert als Grundlagenforschung dem Strafrecht „die realen Fundamente für seine Wertungen"[4], d.h. sie untersucht die „tatsächlichen Gegebenheiten" des Verbrechens, die vom Strafrecht unter normativen Gesichtspunkten geprüft werden[5]. Insoweit stellt die Kriminologie (Viktimologie) eine Brücke zur Strafrechtsdogmatik dar, indem sie der Strafrechtswissenschaft und der Gesetzgebung das benötigte empirische Material, hier zum Verhalten des Betrugsopfers, übermittelt[6]. Aber auch für die alltägliche Rechtsprechung können die viktimologischen Erkenntnisse von Nutzen sein[7].

Die Erforschung der Mitverursachung der Straftat durch das Opfer dient insbesondere dem Zweck, Vorbeugungsmaßnahmen seitens des potentiellen Verbrechensopfers her zu entwickeln[8].

Mittels der Viktimologie wird versucht, analog zu den Tätertypologien, Klassifizierungen in Form von Opfertypologien[9]

---

1) Sack, S. 347; Naucke, Betrug, S. 44, 59. Zum Verhältnis Kriminilogie und Strafrecht vgl. Rogall, ZRP 1982, 128 Fn. 96 m.w.N.
2) Naucke, Betrug, S. 49
3) Naucke, a.a.O., S. 49
4) vgl. Paasch, S. 86
5) Paasch, S. 86; Jescheck, AT, S. 32: „Strafrecht ohne Kriminologie ist blind, Kriminologie ohne Strafrecht ist zwecklos".
6) Jescheck, AT, S. 35 f; vgl. Paasch, S. 87
7) Amelunxen, Das Opfer der Straftat, S. 49; v. Hentig, Betrüger, S. 46
8) Schneider, JZ 1977, 622; Mergen, Kriminologie, S. 142; Göppinger, Kriminologie, S. 589; Schwind, Kriminalistik 1979, 516; vgl. Kube, Kriminalistik 1980, 155
9) Mergen, Kriminologie, S. 34; W. Hassemer, Einführung,S.65; vgl. allgemein zu Typologien: Schöch, S. 362 ff; Teufel, Die Polizei 1977, 81, 82 bezeichnet die Typenlehre als das „Kernstück der Kriminologie".

zu entwickeln, wobei jedoch die bisherigen Versuche[1] größtenteils die Ansprüche nicht erfüllen konnten, nämlich möglichst umfassend zu sein, keine Überschneidungen der Kategorien zuzulassen und ein praktikables Hilfsmittel zur Verbrechensprophylaxe darzustellen[2].

Eine Unterscheidung zwischen einem Mordopfer und einem Betrugsopfer begründet noch keine Typologie, sondern stellt höchstens deskriptive Bezeichnungen dar, deren praktisch verwertbare Relevanz zweifelhaft ist, da, wie fast alle Typologien, auch die beschreibende Phänomenologie keine weiterführende Erkenntnis bringt[3].

---

1) Einen instruktiven Überblick über die bisherigen Opfertypologien geben insbesondere Mergen, Kriminologie, S. 313 ff; Schneider, Viktimologie, S. 52 ff; Weber, S. 14 ff; vgl. auch Amelunxen, Das Opfer der Straftat, S. 37 ff; Paasch, S. 79 ff; Schülert, Die Polizei 1965, 121; Hillenkamp, Vorsatztat, S. 223 ff; Göppinger, Kriminologie, S. 598; Gasser, S. 42 ff.
Danach sind 5 Einteilungen besonders hervorzuheben:
- Hentigs Einteilung nach biologisch, psychologischen und sozialen Merkmalen (1948)
- Ellenbergers „psychologische" Einteilung (1956)
- Mendelsohns wertende Einteilung nach dem Grad der Schuld (1956)
- Fattahs Einteilung nach dem Grad der Teilnahme (1968)
- Sellin/Wolfgangs Typisierung nach dem Grad der Täter-Opfer-Beziehung (1964).

Schwind, Kriminalistik 1979, 516 sieht in diesen Opfertypologien einen Ansatzpunkt der Viktimologie zur Verbrechensvorbeugung. Haag, S. 150 weist zu Recht darauf hin, daß diese Typologien nicht speziell auf den Betrug zugeschnitten sind, so daß ihre Anwendung auf das Betrugsopfer schwierig und meist wenig ergiebig ist. Nur Lenz, S. 181 ff, hat speziell zum Betrugsopfer eine Typisierung in „aktive" und „passive" Opfer angeboten, wobei er die letzteren in „Indolente" und „Mobile" untergliedert; vgl. dazu Paasch, S. 40 f, 83; Amelunxen, Das Opfer der Straftat, S. 45.

Kritisch zu diesen typologischen Ansätzen: Stephan, in: Kirchhoff/Sessar, Das Verbrechensopfer, S. 219 ff; Schneider, Viktimologie, S. 55 ff

2) vgl. Weber, S. 22

3) Kaiser, Kriminologie, S. 181; vgl. auch Hillenkamp, Vorsatztat, S. 226

Die Viktimologie konzentriert sich heutzutage weniger auf die Merkmale des Einzelopfers selbst, wie Geschlecht, Alter, Beruf und soziale Stellung[1], sondern stellt die Beziehung zwischen Täter und Opfer mehr in den Vordergrund[2]. So erscheinen die Untersuchungen, ob sich Täter und Opfer zum Zeitpunkt der Straftat bekannt oder fremd waren, aussagekräftiger als Opfertypologien[3].
Man spricht in der „viktimologischen" Literatur bei Delikten, die durch „die aktuelle und gegenwärtige Auseinandersetzung zwischen Täter und Opfer gekennzeichnet sind", von sogenannten „Beziehungsverbrechen"[4]. Als ein klassisches Beispiel eines Beziehungsverbrechens wird der Betrug[5] angesehen, auf den sogleich detailliert eingegangen wird.

---

1) vgl. Göppinger, Kriminologie, S. 590 ff
2) Kaiser, Kriminologie, S. 192; vgl. Göppinger, Kriminologie, S. 594 ff; Mergen, Kriminologie, S. 144; Paasch, S. 32 ff; Schneider, Viktimologie, S. 87
3) Kaiser, Kriminologie, S. 181
4) Dieser Begriff wurde erstmals von Schultz, SchwZStR 71 (1956), S. 172 geprägt; vgl. zu diesem Begriff: Kaiser, Kriminologie, S. 181; Weber, S. 2, 26; Amelunxen, Das Opfer der Straftat, S. 50 f; Paasch, S. 33 f; R. Hassemer, Schutzbedürftigkeit, S. 54 f; Göppinger, Kriminologie, S. 595 f.
Jedoch ist die diesem Begriff zugrunde gelegte Definition von Schultz, a.a.O., nicht unumstritten. So hält Schneider, HWBdK, S. 558 (vgl. ders., Viktimologie, S. 100 f) diese Begriffsbestimmung für zu eng; in diesem Sinne auch Hillenkamp, Vorsatztat, S. 221.
Nach Grob, Kriminalistik 1964, 6, 8 umfaßt der Begriff des Beziehungsdeliktes „Taten, bei denen direkte oder indirekte Täter-Opfer-Kontakte bestanden, die für die Partner bewußt oder unbewußt mindestens in einem Punkt kriminogen-victimell derart spezifisch waren, daß sie eine konkrete Auseinandersetzung forderten, ermöglichten oder erleichterten". Noch weiter Rössmann, Kriminalistik 1969, 420, 423, der unter dem Begriff „soziale Beziehung" im Sinne victimologischer Betrachtung ein Verhalten versteht, „das, allen Beteiligten bewußt, deren eigenes Handeln sinnhaft am fremden Handeln orientiert"; zustimmend Schneider, Viktimologie, S. 87, 99.
5) Schultz, SchwZStR 71 (1956), S. 172; Paasch, S. 68, 94; Amelunxen, Das Opfer der Straftat, S. 95; vgl. zur Behandlung des Betrugs als Beziehungsdelikt: Haag, S. 189 ff, bes. 193 ff.

Da die Kriminalitätsstruktur entscheidend von der Anzeigebereitschaft des Opfers bestimmt wird, werden zur Erforschung des Dunkelfeldes - außer den Täter- und Informantenbefragungen - nun auch verstärkt Opferbefragungen durchgeführt, sogenannte „victim(ization) surveys"[1]. Damit soll versucht werden, nähere Erkenntnisse über die Gründe und Motive der Anzeige bzw. Nichtanzeige der Verbrechensopfer zu gewinnen.

2. Viktimologische Erkenntnisse beim Betrug

Es ist zu konstatieren, daß das viktimologische Interesse hinsichtlich des Betruges im Gegensatz zu den Sexual- und Gewaltdelikten[2] bemerkenswert gering ist[3]. Es ist aber mit Kaiser „nicht einsehbar, warum Personen, die - wie leichtfertig auch immer - dem anderen Vertrauen entgegenbringen, keine viktimologische Aufmerksamkeit verdienen sollen"[4].
So kann man sich hinsichtlich des Betrugsopfers im wesentlichen nur auf die empirischen Untersuchungen von Lenz aus den Jahren 1953-1956[5] bzw. die noch ältere von Doris Daniels aus

---

1) vgl. Eisenberg, Kriminologie, S. 187 ff; Kaiser, Kriminologie, S. 192; Göppinger, Kriminologie, S. 160 f, 590; Schneider, Das Opfer und sein Täter, S. 30 ff.
Vgl. zu in der Bundesrepublik durchgeführten Opferbefragungen insbes.: Schwind, Dunkelfeldforschung, und Stephan, Opferbefragung, die aber bemerkenswerterweise die Anzeigebereitschaft bei Betrugsfällen nicht speziell untersucht und aufgeführt haben (vgl. Stephan, a.a.O., S. 196).

2) Hillenkamp, Vorsatztat, S. 194; vgl. Schüler-Springorum, Honig-FS, S. 204 ff

3) so auch Kaiser, Kriminologie, S. 194.
Auch die Polizeil. Kriminalstatistik, die seit 1971 bei einigen Deliktsarten Opfererfassungen durchführt, registriert nicht die Betrugsopfer; vgl. Polizeil. Kriminalstatistik 1981, S. 22 f

4) Kaiser, in: Kirchhoff/Sessar, Das Verbrechensopfer, S. 481, 487

5) Lenz, S. 24, der die Untersuchung an 121 Probanden im Landgerichtsbezirk Frankfurt a.M. durchführte.

dem Jahre 1950[1] stützen. Dementsprechend vermißt Hillenkamp zu Recht, daß derzeit empirische Untersuchungen „zur Einstellung des Betrugsopfers zum eingegangenen Risiko und zur Schutzerwartung der Opfer" nicht zur Verfügung stehen[2].

Der überwiegende Teil der Untersuchungen zum Betrug beschäftigt sich vielmehr mit den (nicht faßbaren, da täglich neuen) Erscheinungsformen[3] und den „Betrügertypen"[4].

a) Biologische und soziologische Einzelmerkmale der Betrugsopfer

Bei den folgenden viktimologischen Untersuchungen und Erkenntnissen, die sich den sich mehr als eine „Vorfrage" für die wesentlichere Täter-Opfer-Beziehung darstellenden Einzelmerkmalen des Betrugsopfers widmen, ist zu beachten, daß die Untersuchungen oft methodisch nicht gleich durchgeführt wurden und sich teilweise regional und zeitlich unterscheiden.

aa) Geschlecht der Opfer

Die Angaben zum Geschlecht des betrogenen Individuums lassen erkennen, daß der weitaus größere Teil, etwa 61 % der Opfer,

---

1) Daniels, Die Opfer des Betrugs; vgl. auch Leemann, S.177 ff; Schulte, S. 119 -124; v.Hentig, Psychologie, S. 187 ff; Ehrlich, Betrüger; H. Schäfer, Kriminalistik 1957, 61 ff; vgl. ders., Der Okkulttäter, S. 132 ff, 223 ff, 228 ff; Eschenbach, S. 27 ff; Haag, S. 149 ff; speziell zum Heiratsschwindel: Padowetz, S. 54 ff. Diese kriminologisch-viktimologische Literatur stellt aber überwiegend keine oder nur gelegentlich empirische Daten zur Verfügung, sondern beurteilt einige verstreute Beispiele.

2) Hillenkamp, Vorsatztat, S. 293

3) Kaessmann, S. 28 ff; Karstendiek, S. 6 ff; Stecker, S. 54 ff, 103 ff; Katzenstein, S. 28 ff; Bader, S. 90 ff; Sauter,S. 11 ff; Recken, S. 58 ff; Happe, S. 37 ff; Schulte, S. 66 ff; Leemann, S. 202 ff; Haag, S. 16 ff, 42 ff; Groß/ Geerds I, S. 268 ff

4) Dransfeld, S. 108 ff; Recken, S. 130 ff; Happe, S. 87 ff; Ehrlich, Betrüger, S. 63 ff; Bader, S. 90 ff

männlich war[1].

bb) Alter der Opfer

Nach Lenz kulminierte die Anfälligkeit gegenüber Betrügereien bei Männern im Alter von 51-60[2] und bei Frauen im Alter von 41-50 Jahren[3]. Auch ist des öfteren festzustellen, daß gerade ältere Menschen leichten Betrugsmanipulationen erliegen[4].

---

1) Lenz, S. 72 ff, 75; nahezu übereinstimmend: Daniels, S. 30; v.Hentig, Psychologie, S. 192 f (unter Bezugnahme auf Daniels).
Nach Katzenstein, S. 65 ff betrug der Anteil der weiblichen Betrugsopfer im Amtsgerichtsbezirk Hamburg-Wandsbek in den Jahren 1912-1946 sogar nur 26,1 %.
Nach Schulte, S. 123 betrug im LG-Bezirk Mannheim in den Jahren 1960/1961 der männliche Betrugsopfer-Anteil 72 % und der weibliche 28 %. Vgl. ferner zur Bedeutung des Geschlechts beim Betrogenen: Schülert, Die Polizei 1965, 152; Sauter, S. 149; Recken, S. 150; Haag, S. 177 f.

2) Lenz, S. 62 ff, 66; ähnlich schon Daniels, S. 26; vgl. Haag, S. 175; vgl. zum Alter der Okkultbetrogenen: H. Schäfer, Der Okkulttäter, S. 59, 133 f, 223 f.

3) Lenz, S. 66; Bei Daniels, S. 25 war der Höhepunkt bei Frauen zwischen 31 und 40 Jahren; vgl. auch Rupprecht/Kinzl, S.21.
Speziell zum Alter von Opfern eines Heiratsschwindels: Padowetz, S. 59 ff; Haag, S. 176 f;
vgl. ferner zum Lebensalter des Betrogenen: v.Hentig, Psychologie, S. 190 f; Recken, S. 151;
Schneider, HWBdK, S. 545 äußert sich kritisch zur These, daß Männer oder Frauen bestimmter Altersgruppen besonders opferanfällig seien.

4) Bader, S. 145; v. Hentig, Psychologie, S. 190 f; Gasser, S. 59, 98 f; Schwind, Kriminalistik 1979, 516 f; Ehrlich, Betrüger, S. 153 ff; Rupprecht/Kinzl, S. 134 ff;
a.A. Siegel, S. 37, der betont, daß ältere Menschen wegen ihrer größeren Lebenserfahrung als Opfer eines Hochstaplers relativ ungeeignet seien. Diese Meinung dürfte aber durch die Praxis widerlegt sein.

cc) Beruf des Opfers

Es fällt auf, daß der größte Teil der betrogenen Individuen Geschäftsleute (Kaufleute, Gastwirte, Selbständige) sind[1]. So werden gerade „hartgesottene Geschäftsleute" allgemein für das beste Betrugsopfer gehalten, da diese Gewinn machen möchten, eine Anzeige scheuen und zudem glauben, vor betrügerischen Manipulationen gefeit zu sein[2].
Demgegenüber sind nach v. Hentig bescheidene Leute nicht sehr leicht zu beschwindeln, weil sie die dargebotenen Chancen nicht sogleich erkennen[3]. Der Engländer Spenser stellt die Behauptung auf, daß „einfache Seelen, denen das Geld genügt, das sie haben", völlig unbrauchbare Betrugsopfer seien, wie auch Geistliche und „solche simplen Seelen wie Universitätsprofessoren, Schriftsteller und Schauspieler", die unverzüglich zur Polizei laufen würden[4].

---

1) Nach Lenz, S. 84 sind 60,9 % der Opfer Selbständige, 32,3 % Arbeitnehmer und 5,4 % Rentner; vgl. Göppinger, Kriminologie, S. 592 m.w.N.; ähnlich Katzenstein, S. 68 f; Paasch, S. 50; Happe, S. 73 f;
Schulte, S. 121 f weist darauf hin, daß 50 % der Betrogenen Geschäftsleute waren; vgl. auch Daniels, S. 39 ff; Haag, S. 178 f. Nach v. Hentig, Das Verbrechen I, S. 89 und ders., Das Verbrechen II, S. 440 stellen sogar erfahrene Bankiers „gute" Betrugsopfer dar.

2) v. Hentig, Psychologie, S. 194; vgl. auch in Lortzings Oper „Zar und Zimmermann" den Bürgermeister van Bett: „Oh, ich bin klug und weise, und mich betrügt man nicht".

3) v. Hentig, Psychologie, S. 193. Andererseits gehören aber Rentner und Hausfrauen zu den bevorzugten Betrugsopfern skrupelloser Vertreter. Eine gewisse Abhilfe dagegen ist durch die Änderung des Abzahlungsgesetzes von 1974 geschaffen worden.

4) Diese These Spensers aus dem Jahre 1934, zitiert nach v. Hentig, Psychologie, S. 193 f bedarf aber zur Verifizierung und Übertragung auf heutige Verhältnisse näherer empirischer Untersuchungen, da sie sonst nicht stichhaltig ist.

dd) Intelligenz des Opfers

Es wird allgemein festgestellt, daß auch die Intelligenz nicht davor gefeit ist, Opfer eines Betrugs zu werden[1].
Nach Amelunxen liegt die Ursache im Betrogenwerden ohnehin weniger in der Minderbegabung als in dem partiellen geistigen Ausfall, einem „blinden Fleck im Feld der Einsichten und Einsehbarkeiten"[2]. Er geht sogar so weit, zu behaupten, daß gerade der Strafrichter in großen Betrugsprozessen eindrücklich erfahre, daß im Kopf jedes Menschen „irgendeine lockere Schraube sitzt"[3]. Bei gewissen Betrugskonstellationen könne sich auch die Klugheit des Intelligenten „in die unwahrscheinlichste Idiotie verwandeln", so daß „sehr kluge Menschen besonders gefährdete Betrugsopfer sein" können[4].

---

1) Ehrlich, Betrüger, S. 25 f; vgl. auch die Nachweise bei Amelung, s.o.S. 115.
Zu den intellektuellen Mängeln der Betrugsopfer: Lenz, S. 125 ff; Daniels, S. 59 ff, 61 ist der Auffassung, daß die Intelligenz des Betrügers in der Regel größer ist als die des Opfers. v.Hentig, Psychologie, S. 154 betont, daß es mit der Intelligenz des Betrügers „nicht allzu weit her ist". Ähnlich Göppinger, Kriminologie, S. 658; Stecker, S. 39; Bader, S. 184; Amelunxen, Das Opfer der Straftat, S. 96; Haag, S. 129 ff.
a.A. noch Beger, S. 34, der davon ausgeht, daß der Betrüger gegenüber einem intelligenten Menschen diesem an Intelligenz überlegen sein muß.
2) Amelunxen, Das Opfer der Straftat, S. 96
3) Amelunxen, a.a.O., S. 96; vgl. Schwind, Kriminalistik 1979, 517. C.W. Ceram, Götter, Gräber und Gelehrte, S. 257 berichtet von dem Fund eines Tontäfelchens durch einen Archäologen in den Ruinen Babylons mit der Inschrift: „Schaust du hin, so sind die Menschen insgesamt blöde!". Zur Relativität dieses Urteils auf heutige Verhältnisse siehe Ehrlich, Betrüger, S. 21
4) Amelunxen, a.a.O., S. 96; vgl. ders., Kriminalistik 1969,179. Amelunxen, Das Opfer der Straftat, S. 103 weist ferner darauf hin, daß in Fällen, in denen sich viele Betrogene (kollektiv) täuschen ließen, der Opferzug manchmal von „sehr gebildeten, als ‚Elite der Nation' sich fühlenden Menschen" angeführt werde. Auf Bernie Cornfield und die von IOS „versprochene wundersame Geldvermehrung sind dem Vernehmen nach sogar Strafrechtsprofessoren hereingefallen"; Arzt, LH 3, S. 120.

Daraus ergibt sich, daß die Redensart: „Die Dummen werden nicht alle" oberflächlich[1] bzw. regelmäßig unberechtigt ist[2].

b) Psychologische Momente beim Betrugsopfer im Rahmen der Täter-Opfer-Beziehung

Nach der Erörterung der biologisch-soziologischen Einzelmerkmale[3] sind nun die verschiedenen psychologischen Momente der Täter-Opfer-Beziehung zu untersuchen, die das Betrugsopfer dazu bestimmen, auf die Täuschung des Betrügers einzugehen. Eschenbach[4] nennt folgende Kriterien, die die Betrogenen zur Vermögensverfügung bewegen:

- Leichtgläubigkeit[5] und Unerfahrenheit;
- Neugier;
- Gutmütigkeit, Mitleid und Hilfsbereitschaft[6];
- Zuneigung, Vertrauensseligkeit;
- Eitelkeit[7];
- blinder Gehorsam gegenüber der Obrigkeit[8];

1) v. Hentig, Psychologie, S. 195
2) Ehrlich, Betrüger, S. 30; Auch Katzenstein, S. 69 hält die allgemeine Meinung, die Betrogenen seien dumm und leichtgläubig, für revisionsbedürftig. vgl. aber auch Zirpins, Betrüger, S. 23
3) zu weiteren solchen Merkmalen,wie Religion, Einkommen, Besitz, Familienstand etc., vgl. Lenz, S. 77 ff, 91 ff
4) Eschenbach, S. 29 ff; vgl. ähnlich Daniels, S. 55 ff; Rupprecht/Kinzl, S. 17 ff; vgl. auch oben in der Einleitung, s.o.S. 1 f
5) vgl. Daniels, S. 55 f; v. Hentig, Psychologie, S. 195: „Wir sind alle leichtgläubig, wenn wir etwas sehr bewundern, fürchten, hassen oder lieben"; ähnlich Lenz,S. 177
6) Lenz, S. 180 sieht auch hierin nur einen weiteren Aspekt der Affektivität des Menschen; vgl. auch Haag, S. 158 f; Leemann, S. 177 ff
7) vgl. Lenz, S. 178
8) Als Musterbeispiel sei auf den (falschen) Hauptmann von Köpenick alias Schuster Wilhelm Voigt hingewiesen. Vgl. auch FAZ v. 7.10.1981, S. 38 in dem Bericht „Zwei falsche Polizisten". Diese drohten einem älteren Mann mit einer Geldbuße von tausend Mark oder vier Jahren Gefängnis, weil er sich zu lange auf einer (öffentlichen) Toilette aufgehalten habe und dabei fotografiert worden sei. Der

- mangelnde Sorgfalt und Unkenntnis;
- Gewinnsucht[1] und Habgier des Opfers.

Leemann hat in einer Erhebung an 355 Betrügern festgestellt, daß bei 54,4 % der Fälle Käufer- und Verkäuferinteressen ausgenutzt wurden, bei 24,3 % Mitleid und Hilfsbereitschaft, bei 14,5 % Gewinnsucht[2], bei 13,2 % Vertrauen des Arbeitgebers, bei 7,1 % Liebe, Sexualität und bei 1,7 % finanzielle Notlagen[3].

In der Literatur werden als Opfermotivation besonders die Eitelkeit und die Gewinnsucht diskutiert. Diese Reihenfolge soll jedoch keinen Gradmesser der Bedeutung darstellen. Als weiterer wichtiger tatauslösender Faktor[4] ist auch das Mitleid des Opfers mit dem Täter anzusehen, zu dem es aber bislang an intensiven Untersuchungen[5] fehlt.

Ferner soll im folgenden auf spezielle Erscheinungsformen der Leichtgläubigkeit eingegangen werden, die besonderes Interesse im Schrifttum finden.

aa) Eitelkeit

Opfer, die sich aus Eitelkeit oder Geltungssucht mit zweifelhaften immateriellen Statuszeichen von „Doktorfabriken" oder „Ritterorden" versehen[6], sind sich insgeheim sehr wohl der

---

„völlig verschüchterte Mann" händigte den selbsternannten Polizisten sein kurz zuvor abgeholtes Krankengeld von 950 DM aus, woraufhin sie mit den Worten verschwanden: „Alles klar, ich habe Sie nicht gesehen, Sie haben mich nicht gesehen". Vgl. ferner v. Hentig, Das Verbrechen II, S. 466 f

1) vgl. Haag, S. 156 f, 161 ff; Gasser, S. 123; Daniels, S.58 zur „übermäßigen Gewinnsucht"; Leemann, S. 181 ff
2) Haag, S. 161 hält diesen Wert von 14,5 % für nicht unbedingt verallgemeinerungsfähig. Zudem dürfte mit Haag, S. 164 Skepsis angebracht sein, daß jemand bei Opferbefragungen zugibt, daß er gewinnsüchtig ist.
3) Leemann, S. 177 ff, Tabelle auf S. 178
4) vgl. dazu Geerds, Archiv für Kriminologie 168 (1981), 1,6 ff
5) Insbesondere Bettel-, Unterstützungs- und Sammelschwindler spekulieren häufig auf das Mitleid ihrer Opfer; Groß/Geerds I, S. 288 f
6) vgl. Amelunxen, Archiv für Kriminologie 158 (1976), 41 ff; zum „Ordensdurst" der Opfer: v.Hentig, Psychologie, S.201; Wimmer, Kriminalistik 1972, 70 ff; Haag, S. 67 ff, 165 ff.

Nach Amelunxen, a.a.O., S. 46 warb ein Schwindelunternehmen „Anglican Free Church" (vgl. dazu auch Rupprecht/Kinzl,

Anfechtbarkeit und der Wertlosigkeit ihrer teuer erkauften Titel und Würden bewußt[1], die im Inland gemäß § 132 a StGB[2] nicht geführt werden dürfen. Die Genehmigung ausländischer akademischer Titel bedarf gemäß § 2 des Gesetzes über die Führung akademischer Grade (AkadGradG)[3] der Genehmigung des zuständigen Kultusministers.
Derjenige, der für derartige Auszeichnungen zu zahlen bereit ist, bedarf m.E. in der Regel keines strafrechtlichen Schutzes[4], zumal sehr oft das „Opfer" weder getäuscht noch geschädigt wird, da sie genau das bekommen, was sie wollen. Ansonsten bieten die nebenstrafrechtlichen Bestimmungen[5] ausreichende staatliche Reaktionsmöglichkeiten gegen den Titelschwindel, so daß zumindest eine Bestrafung wegen § 263 StGB entfallen sollte[6].

bb) Gewinnsucht

In vielen Fällen wird das Verhalten der Betrugsopfer von einer übermäßigen Gewinnsucht bestimmt, die sie alle Vorsichts-

---

S. 53 f) mit Zeitungsinseraten, in denen „honorigen Persönlichkeiten akademische Grade und Professorate" in Aussicht gestellt wurden zum Preis zwischen 30.000 und 100.000 DM. Darauf meldeten sich beinahe 2.000 deutsche Interessenten, darunter renommierte Fachärzte und Juristen. Haag, S. 69 zufolge hatten in diesem Fall teilweise „die Betrogenen bereits regulär promoviert und wünschten sich einen zweiten Doktorgrad".

1) Amelunxen, Das Opfer der Straftat, S. 99; vgl. ders., Archiv für Kriminologie 158 (1976), 51; Haag, S. 206 sieht den Grund, daß noch Menschen auf Titelschwindler hereinfallen, nicht unbedingt in der viktimogenen Eitelkeit, sondern gelegentlich als Folge gesellschaftlicher Zwänge; vgl. i.d.S. den Fall eines falschen Doktors vor einem Frankfurter Schöffengericht, der sich diesen Titel erstmals zugelegt hatte, „weil seine spätere Frau nur einen Mann mit Doktortitel nehmen wollte"; FAZ v. 16.2.1982, S. 24
2) vgl. dazu BayObLG NJW 1978, 2348 f
3) AkadGradG v.7.6.1939 (RGBl. I, 985)
4) so auch Amelunxen, das Opfer der Straftat, S. 99; ders., Archiv für Kriminologie 158 (1976), 51
5) vgl. die Strafbestimmung des § 5 des AkadGradG (vgl. dazu OLG Düsseldorf, NJW 1979, 937) und die Ordnungswidrigkeit nach § 15 des Gesetzes über Titel, Orden und Ehrenzeichen v. 26.7.1957 (BGBl. I, 841)
6) a.A. offenbar OLG Düsseldorf, NJW 1979, 937

maßnahmen vergessen lassen[1]. Der erhoffte Gewinn schlägt sie vollkommen in den Bann des Betrügers, auch dann, wenn den Opfern das Geschäft fragwürdig oder nicht ganz legal vorkommt[2]. Zudem halten sich viele Betrugsopfer oft für klug und gewandt genug, um noch rechtzeitig „aussteigen" zu können[3]. Amelunxen sieht so wenig eine Möglichkeit, die „Lebensgier und Gewinnsucht" zu dämpfen „wie die Vertrauensseligkeit und die gutmütige Hilfsbereitschaft" abbauen zu können[4].
Eigentümlicherweise sind die Fälle, in denen sich zwei Personen (aus Gewinnsucht) gegenseitig zu betrügen versuchen, nicht

---

1) Daniels, S. 58; Eschenbach, S. 32; vgl. Bericht in der FAZ v. 17.3.1982, S. 45 unter der Überschrift: „Aus verlockendem Geschäft wird eine Pleite - Plumper Trick eines Betrügers funktioniert immer wieder". Danach wollte ein angeblicher Geschäftsinhaber eines Elektrogeschäfts dem Opfer (das später noch 18 Bekannte für das Geschäft interessierte) Videokassetten weit unter Marktwert (ca. 50-66 % Ersparnis) besorgen. Das Opfer händigte dem vermeintlichen Geschäftsinhaber im Hof des Geschäfts einen Geldbetrag von 40.000 DM aus und wartete dann - allerdings vergeblich - auf die versprochene Ware.
Siehe ferner den Fall einer Frau in Metz, die einem Unbekannten ein wertloses Lotterielos für etwa 10.000 DM abgekauft hatte. Der Mann hatte ihr vorgeschwindelt, sie könne mit dem Los einen Gewinn von 30.000 DM machen; FAZ vom 27.6.1981, S. 7 (Spalte: Kleine Meldungen)

2) Gasser, S. 123; Eschenbach, S. 32; vgl. auch das Beispiel bei Ehrlich, Kriminalistik 1957, 365 bzw. Betrüger, S. 15: Danach erschien in einer New Yorker Zeitung eines Tages folgendes Inserat: „Bringt mir einen Dollar! Smith, 47. Straße Nr. 7". Am folgenden Tag stand an der gleichen Stelle ein doppelt so großes Inserat mit den Worten: „Ihr könnt mir den Dollar noch bis morgen bringen! Smith, 47. Straße Nr. 7". Am dritten Tag erschien ein Inserat, dreimal so groß wie das erste: „Wenn Ihr den Dollar nicht bis heute nachmittag 4 Uhr in meinem Büro abgeliefert habt, ist es zu spät! Smith, 47. Straße Nr. 7". Auf dieses Inserat hin zahlten 1600 (!) Menschen prompt einen Dollar, obwohl es absolut nichts als Gegenleistung versprach.

3) Eschenbach, S. 32; zustimmend Gasser, S. 123; Rupprecht/Kinzl, S. 19

4) Amelunxen, Das Opfer der Straftat, S. 98

selten[1]. So birgt oft derjenige, der sich von einem Betrüger zu einer Vermögensverfügung bewegen läßt, selbst das Zeug zu einem Betrüger in sich[2]. In solchen Fällen spricht man vom „betrogenen Betrüger"[3]. Diese nehmen das Risiko, übervorteilt zu werden, bewußt in Kauf, „sowohl aus Angst, ein anderer könnte das Geschäft machen, als auch eingedenk der eigenen gelegentlich riskierten Methode"[4]. Das eigene Interesse des Betrugsopfers, den anderen zu übervorteilen, macht ihn blind für dasselbe Bestreben des anderen[5].

„Zwei potentielle Betrüger schaffen eine viktimogene Situation"[6], da gerade beim Betrug der Satz gilt: „Man ist nie so nahe daran getäuscht zu werden, als wenn man selbst täuschen will"[7]. Angesichts der bei Betrügereien oft anzutreffenden Affinität zwischen Täter und Opfer entscheidet gerade in Fällen der ausgenutzten Gewinnsucht häufig nur das größere Geschick oder die bessere Übersicht darüber, wer Täter und wer

---

1) v. Hentig, Psychologie, S. 208, 67f; Göppinger, Kriminologie, S. 657; Haag, S. 162 f; vgl. ferner Kaessmann, S. 38 f; Daniels, S. 66; vgl. auch den instruktiven Fall bei Leemann, S. 30 Fn. 12. Auch der Held im Märchen „Hans im Glück" der Gebrüder Grimm verdeutlicht den Wechselwirkungsprozeß zwischen Betrogenem und seinen Betrügern. Schneider, Das Geschäft mit dem Verbrechen, S. 118 weist treffend darauf hin, daß dieser „Hans" im Grunde genommen seine Betrüger betrügen will und sich seine Wirklichkeit so konstruiert, wie sie seiner Vorstellung entspricht.
2) Mergen, Kriminologie, S. 140
3) Mergen, a.a.O., S. 140; Arzt, Referat, N 58; ders., LH 3, S. 120; Schüler-Springorum, Honig-FS, S. 213; Hillenkamp, Vorsatztat, S. 205; Paasch, S.55; Leemann, S. 181; Franzheim, Kriminalistik 1980, 278, 283
4) Schüler-Springorum, a.a.O., S. 213; Schneider, Viktimologie, S. 223; Haag, S. 207
5) Lenz, S. 179
6) Schneider, Viktimologie, S. 222
7) Amelunxen, Das Opfer der Straftat, S. 96; Schneider, Viktimologie, S. 222; Lenz, S. 180. Diese Ansicht gibt auch der Volksmund wieder: „Wer einem eine Grube gräbt, fällt selbst hinein". Goethe, in seinen Sprüchen in Prosa, S. 94 ist der Auffassung, daß man nie betrogen wird, sondern (nur) sich selbst betrügt; a.A. noch Aristophanes, der in: „Die Weibervolksversammlung", Vers 237 f Praxagora sagen läßt, daß die Frau, die betrügt, „sicher nie betrogen wird". Diese Feststellung von Aristophanes zu Recht anzweifelnd: Amelunxen, a.a.O., S. 96

Opfer wird[1]. Derjenige, der von zwei Betrügern am Ende verliert, gilt dann als Opfer[2]. Folglich erscheinen in diesen Konstellationen Täter und Opfer dann weitgehend austauschbar[3].

cc) Spiritistische Leichtgläubigkeit des Okkultbetrogenen

Hinsichtlich des „Okkultbetrogenen" wird darauf hingewiesen, daß dieser sich selten oder nie als Opfer fühlt, „weil er mit dem Täter durch gemeinsame Wahnvorstellung verbunden und ihm suggestiv unterworfen ist"[4].
Außer der naiven Arglosigkeit und der Leichtgläubigkeit zeigt hier das Opfer eine „besonders große Bereitschaft, sich spezifisch magischen Vorstellungen hinzugeben"[5]. Nach den viktimologischen Untersuchungen handelt es sich hier um „starrsinnige,

---

1) Göppinger, Kriminologie, S. 659; Haag, S. 185; Ebert, JZ 83, 635
2) v. Hentig, Das Verbrechen II, S. 441; Gasser, S. 124. Vgl. auch den Fall des 1947 vor einem Amsterdamer Gericht angeklagten (Gemälde-) Fälschers van Meegeren, der vor Gericht argumentierte: „Ich habe die Betrüger betrogen - ist das Betrug?"; Schulz, Der Meisterfälscher, S. 13 ff, 34.
3) Schneider, Viktimologie, S. 223; Schüler-Springorum, Honig-FS, S. 213; Mergen, Kriminologie, S. 316 betont, daß sich gerade am „betrogenen Betrüger" die Ähnlichkeit von Täter und Opfer zeige.
4) Amelunxen, Das Opfer der Straftat, S. 100; H. Schäfer, Der Okkulttäter, S. 229 ff, 234 ff; Lenz, S. 177 f; Haag, S. 37 ff zur Suggestion des „Wunderdoktors" Graf Cagliostro. Vgl. auch den Fall von Hellwig, s.o.S.98 Fn.1. Allgemein zum „kriminellen Okkultismus": Geerds, Würtenberger-FS, S. 341 ff; ders., in: Groß/Geerds I, S. 99 ff, 293 ff; Haag, S. 22 ff; Rupprecht/Kinzl, S. 108 ff
5) H. Schäfer, Der Okkulttäter, S. 229; Diese Diss. untersucht auch speziell die Opfer der „Hexenbanner" (S. 56 ff), die Opfer der „magischen Heiler" (S. 132 ff) und die Opfer der „Erdentstrahler" (S. 223 ff) bezüglich Geschlecht, Alter, Beruf und Krankheiten anhand einschlägiger Praxisfälle. Bemerkenswert dürfte die Erkenntnis sein, daß unter den Betrugsopfern der „Hexenbanner" vorwiegend Bauern und Bäuerinnen waren, während sich besonders die Opfer der „magischen Heiler" aus Menschen aller gesellschaftlichen und Bildungsschichten zusammensetzten; H. Schäfer, a.a.O., S. 132, 56 f; vgl. auch den Fall der betrogenen Ärztin, s.o.S. 115 Fn. 4.
Zum „Wunderheiler" Miller vgl. Kriminalistik 1981, 109 f und FAZ v.12.6.1981, S.10; siehe auch Wimmer/Lutz, Kriminalistik 1980, 16 ff

uneinsichtige und unbelehrbare" (abergläubische) Opfer, so daß eine Prophylaxe oft kaum möglich erscheint[1]. Aufgrund der suggestiven Wechselwirkung zwischen Täter und Opfer ergibt sich fast zwangsläufig ein täterfreundliches Verhalten des Opfers nach der Tat, so daß sich die meisten Okkultbetrogenen auch nach dem Betrug nicht geschädigt fühlen[2].

dd) Leichtgläubigkeit des Opfers eines Heiratsschwindels

Amelunxen bemerkt zu den Opfern eines Heiratsschwindels, daß diesen zwar häufig „eine schier unglaubliche Fahrlässigkeit angelastet werden" müsse[3], jedoch könne man das Bedürfnis nach menschlicher Nähe und nach materieller Besserstellung kaum „allzu hart tadeln"[4]. Die viktimologischen Untersuchungen haben des öfteren ergeben, daß die Betrogenen - der weitaus größte Teil von ihnen ist weiblichen Geschlechts[5] - nicht glauben wollen, daß ihnen Unrecht geschehen ist und auch vor Gericht für den Täter Partei ergreifen. So erklären manche Opfer, daß sie auch danach noch an den Versprechungen und der Ehrenhaftigkeit des Heiratsschwindlers nicht zweifeln

---

1) Amelunxen, Das Opfer der Straftat, S. 100; vgl. Zirpins, HWBdK, S. 92; Groß/Geerds I, S. 121
2) H. Schäfer, Kriminalistik 1957, 62; ders., Der Okkulttäter, S. 231
3) vgl. zur „sträflichen Ahnungslosigkeit" dieser Opfer: Gasser, S. 115; Schneider, Viktimologie, S. 61 f; Eipeldauer, Kriminalistik 1959, 510, 512; Haag, S. 169; Groß/Geerds I, S. 287
4) Amelunxen, Das Opfer der Straftat, S. 100
5) Die (bekannte) Zahl der männlichen Opfer eines Heiratsschwindels ist schon deswegen geringer, weil ihre Anzeigeenergie schwächer ist; Amelunxen, Das Opfer der Straftat, S. 100. Zu dem (männlichen) Opfer eines weiblichen Heiratsschwindlers vgl. auch v. Hentig, Psychologie, S. 55 und den vor einer großen Strafkammer des Stuttgarter Landgerichts (1982) verhandelten Fall der Anita D., die den Betrogenen, einen Rechtsanwalt, um über 280.000 DM „erleichtert" haben soll; vgl. Schwäbische Zeitung v.16.und 24. Februar 1982.

und nach wie vor bereit wären, den Täter zu heiraten[1].

c) Vordeliktische Beziehungen zwischen Täter und Opfer

Aus den empirischen Untersuchungen zum Betrug ergibt sich, daß der weit überwiegende Teil der Opfer den Täter nicht vor der Tatbegehung kannte[2]. In mehr als drei Viertel der Fälle[3] bestanden keine vordeliktischen Beziehungen (Bekanntschaft oder Verwandtschaft) zwischen Täter und Opfer. Aus diesen Ergebnissen läßt sich der Schluß ziehen, daß die meisten Opfer sich jedenfalls nicht auf dem Täter entgegengebrachtes und begründetes Vertrauen berufen können[4]. Der Grund dieses geringen Bekanntheitsgrades dürfte wohl vor allem darin zu suchen sein, daß der Betrüger es als Nachteil ansieht, wenn er dem Opfer persönlich bekannt ist, da dies die Möglichkeit einer strafrechtlichen Verfolgung und Ahndung begünstigt und er seiner Phantasie nicht freien Lauf lassen kann[5].

---

1) v. Hentig, Psychologie, S. 207; ders., Betrüger, S. 45; Eschenbach, S. 32; Padowetz, S. 61; vgl. Eipeldauer, Kriminalistik 1959, 512 f; Paasch, S. 144; Haag, S. 64; Groß/Geerds I, S. 288; siehe auch Häusler, Kriminalistik 1970, 444 f, der über einen Fall berichtet, in dem das (männliche) Opfer trotz Aufklärung über den Betrug nur mit Mühe davon abgehalten werden konnte, weitere Zahlungen auf ein Konto einer ihm unbekannten und nur vermeintlich existierenden Heiratskandidatin zu leisten. Tatsächlich steckte hinter der Kandidatin ein betrügerischer Freund.
2) Eisenberg, GA 1971, 168, 176; vgl. Sauter, S. 46
3) Nach Lenz, S. 142 waren ca. 23 % der Opfer (der Prozentsatz war bei Männern und Frauen ziemlich gleich) mit dem Täter bekannt. Happe, S. 74 konnte von insgesamt 1.282 Betrugsfällen in 217 Fällen Täter-Opfer-Beziehungen feststellen, d.h. in weniger als 20 % der Fälle. Schulte, S. 123 stellte in 17 % der Fälle eine Täter-Opfer-Beziehung fest.
Nach Schneider, Viktimologie, S. 103, 104 (Schaubild 4) und in: Das Opfer und sein Täter, S. 26 besteht sogar nur in 8,9 % der Betrugsfälle eine Beziehung zwischen dem Täter und dem Opfer vor der Tatbegehung.
4) so auch Amelunxen, Das Opfer der Straftat, S. 97
5) vgl. Schulte, S. 123

d) Anzeigebereitschaft des Betrugsopfers

Viktimologische Untersuchungen dienen auch der Ermittlung des Dunkelfeldes, d.h. der Differenz zwischen den tatsächlich begangenen und den den Strafverfolgungsbehörden bekannt gewordenen Straftaten[1].

Zwar bestehen methodische Einwände gegenüber den Dunkelfeldforschungen anhand von Täter- und Opferbefragungen[2], jedoch „taugen die Ergebnisse jedenfalls dazu, daß man die Dimension des Dunkelfeldproblems einigermaßen abschätzen kann"[3].

Das Dunkelfeld beim Betrug wird allgemein als groß angesehen. Nach v. Hentig wird angenommen, daß nur 5-10 % der Betrugsopfer sich an die Polizei wenden[4].

Das große Dunkelfeld beim Betrug ist auf die mangelnde Anzeigebereitschaft der Betrogenen zurückzuführen, denn die Strafverfolgungsbehörden werden ganz überwiegend erst durch eine Strafanzeige nach § 158 StPO von einer Straftat in Kenntnis gesetzt[5]. Aber gerade beim Betrug ist die Anzeige in der Regel

1) Eisenberg, Kriminologie, S. 93; Göppinger, Kriminologie, S. 159; vgl. Zipf, Kriminalpolitik, S. 128 ff; Groß/Geerds I, S. 69 f
2) W. Hassemer, Einführung, S. 55; vgl. auch Mergen, Kriminologie, S. 263. Zu den Befragungen siehe auch oben S. 212
3) W. Hassemer, Einführung, S. 55
4) v. Hentig, Das Verbrechen I, S. 89; vgl. zu ähnlichen Schätzungen der Polizei in den U.S.A.: v. Hentig, a.a.O., S. 89; ders., Psychologie, S. 31; Leemann, S. 28 ff, 31. Nach Schwind, Dunkelfeldforschung, S. 30 schwanken die Schätzungen zur Dunkelziffer beim Betrug zwischen einem Verhältnis von 1:8 und 1:20.
   Naucke, Betrug, S. 134 ff, 137 geht von einer allgemeinen Schätzung der Dunkelziffer von 1:10 aus.
   Vgl. ferner zum Dunkelfeld beim Betrug: Happe, S. 23 ff; Schulte, S. 42 ff; v.Hentig, Psychologie, S. 31 ff; Ehrlich, Betrüger, S. 59; Katzenstein, S. 16 ff
5) Nach Göppinger, Kriminologie, S. 601 betrifft dies über 90 % aller Straftaten. W. Hassemer, Einführung, S. 56 geht davon aus, daß ca. 95 % der registrierten Delikte an die Ermittlungsbehörden über eine Anzeige aus der Bevölkerung gelangen.
   Nach v.Hentig, Das Verbrechen I, S. 88 bildete in 76,5 % aller Betrugsfälle die Anzeige des Betrogenen den Anlaß zur Strafverfolgung; Nach Blankenburg/Sessar/Steffen, Staatsanwaltschaft, S. 120 beruhten 86 % der registrierten

gleichbedeutend mit dem mehr oder weniger öffentlichen Eingeständnis eigenen Versagens bzw. mangelnder Menschenkenntnis[1].

Als Gründe, die insbesondere das Betrugsopfer davon abhalten, Strafanzeige zu erstatten, werden unter anderen folgende genannt[2]:

- Mitleid mit dem Betrüger und die Furcht vor Repressalien[3]
- Vermutung, der Täter werde nicht gefunden werden[4]
- Geringfügigkeit der Tat oder des Schadens[5]
- Vorstellung, die Chancen der Entschädigung seien selbst bei der Ergreifung des Täters gering[6]
- Das Opfer hat Entschädigung durch den Täter (oder auf andere Weise) erlangt[7]
- Einwendungen hinsichtlich der Zeit und Mühe, die die Anzeige und die Zeugenschaft kosten[8]
- Die Möglichkeit eigener Sanktionen gegen den Täter[9]
- Die Scham und die Furcht vor Spott und Blamage[10]

Fälle auf Anzeigen des Betrugsopfers; vgl. auch Happe, S.24

1) Rupprecht/Kinzl, S. 9; Recken, S. 19
2) Zusammenfassend dazu: Paasch, S. 130 f; Zipf, MSchrKrim 1970, 7 ff; Naucke, Betrug, S. 135; Göppinger, Kriminologie, S. 657; Eschenbach, S. 32; vgl. auch W. Heinz, S. 49; H. Schäfer, Der Okkulttäter, S. 243
3) Paasch, S. 131
4) Paasch, S. 131; Zipf, MSchrKrim 1970, 7
5) Zipf, a.a.O., S. 8; Paasch, S. 131
6) Paasch, S. 131; Zipf, MSchrKrim 1970, 8; Recken, S. 18 f; Eschenbach, S. 32
7) Paasch, S. 131; Zipf, a.a.O., S. 8
8) Paasch, S. 131; Zipf, a.a.O., S. 8 bezeichnet dies als „Bequemlichkeit"
9) Zipf, a.a.O., S. 8
10) Zipf, a.a.O., S. 8; Eschenbach, S. 32; H. Schäfer, Der Okkulttäter, S. 243; Kaessmann, S. 125. Der Gesichtspunkt der „Scham" (vgl. dazu Stephan, Opferbefragung, S. 450; Stecker, S. 5) bzw. der Angst vor Blamage, insbesondere bei Opfern eines Heiratsschwindels, dürfte wohl bei allen Betrugsopfern, sofern es sich um Privatpersonen handelt, eine wesentliche Rolle beim Anzeigeverhalten spielen. Denn das Betrugsopfer, das sich in der Hauptverhandlung der Lächerlichkeit ausgesetzt sieht, wird wohl nur selten eine Anzeige erstatten. v.Hentig, Psychologie, S. 207 zieht daraus den Schluß, daß nur der Betrogene, „der sich unter keinen Umständen blamiert fühlen kann", tatsächlich den Schutz des Gesetzes genießt.

- Die Furcht für den guten Ruf: Den Manipulationen eines Betrügers erlegen zu sein, begünstigt nicht den guten Ruf und das Ansehen (speziell des Geschäftsmannes)[1]
- Die Furcht vor der Polizei wegen eigener Strafverfolgung[2].

Sind die Gründe des Betrugsopfers hinsichtlich des Absehens von der Strafanzeige bekannt, so kann man gezielter daran gehen, diese Schranken abzubauen. Mit einer Erhöhung der Anzeigebereitschaft nimmt zwar das Dunkelfeld ab, jedoch wird dies bei gleichbleibendem Polizeiapparat auch die Auf-

---

Aber nicht nur Privatpersonen schrecken aus diesen Gründen vor einer Anzeige zurück. So unterließ die Polizei im Fall des falschen Leiters der Kriminalpolizei Rendsburg, einem Herrn Wackwitz, „aus Angst vor Blamage und Unannehmlichkeiten" die Einleitung eines Strafverfahrens, nachdem der Schwindel aufgeflogen war; Eschenbach, S.34 f; Haag, S. 170.
Demgegenüber erstatten aber in der Regel (Groß-) Firmen formularmäßig und massenhaft Betrugsanzeigen an säumige Schuldner; Eisenberg, Kriminologie, S. 187

1) Hier spielen auch die Furcht vor Verlust an Kreditwürdigkeit und Schaden am Geschäftsprestige eine Rolle. Zur Scheu, insbesondere von Geschäftsleuten, im Prozeß „Geschäftsgeheimnisse" preisgeben zu müssen, vgl. Kämpchen, S. 27; Eschenbach, S. 32; Zipf, MSchrKrim 1970, 8.

   Nagel, in: Kirchhoff/Sessar, Das Verbrechensopfer, S. 69 schildert einen Betrugsfall von einer halben Million holländischer Gulden, in dem der Direktor der geschädigten Firma einen Polizeikommissar darum gebeten hatte, die Sache ruhen zu lassen, da er sich andernfalls in seinem Club nicht mehr sehen lassen könne, ohne ausgelacht zu werden; vgl. ähnliche Beispiele bei v. Hentig, Psychologie, S. 209 f.

2) Paasch, S. 131; Recken, S. 19; Zipf, MSchrKrim 1970, 8. Rupprecht/Kinzl, S. 31 weisen in diesem Zusammenhang auf die Einstellungsmöglichkeit eines Verfahrens gegen den Betrogenen gemäß § 153 StPO hin, wenn es sich um Vergehen mit geringem Schuldvorwurf handelt und kein öffentliches Interesse an der Strafverfolgung besteht.
   Diese „Kann-Vorschrift" wird aber wohl kaum den Betrogenen, der sich strafbar gemacht hat, zur Anzeigeerstattung bewegen.

klärungsquote senken[1].

Durch das Unterlassen der Anzeige wird letztlich der Betrüger begünstigt; man sollte sich aber auch vor Augen halten, daß eine erhöhte Anzeigebereitschaft entweder zu einer totalen Überlastung der Justiz mit Betrugsprozessen oder zu einer unerträglichen Aufblähung des Apparates führen würde[2]. Zudem erscheint es zweifelhaft, ob der Hinweis auf das große Dunkelfeld beim Betrug, das - wie aufgeführt - den verschiedensten Motiven entspringt, als Beleg dafür verwandt werden kann, die Notwendigkeit einer Ausweitung des Straftatbestandes zu fordern[3]. Die Zwiespältigkeit der Argumentation mit einer hohen Dunkelziffer zeigt sich darin, daß sie einmal für eine Reduzierung (z.B. bei §§ 218, 175 StGB), andererseits für eine Extension des Strafrechts (z.B. bei der sogenannten „white-collar"-Kriminalität) zu sprechen scheint[4].

Dunkelfeldforschungen sollten auch zum Gegenstand haben, was bislang bei den in der Bundesrepublik durchgeführten Opferbefragungen nicht beachtet wurde, ob das Unterlassen einer Strafanzeige durch den Betrogenen nicht auch auf einer „kritischen Haltung gegenüber staatlichen Betrugsstrafen beruht"[5], indem sie „den an ihnen verübten Betrug nicht als

---

1) vgl. Zipf, MSchrKrim 1970, 9; a.A. offenbar Schneider, Viktimologie, S. 31, der bei der Erhöhung der Anzeigebereitschaft von der Zunahme der Aufklärungsquote ausgeht. In der Polizeilichen Kriminalstatistik der Bundesrepublik der letzten Jahre betrug die Aufklärungsquote beim Betrug über 94 %; vgl. Polizeil. Kriminalstatistik 1980, S. 24: 94,5 % und 1981, S. 24, 111: 95,0 %.

2) vgl. Naucke, Betrug, S. 138

3) vgl. Naucke, Betrug, S. 136 f

4) vgl. Lüderssen, Strafrecht und Dunkelziffer, S.244 f, 251

5) Naucke, Betrug, S. 135; vgl. Happe, S. 25.
Nach einer Studie des National Opinion Research Center (NORC), University of Chicago betrachteten 41 % der Betrugsopfer den Betrug nicht als Angelegenheit der Polizei; 35 % sahen in den polizeilichen Ermittlungsaktionen keine Erfolgsaussicht und 24 % der Opfer gaben persönliche Gründe an (zitiert nach Schwind, Dunkelfeldforschung, S. 51).

so sozialgefährlich" bzw. so unerträglich empfinden wie mancher kriminologischer Beobachter[1].
Denn viele Opfer geben sich mit dem zivilrechtlichen Verfahren zur Erlangung des Schadensersatzes zufrieden und „zeigen an einer strafrechtlichen Verfolgung wenig Interesse"[2].

e) Häufigkeit des Opferrückfalls

Die Rückfälligkeit des Betrugsopfers wird zwar von keiner Statistik erfaßt[3], jedoch ist des öfteren festzustellen, daß auch „die Kenntnis zahlreicher Betrugspraktiken und das Wissen um die weite Verbreitung des Schwindels" diejenigen Menschen nicht davor schützen, erneut Betrugsopfer zu werden, die aus eigener oder Erfahrung anderer Menschen nicht lernen[4]. Gerade beim Heiratsschwindel ist gelegentlich das Phänomen anzutreffen, „daß Frauen, die bereits einmal das Opfer eines Heiratsschwindlers geworden waren, geraume Zeit später ein zweites Mal einem Betrüger in die Netze gingen"[5]. Erlittener Schaden steht erneuten Abenteuern nicht im Wege.

Unter amerikanischen Betrügern soll die Maxime umgehen: „Einmal ein Opfer, stets ein Opfer"[6]. So hat es nach Haag Betrugsopfer gegeben, die vier- oder fünfmal mit demselben Trick hereingelegt wurden[7].

---

1) Naucke, Betrug, S. 135; vgl. Zipf, Kriminalpolitik, S. 155
2) Recken, S. 18; vgl. auch v. Hentig, Das Verbrechen I, S. 88; Leemann, S. 28
3) vgl. v. Hentig, Das Verbrechen II, S. 504
4) Haag, S. 171
5) Padowetz, S. 70
6) v. Hentig, Das Verbrechen II, S. 505
7) Haag, S. 164

Dieses wiederholte „In-die-Falle-Tappen" dürfte weitestgehend im Dunkelfeld untergehen, da es von den Betrogenen wohl nur ungern zugestanden wird[1].
Aufgrund dieser zahlreichen Einzelbeobachtungen scheint der Opferrückfall gerade beim Betrug nicht gerade selten anzutreffen zu sein, so daß es fraglich erscheint, ob die Betrugsopfer durch den erlittenen Schaden tatsächlich „klug" werden[2].

3. (Normative) Rückschlüsse aus den viktimologischen Erkenntnissen beim Betrug

Die - wenn auch bislang relativ dürftigen - viktimologischen Erkenntnisse beim Betrug bestätigen die auf der Zurechnungsebene des Betrugstatbestandes getroffenen normativen Entscheidungen.
So hat der zu befürwortende Strafrechtsausschluß bei solchen Geschäften, bei denen sich die (Betrugs-) Opfer mit zweifelhaften Titeln und Orden versehen, im viktimologischen Schrifttum Unterstützung erhalten[3].
Auch die Befürwortung einer Tatbestandseinschränkung bei bestimmten Risikogeschäften wurde durch empirische Untersuchungen bekräftigt, indem sich gezeigt hat, daß viele Betrugsopfer bewußt ein Risiko eingehen bzw. damit spekulieren, selbst einen großen Gewinn zu erzielen[4].

---

1) v. Hentig, Das Verbrechen II, S. 504; Ein Gegenbeispiel stellt aber z.B. der Fall der Oberstudienrätin, s.o.S.1,dar; vgl. auch ein Betrugsverfahren vor einer Frankfurter Strafkammer, in dem zehn Geschädigte zum zweiten Mal Opfer der Überredungskünste desselben Täters wurden, FAZ v. 27.7.1982, S.22
2) Auch H.Schäfer, Der Okkulttäter, S. 231 ist der Meinung, daß Okkultbetrogene oft auch durch Erfahrung nicht „klug" werden. I.d.S. äußert sich hinsichtlich der weiblichen Opfer eines Heiratsschwindels auch Padowetz, S. 70. Vgl. demgegenüber oben S. 92
3) s.o.S. 186, 218 f
4) s.o.S.219ff zum „betrogenen Betrüger". In New York wurde einmal der Versuch gemacht, den Strafanspruch bei beiderseitigem Betrug ganz zu

Eine Tatbestandseinschränkung des § 263 StGB bei einem Mitverschulden der Okkultbetrogenen und der Opfer eines Heiratsschwindels erscheint jedoch eher zweifelhaft.
Die bisher genannten Fallgruppen einer Zurechnungslimitierung bei § 263 StGB[1] berücksichtigen in der Regel ein Mitverschulden solcher Betrugsopfer, die in gewissem Umfang ihr Risiko einkalkulieren, sei es aus Gewinnsucht, Nervenkitzel oder Bequemlichkeit,und sich durch einfache und zumutbare Anfragen Klarheit über das Geschäft hätten verschaffen können.
Daraus folgt, daß auch solche Fälle des Okkultbetrugs aus dem Schutzbereich des § 263 StGB herausfallen sollten, in denen sich das Opfer des (finanziellen) Risikos bewußt ist, wenn es solche Tätigkeiten wie Wahrsagen, Zeichendeuten und Traumdeuten gegen Entgelt in Anspruch nimmt.
Jedoch sind solche Konstellationen anders zu beurteilen, in denen sich die naivgläubigen Opfer, religiös bedingt, magischen Vorstellungen unterwerfen, wie dies beispielsweise besonders bei dem Anrufen eines „Wunderheilers" anzutreffen ist, da die Opfer in diesem ihre letzte und einzig verbliebene Heilungschance erblicken[2].
Die häufig suggestive Unterwerfung und die Uneinsichtigkeit des Opfers in den meisten Fällen des Okkultbetruges legen die Vermutung nahe, daß hier von den Opfern das eingegangene Risiko intellektuell überhaupt nicht gesehen wird, sondern abergläubische Wahnvorstellungen und emotionelle Bedürfnisse diese zur Vermögensverfügung verleiten.

---

streichen. In späteren Jahren hat man diese Bestimmung aber wieder aufgehoben; v. Hentig, Das Verbrechen II, S. 515 Fn. 1

1) s.o.S. 183 ff

2) vgl. den Fall „Miller"; FAZ v. 12.6.1981, S. 10 und oben S.222 Fn.5; vgl. weitere instruktive Beispiele des Okkultbetruges bei Schneickert, Archiv Kriminalistik 18 (1905), S. 195 ff

Ähnliches gilt überwiegend bei den Opfern eines Heiratsschwindels, deren Verhalten vom emotionalen Bedürfnis nach menschlicher Wärme und Nähe bestimmt wird[1], so daß selbst manche Opfer, nachdem ihnen der Betrug die Augen über den Partner geöffnet hat, ihr eigenes Handeln (intellektuell) nicht begreifen.

Daß diese beiden Opferarten auch aus dem erlittenen finanziellen Verlust und den Enttäuschungen häufig nicht lernen, indem sie entweder erneut ähnlichen Betrugsmanövern erliegen oder sie auch nach der Tat noch für den Täter Partei ergreifen[2], läßt sich mit intellektuellen Maßstäben nur schwer nachvollziehen.

Insoweit liegt der Schluß nahe, daß diese Okkultbetrogenen und Opfer eines Heiratsschwindels, sofern der Vermögensverlust nicht bewußt einkalkuliert wird, in die Nähe des Personenkreises der Minderjährigen, Geisteskranken oder sonstigen Opfer mit nicht änderbarer Kritikschwäche rücken, der strafrechtlichen Schutz verdient. Die viktimologischen Untersuchungen haben zudem aufgezeigt, daß auch ältere Menschen zu diesem Kreis der schutzwürdigen und schutzbedürftigen Betrugsopfer gehören[3].

Die meisten Okkultbetrogenen und die Opfer des Heiratsschwindels scheinen sich aufgrund des - wenn auch noch bruchstückhaften - empirischen Materials nicht selbst helfen zu können, zumal eine Verbrechensprophylaxe durch verringerten Strafrechtsschutz kaum möglich erscheint[4] bzw. sogar eher die Gefahr in sich birgt, daß dadurch potentielle Täter zur Ausweitung solcher Betrügereien angeregt werden könnten.

---

1) vgl. auch den Fall eines 68-jährigen (männlichen) Heiratsschwindlers vor dem Frankfurter Schöffengericht, dem eine (von mehreren) Dame reiferen Alters 30.000 DM lieh; FAZ v.6.3.1982, S.37 und 19.5.1982, S.34
2) s.o.S. 223, 229
3) s.o.S. 214
4) s.o.S. 223

Deshalb sollte bei Okkultbetrogenen und Opfern eines Heiratsschwindels ein Mitverschulden in der Regel nicht strafrechtsausschließend, sondern nur, dann aber auch immer, als strafmildernder Gesichtspunkt bei der Strafzumessung Berücksichtigung finden. Hier - wie auch bei der Beurteilung der strafrechtsverneinenden Ausnahme des, das Risiko einkalkulierenden Okkultbetrogenen[1] - zeigt sich die Notwendigkeit der Berücksichtigung der individuellen Persönlichkeit des Betrogenen[2].

III. Stellungnahme zu einer Berücksichtigung des Mitverschuldens bei der Strafzumessung

Das Mitverschulden des Betrugsopfers sollte, sofern es nicht schon - im Rahmen bestimmter Fallgruppen - zur Verneinung der Tatbestandsmäßigkeit des § 263 StGB führt, im Sinne der Befürworter bei der Strafzumessung als Strafmilderungsgrund Berücksichtigung finden.
Das vom Täter verschuldete Unrecht wiegt deswegen weniger schwer, weil und sofern das Opfer dem Täter die Tat durch seine grobe Leichtfertigkeit erleichtert und es (damit) seine Obliegenheiten zurechenbar verletzt hat.
Auch sind Tendenzen festzustellen, daß eine Berücksichtigung des Mitverschuldens als Strafmilderungsgrund sich sowohl in der Rechtsprechung als auch im neueren Schrifttum durchzusetzen beginnen[3], auch wenn teilweise der Leichtgläubigkeit des Betrugsopfers sowohl mildernde als auch erschwerende Bedeutung beigemessen wird[4]. Eine Behandlung des Mitverschuldens des Betrugsopfers als Strafschärfungsgrund ist aber entschieden abzulehnen, da Strafschärfungen anderen Betrugsfällen vorbehalten bleiben müssen.

1) s.o.S. 231
2) so schon Geib, s.o.S. 50,52, insbesondere hinsichtlich der Okkultbetrogenen. Vgl. ferner zum individuellen Maßstab, s.o.S. 166 f
3) s.o.S. 198 ff
4) s.o.S. 203 Fn. 1

Sollte sich aber aufgrund neuerer und repräsentativer viktimologischer Untersuchungen ergeben, daß das grobe Mitverschulden beim Betrug eher die Regel als die Ausnahme darstellt, so bedeutet dies die Herabstufung des Regelfalls zum minderschweren. In einem solchen Fall sollte man vielleicht eher, im Sinne der Anregung Hillenkamps[1], dazu übergehen, Betrugsfälle ohne grobes Mitverschulden bzw. Obliegenheitsverletzung des Opfers als überdurchschnittlich schweren Fall einzustufen.
Hillenkamp will das Mitverschulden des Betrugsopfers aber ausschließlich bei der Strafzumessung (strafmildernd) berücksichtigt wissen[2].
Gegen eine solche Betrachtung spricht aber der subsidiäre und der fragmentarische Charakter des (Vermögens-) Strafrechts, der bei bestimmten Fallgruppen die vollständige Täterentlastung nahelegt. Zudem verschließt sich eine solche völlige und ausnahmslose Verlagerung der Problematik des Mitverschuldens aus der Straftatbestandsebene in die Strafzumessung gegenüber den Versuchen, der Vernachlässigung der (wirtschaftlichen) Eigenverantwortung des einzelnen Bürgers - in gewissem Rahmen - entgegenzutreten. Betrügereien gegenüber solchen Opfern, die nach dem hier vertretenen Vorschlag im Rahmen bestimmter Fallgruppen des (strafrechtlichen) Schutzes durch den Staat nicht bedürfen, sollten nicht, sei es auch nur gemildert, strafrechtlich geahndet werden.
Daraus folgt, daß die alleinige (strafmildernde) Berücksichtigung des Mitverschuldens bei der Strafzumessung dem Verhalten der Betrugsopfer in gewissen Konstellationen nicht gerecht wird. Das Opferverhalten des Betrogenen sollte sowohl auf der Betrugstatbestandsebene als auch „kumulativ" bei der Strafzumessung berücksichtigt werden. Überall dort, wo das Mitverschulden zur Limitierung der objektiven Zurechnung bei § 263 StGB nicht ausreicht, schlägt es sich wenigstens bei der Strafzumessung strafmildernd nieder.

1) Hillenkamp, Vorsatztat, S. 305
2) s.o.S. 200 f

Außer diesen Lösungsmöglichkeiten auf der materiell-strafrechtlichen Ebene, sei es auf der Tatbestandsseite oder bei der Strafzumessung, bestehen jedoch auch verfahrensrechtliche Möglichkeiten, Fälle des Mitverschuldens des Betrugsopfers aufgrund einer Einstellung erst gar nicht zur Anklage kommen zu lassen. Dieser Komplex wird im folgenden näher zu erörtern sein.

C. Strafverfahrensrechtliche Möglichkeiten

Neben der Berücksichtigung des Mitverschuldens des Betrugsopfers auf der materiell-strafrechtlichen Ebene des Betrugstatbestandes und der Strafzumessung bietet sich ferner die Möglichkeit, diesem Problem strafprozessual durch Einstellung von Betrugsverfahren gerecht zu werden. Als solche Einstellungsmöglichkeiten des Verfahrens bieten sich insbesondere die Regelungen der §§ 170 Abs. 2, 153 ff StPO an.

I. Einstellungspraxis der Staatsanwaltschaft und der Gerichte von Betrugsverfahren

1. Einstellungen nach § 170 Abs. 2 StPO

Untersuchungen aus den 50er Jahren haben ergeben, daß ca. 65 % der Betrugsverfahren im Ermittlungsstadium ihr Ende fanden[1]. Auch heutzutage dürfte der größte Teil aller Strafverfahren über die Einstellung nach § 170 Abs. 2 StPO durch die Staatsanwaltschaft bewältigt werden[2]. Eine jüngere Untersuchung hat ergeben, daß die „mittlere Einstellungsquote" nach §§ 170 Abs. 2, 205 StPO aller registrierten Betrugsver-

---

1) Nach Recken, S. 20 gilt dies von 2.129 Betrugsverfahren im Zeitraum 1945-1951 bei der Staatsanwaltschaft Krefeld für 65,5 %. Davon machten die wegen § 170 Abs. 2 StPO eingestellten Verfahren 89,2 % aus; Recken, S. 21 f. Happe, S. 26 stellt in seiner Untersuchung der Betrugskriminalität in den Jahren 1949-1955 im Amtsgerichtsbezirk Paderborn fest, daß der Anteil der durch die Staatsanwaltschaft eingestellten Verfahren an den Gesamteingängen durchschnittlich 65 % ausmachte, davon ganz überwiegend (a.a.O., S. 27: 75,6 bis 90,2 %) aufgrund des § 170 Abs. 2 StPO.

2) Kausch, S. 132. Nach Riess, Sarstedt-FS, S. 307 (Tabelle 16) betrug allgemein der Anteil von Einstellungen nach § 170 Abs. 2 StPO im Jahre 1977 61,2 % (1978: 61,0 %). Nach Sessar, ZStW 87 (1975), 1033, 1035 und H.J. Hirsch, ZStW 92 (1980), 218, 220 Fn. 8 führen sogar nur 13 % der Ermittlungsverfahren zu einem Antrag auf Eröffnung des Hauptverfahrens.

fahren 48 % beträgt[1].
Leider sind keine jüngeren wissenschaftlichen Arbeiten ersichtlich, die untersuchen, ob und inwieweit das Mitverschulden des (Betrugs-) Opfers einen Einstellungsgrund nach § 170 Abs. 2 StPO darstellt, wie überhaupt zu bemerken ist, daß sich das wissenschaftliche Interesse vorwiegend, insbesondere in jüngerer Zeit, auf die Einstellungsmöglichkeiten gemäß §§ 153 ff StPO zu konzentrieren scheint.

2. Das Mitverschulden des Opfers als Einstellungsgrund nach §§ 153, 153a StPO

Von den Einstellungsmöglichkeiten gemäß §§ 153 ff StPO sind insbesondere die Einstellung des Verfahrens wegen Geringfügigkeit durch die Staatsanwaltschaft nach §§ 153 Abs. 1, 153a Abs. 1 StPO - mit Zustimmung des für die Eröffnung des Hauptverfahrens zuständigen Gerichts - bzw. durch das Gericht gemäß §§ 153 Abs. 2, 153a Abs. 2 StPO von Bedeutung[2].
Der Anteil einer Einstellung wegen Geringfügigkeit[3] an den Einstellungen von Betrugsverfahren beträgt (regional unter-

1) Blankenburg/Sessar/Steffen, Staatsanwaltschaft, S. 47 und S. 48 (Tabelle 8); Die Erhebung Schultes aus den Jahren 1960/61, S. 44, 48 ergab, daß 51 % aller Einstellungen der Betrugsverfahren nach § 170 Abs. 2 StPO erfolgten; 17,3 % der Betrugsverfahren wurden gemäß § 205 StPO eingestellt; Schulte, S. 51
2) Zur vielfältigen Kritik an dem 1975 in Kraft getretenen § 153a StPO vgl. nur Kausch, S. 39 Fn. 96 m.w.N.; Hirsch, ZStW 92 (1980), 218, 221 Fn. 14 m.w.N.
Eine Zusammenfassung dieser Argumente findet sich bei Naucke, Gutachten, D 77 ff, 114 ff und Ahrens, S. 23 ff
3) vgl. auch § 45 Abs. 2 JGG

schiedlich) 12 bis 42 %[1]. Die Einstellung von Betrugsverfahren nach der Klageerhebung durch das Gericht beträgt 8 %[2].

Eine Einstellung wegen Geringfügigkeit nach § 153 bzw. 153a StPO hat insbesondere zur Voraussetzung die „geringe Schuld"[3] des Täters und das Fehlen eines „öffentlichen Interesses" an der Strafverfolgung.

Naucke ist der Auffassung, daß der Gesichtspunkt, der Getäuschte habe es dem Betrüger „leicht gemacht",zur Annahme geringer Schuld und zur Ablehnung öffentlichen Interesses an der strafrechtlichen Verfolgung führe[4].

Auch für Riegger scheint „die Strafrechtspraxis mit Fällen offensichtlicher Täuschungshandlungen" bzw. „der Frage des erheblichen Mitverschuldens des ‚törichten' Getäuschten" „keine besonderen Schwierigkeiten" zu haben, da entweder

---

1) Nach Eisenberg, Kriminologie, S. 207 wurden für Hamburg an Einstellungen wegen Geringfügigkeit beim Betrug 42 % berechnet, während sich die Zahlen für Hechingen auf 12 % beliefen.
Die Einstellungsquote wegen Geringfügigkeit beträgt nach Blankenburg/Sessar/Steffen, Staatsanwaltschaft, S. 112, Tabelle 4, beim Betrug (verfolgbare Verfahren mit mindestens 18 Jahre alten Tatverdächtigen) 20 %.
Nach der Untersuchung Schultes wurden von allen eingestellten Betrugsverfahren 13 % nach § 153 Abs. 2 a.F. StPO - davon 10 % durch die Staatsanwaltschaft und 3 % durch das Gericht - beendet; Schulte, S. 56

2) Hertwig, S. 79 (Tabelle 22), 81, 119; Ähnlich das Ergebnis bei Happe, S. 31: 8,3 % von 534 Aburteilungen endeten mit gerichtlichen Verfahrenseinstellungen. Demgegenüber ermittelte Recken, S. 30 für die Jahre 1946-1951 einen Anteil von 16,9 %.

3) Dazu: Meyer-Goldau; Naucke, Maurach-FS, S. 197 ff; Kausch, S. 104 ff; Bloy, GA 1980, 161, 172 ff

4) Naucke, Peters-FS, S. 113 unter Hinweis auf § 153 Abs.2 a.F. StPO; vgl. auch Lackner in LK, § 263 Rn. 91.
H. Schäfer, Der Okkulttäter, S. 258 f, weist darauf hin, daß auch in den meisten Fällen von sog. Erdentstrahlern das Betrugsverfahren „aus verschiedenen Gründen" eingestellt wird.

das öffentliche Interesse an der Strafverfolgung gemäß § 153 StPO verneint oder das Betrugsverfahren gegen eine Auflage nach § 153a StPO eingestellt wird[1].

Daß das Mitverschulden des Opfers einer Straftat einen Einstellungsgrund nach §§ 153, 153a StPO darstellt, wird durch jüngere Untersuchungen zur Einstellungspraxis der Staatsanwaltschaft bzw. der Gerichte gemäß §§ 153, 153a StPO bestätigt[2].

Dabei wurden zur Analyse der Einstellungsgründe der Staatsanwaltschaft nach §§ 153, 153a StPO überwiegend innerdienstliche Handakten[3] der Anklagebehörde herangezogen, denn Einstellungen nach diesen Vorschriften unterliegen in der Regel keiner Begründungspflicht[4]. Aber auch in 60,2 % der (innerbehördlichen) Handakten war nach der Untersuchung Hertwigs der Grund für die Einstellung im Vorverfahren nicht besonders vermerkt[5].

Hertwigs Ergebnisse zeigen, daß das (erhebliche) Mitverschulden des Geschädigten im Ermittlungsverfahren für die Staatsanwaltschaft einen Einstellungsgrund darstellt, wenn auch „relativ selten genannt"[6]. Diese Ergebnisse lassen für Hertwig die Vermutung zu, daß „oft bei mehr als geringfügigem Mitverschulden eine Verfahrenseinstellung eher in

---

1) Riegger, Betrug, S. 195; vgl. auch zur Einstellung von Betrugsverfahren nach §§ 153, 153a StPO: v.Hentig, Psychologie, S. 30 f; Rupprecht/Kinzl, S. 31.
Arzt, Referat, N 61 These 11, schlägt vor, „bei leichtfertiger Mitverursachung durch den Verletzten Taten aus § 263 StGB materiellrechtlich oder verfahrensrechtlich durch Einstellung herauszunehmen..."

2) Diese Untersuchungen beziehen sich auf die Voraussetzungen der §§ 153, 153a StPO, benennen jedoch nicht die in Fällen des Mitverschuldens des Opfers tatsächlich erteilten Weisungen und Auflagen i.S. des § 153a StPO.

3) Hertwig, S. 38 f, 111; Ahrens, S. 50 ff, 128 ff. Vgl. auch Blankenburg/Sessar/Steffen, Staatsanwaltschaft, S. 62 ff; Kunz, S. 48 ff

4) Hertwig, S. 110; Naucke, Gutachten, D 35 und dort Fn.70; Ahrens, S. 128

5) Hertwig, S. 112

6) Hertwig, S. 117 und S. 113, Tabelle 29: 3 %, davon ganz überwiegend nach § 153 Abs. 1 StPO

den Bereich des Möglichen rücken kann"[1].
Auch Kunz beurteilt das Mitverschulden des Opfers am Zustandekommen der Tat als einstellungsförderlich: „Je mehr das Opfer für die Tatbegehung Anlaß gab, desto geringer ist die Sanktionierungsbedürftigkeit"[2], d.h. um so eher erscheint die Schuld des Täters „gering" im Sinne der §§ 153, 153a StPO[3]. Dies gilt sowohl für Einstellungen durch die Staatsanwaltschaft nach §§ 153 Abs. 1, 153a Abs. 1 StPO als auch für gerichtliche Verfahrenseinstellungen nach der Klageerhebung gemäß §§ 153 Abs. 2, 153a Abs. 2 StPO[4] und insbesondere bei Verfahren wegen Straßenverkehrsdelikten[5].

Dieses empirische Material zur heutigen Einstellungspraxis unterstreicht die Bedeutung des Mitverschuldens als Einstellungsgrund, auch wenn bisher empirische Untersuchungen speziell zur Einstellung eines Betrugsverfahrens wegen des Mitverschuldens des Getäuschten - soweit ersichtlich - leider nicht vorgenommen worden sind[6].

---

1) Hertwig, S. 244, 248; vgl. auch dort S. 247, Tabelle 107
2) Kunz, S. 62; allerdings hat sich eine Einstellung nach §§ 153 Abs. 1, 153a Abs. 1 StPO wegen des Mitverschuldens des Opfers in seiner Auswertung von 393 saarländischen Strafakten aus dem Jahre 1977 nicht als entscheidungsrelevant erwiesen; Kunz, S. 66
3) Ahrens, S. 214,215; vgl. auch Cramer, Maurach-FS, S.495
4) Nach Hertwig, S. 121, 118 (Tabelle 30) macht die Einstellung nach Anklageerhebung wegen erheblichen Mitverschuldens 11,3 % der eingestellten Verfahren aus, dabei vorwiegend nach § 153a Abs. 2 StPO.
Die Untersuchung von Ahrens, S. 139, 130 (Tabelle 33) ergab, daß bei 18,4 % der (gerichtlichen) Einstellungen das Mitverschulden des Opfers an der Tat berücksichtigt wurde.
5) Hertwig, S. 97 f (Fall Nr. 19 a.E.), S. 122 (Fall Nr. 39); Ahrens, S. 139 (Fall Nr. 22),S. 110 f (Fall Nr. 12); vgl. auch Cramer, Maurach-FS, S. 495
6) vgl. Arzt, Referat, N 58, der auf die Bedeutung der Einstellungspraxis der Staatsanwaltschaft beim Mitverschulden des Betrugsopfers hinweist und sich Erkenntnisse beispielsweise zum „betrogenen Betrüger" erhofft (vgl. dazu oben S. 221)

II. Stellungnahme zu den Einstellungsmöglichkeiten

Aufgrund dieser Ausführungen ergibt sich, daß das Mitverschulden des Betrugsopfers einen Einstellungsgrund für die Staatsanwaltschaft und die Gerichte, insbesondere nach §§ 153, 153a StPO, darstellt.
Nach dem oben vorgeschlagenen materiell-rechtlichen Lösungsweg ist für bestimmte Fallgruppen unter gewissen Voraussetzungen der Betrugstatbestand des § 263 StGB aufgrund einer objektiven Zurechnungslimitierung zu verneinen[1)] bzw. zumindest (in anderen Fällen) eine Strafmilderung vorzunehmen[2)].
In diesen, oben näher beschriebenen Fallgruppen wird eine strafrechtliche Ahndung nach § 263 StGB verneint, da das Betrugsopfer in diesen Fällen - aufgrund des subsidiären und fragmentarischen Charakters des (Vermögens-) Strafrechts - auf seine zivilrechtlichen Schadensersatzansprüche verwiesen werden kann, sofern es sich nicht um Personen mit nicht änderbarer Kritikschwäche handelt[3)].
Folgt man diesen Überlegungen, so muß sich m.E. konsequenterweise ergeben, daß die Staatsanwaltschaft in den Fällen der Tatbestandsverneinung des § 263 StGB keine Anklage erhebt und das Verfahren gemäß § 170 Abs. 2 StPO einstellt, da es bei einer Anklageerhebung nicht zu einer Verurteilung des Beschuldigten durch das Gericht (aus materiell-rechtlichen Gründen) kommen kann[4)].
Eine Einstellung von bestimmten Betrugsverfahren, bei denen ein erhebliches Mitverschulden des Betrugsopfers zu verzeichnen ist, stellt zwar häufig keine Veränderung des Er-

---

1) s.o.S. 169 ff
2) s.o.S. 233 f
3) vgl. o.S. 195
4) vgl. Bloy, GA 1980, 162-164; Kausch, S. 220: „Die Einstellung nach § 170 Abs. 2 ist ... nichts anderes als die negative Prognose, daß es im Falle der Anklageerhebung voraussichtlich nicht zu einer Verurteilung durch das Gericht kommen werde".

gebnisses der heutigen Praxis, nämlich einer strafprozessualen Einstellung, dar. Jedoch würde eine Einstellung des Betrugsverfahrens nach § 170 Abs. 2 StPO anstatt gemäß §§ 153, 153a StPO eine Einstellung - einmal abgesehen von den Auflage- und Weisungsmöglichkeiten des § 153a StPO - für den Täter in einem günstigeren Licht erscheinen lassen.

Wegen dieser Gesichtspunkte müßte die Begründung der Einstellung des Betrugsverfahrens aufgrund offensichtlichem Mitverschulden des Opfers sich nicht mehr auf §§ 153, 153a StPO, sondern auf § 170 Abs. 2 StPO stützen.
Gegenüber der heutigen Einstellungspraxis würde durch die vermehrte Einstellung nach § 170 Abs. 2 StPO wegen Mitverschuldens des Betrugsopfers deutlich werden, daß solche Verfahren wieder mehr auf den Kernbereich des Betrugstatbestandes reduziert würden, indem das Opfer den staatlichen Strafrechtsschutz nur dann in Anspruch nimmt, wenn es - in bestimmten Grenzen - nicht dazu fähig ist, eigenverantwortlich seine eigenen Interessen zu wahren. Damit wird aber gleichzeitig deutlich, daß die Ansiedlung des Mitverschuldens des Betrugsopfers auf der Tatbestandsebene des § 263 StGB notwendig ist, um überhaupt diese „nicht zu umgehende Wertungsschwierigkeit" hervorzuheben[1]. Erst wenn das Problem des Mitverschuldens auf der Tatbestandsebene des § 263 StGB diskutiert wird und bei bestimmten Fallgruppen zur Strafbarkeitsverneinung führt, wird auch Anlaß für die Staatsanwaltschaft und das Gericht bestehen, sich für die klarere, „sauberere" Lösung einer Einstellung nach § 170 Abs. 2 StPO auszusprechen und nicht mehr den Umweg über die umstrittenen Merkmale der „geringen Schuld" des Täters und des fehlenden „öffentlichen Interesses" an der

---

1) so auch Naucke, Peters-FS, S. 118

Verfolgung nach §§ 153, 153a StPO beschreiten zu müssen[1].

Die materiell-rechtliche Lösung würde zudem sicherstellen, daß die Straflosigkeit bestimmter Fallgruppen obligatorisch ist und dies nicht in das Ermessen der Staatsanwaltschaft gemäß §§ 153, 153a StPO gestellt ist[2]. Schließlich ist mit der Lösung, die das Mitverschulden des Betrugsopfers auf der Betrugstatbestandsebene berücksichtigt, sichergestellt, daß sich der betroffene Täter darauf berufen und dies auch mit Rechtsmitteln geltend machen kann[3].

1) Schon Peters, Eb. Schmidt-FS, S. 506 f hat betont, daß „die erweiterte Anwendung des § 153 (a.F., der Verf.) StPO zu einer Beeinträchtigung der Gesetzesklarheit und der Unverbrüchlichkeit der Strafrechtsordnung führen könnte".
2) so auch Kausch, S. 224
3) vgl. Kausch, S. 224; Naucke, Maurach-FS, S. 209 f

Schlußbetrachtung

Das in dieser Arbeit aufgezeigte Meinungsbild im 19. und 20. Jh. hinsichtlich einer Berücksichtigung des Mitverschuldens des Opfers beim Betrug und die dazu vorgeschlagenen Lösungsmöglichkeiten haben deutlich gemacht, daß diese Problematik entgegen der heute herrschenden Meinung noch nicht als gelöst anzusehen ist. Es lassen sich gerade heutzutage Tendenzen erkennen, die das Opferverhalten, auch beim Betrug, stärker in der Strafrechtsdogmatik berücksichtigt wissen wollen.
Angesichts der aktuellen Diskussion ist sichtbar geworden, daß die dabei verwandten Argumente für oder gegen eine Berücksichtigung des Mitverschuldens des Betrugsopfers größtenteils auch schon im 19. Jh. gewechselt wurden.
Nachdem noch zu Beginn des 19. Jh. in der Gesetzgebung verschiedener deutscher und ausländischer Länder und in der überwiegenden Rechtslehre davon ausgegangen wurde, daß das Mitverschulden des Betrogenen zu einer Verneinung der Strafbarkeit wegen Betrugs führt, läßt sich mit dem Erlaß des PrStGB von 1851, dem Vorläufer des RStGB von 1871, eine Tendenzwende feststellen. Danach wurde unter Berufung auf gesetzgeberische Motive von der Rechtsprechung und der Literatur nahezu einhellig das Mitverschulden für eine strafrechtliche Beurteilung als unbeachtlich angesehen, da es allein auf die Verursachung des Irrtums durch eine Täuschungshandlung (im Sinne der Bedingungstheorie) ankomme. Diese Berufung auf die Äquivalenztheorie verdeckt jedoch die kriminalpolitische Problematik und berücksichtigt nicht das Subsidiaritätsprinzip und das Prinzip der wirtschaftlichen Eigenverantwortung.

Daraus folgt, daß die Bedingungstheorie angesichts ihrer grenzenlosen Weite haftungseinschränkender Korrekturmöglichkeiten bedarf.
Mehrere Lösungsalternativen zur Frage, inwieweit das Mitverschulden des Betrogenen zu einer Verneinung der Tatbestands-

mäßigkeit nach § 263 StGB führen kann, wie das Erfordernis einer besonderen Qualifikation der Täuschungshandlung, ein Abstellen auf die leichte Vermeidbarkeit des Irrtums oder die Bezugnahme auf die Adäquanztheorie, vermögen nicht zu befriedigen.

Um dem fragmentarischen und subsidiären Charakter des (Vermögens-) Strafrechts gerecht zu werden, wird hier vorgeschlagen, für die Berücksichtigung des Mitverschuldens des Betrugsopfers auf den objektiven Zurechnungszusammenhang zwischen Täuschungshandlung und Irrtum anhand normativer Zurechnungskriterien, d.h. der Lehre vom Schutzzweck der Norm, abzustellen. Mittels des normativ zu bestimmenden funktionalen Zusammenhangs lassen sich bestimmte typische Fallgruppen bilden, die aufgrund der Berücksichtigung des fragmentarischen und subsidiären Charakters des Strafrechts nicht gemäß § 263 StGB bestraft werden sollten. Dabei handelt es sich um die Fälle des kalkulierten Risikos, des Mitverschuldens eines Kaufmanns bei Handelsgeschäften, des Kredit- und Scheckkartenmißbrauchs und der Bequemlichkeit, wenn der Betrogene einer einfachen und zumutbaren Aufklärungsmöglichkeit aus Trägheit nicht nachgeht. Jedoch ist auch bei diesen Fallgruppen eine Strafbarkeit nach § 263 StGB dann anzunehmen, wenn ein bestimmter Personenkreis unter den Betrugsopfern betroffen ist, der auch weiterhin des staatlichen Strafrechtsschutzes bedarf, wie bei Minderjährigen, Geisteskranken, älteren Menschen und sonstigen Opfern mit nicht änderbarer Kritikschwäche.

Im Einzelfall kann es verfahrensrechtlich geboten sein, daß der Staat mit seinem strafprozessualen Instrumentarium dem Opfer die Täterermittlung, nicht aber die strafgerichtliche Verfolgung, abnehmen muß, damit dem Betrugsopfer überhaupt erst die Möglichkeit gegeben wird, seine Ansprüche gegen den Täter vor den Zivilgerichten auch durchsetzen zu können.

Mit der Einschränkung des Schutzbereichs des Betrugstatbestandes soll die Verpflichtung des Opfers auf Wahrnehmung

seiner eigenen Interessen gestärkt werden, ohne daß dies zu einer Gesellschaft des übersteigerten gegenseitigen Mißtrauens führt.
Seit Beginn dieses Jahrhunderts wird die Diskussion über das Mitverschulden des Betrugsopfers zunehmend in die Strafzumessung verlagert. Dabei gewinnen inzwischen die Stimmen an Anhängerschaft, die sich für eine Berücksichtigung des Mitverschuldens des Opfers als Strafmilderungsgrund - und nicht nur bei den Fahrlässigkeitsdelikten - aussprechen. Dieser Auffassung ist auch beim Betrug zuzustimmen, weil und sofern der Betrogene dem Täter die Tat durch seine grobe Leichtfertigkeit erleichtert und er seine Obliegenheiten zurechenbar verletzt hat. Gegen eine ausschließliche Berücksichtigung des Mitverschuldens des Betrugsopfers bei der Strafzumessung, wie sie teilweise betont wird, spricht, daß eine solche Betrachtungsweise dem fragmentarischen und subsidiären Charakter des Strafrechts nicht gerecht wird, der bei bestimmten Fallgruppen (mit gewissen Einschränkungen) eine Strafrechtsreduzierung nach § 263 StGB nahelegt. In dem Fall, in dem das Mitverschulden des Betrugsopfers zu einer objektiven Zurechnungslimitierung beim Betrugstatbestand nicht ausreicht, ist es bei der Strafzumessung strafmildernd zu berücksichtigen.

Erkenntnisse der Viktimologie zum Mitverschulden des Betrogenen sind aufgrund der bislang nur recht dürftigen Ergebnisse - zumindest vorläufig - bei der Strafzumessung anzusiedeln.

Schließlich bleibt festzuhalten, daß das auf der Straftatbestandsebene des § 263 StGB angestrebte Ziel der Strafrechtseinschränkung auch strafprozessual der Unterstützung durch die Einstellung solcher Betrugsverfahren nach § 170 Abs. 2 StPO bedarf. Das heißt, daß die Staatsanwaltschaft in denjenigen Betrugsfällen, in denen das Mitverschulden unter Berücksichtigung des speziell betroffenen Opferkreises zu einer Verneinung des objektiven Zurechnungszusammenhangs führt, ihre Einstellungsentscheidung nicht mehr, wie gegenwärtig des öfteren praktiziert, auf §§ 153, 153a StPO, sondern auf § 170 Abs. 2 StPO zu stützen hat.

FRANKFURTER KRIMINALWISSENSCHAFTLICHE STUDIEN

Band 1 Peter Böning: Die Lehre vom Unrechtsbewußtsein in der Rechtsphilosophie Hegels 100 S., 1978.

Band 2 Wolfgang Schneider: Kriminelle Straßenverkehrsgefährdung (§ 315c Abs. 1 Ziff. 2, Abs. 3 StGB). Eine kriminologische und strafrechtliche Untersuchung zur Problematik dieser Verkehrsstraftaten unter Berücksichtigung ausländischer Rechte. 342 S., 1978.

Band 3 Lothar Kuhlen: Die Objektivität von Rechtsnormen. Zur Kritik des radikalen labeling approach in der Kriminalsoziologie. 178 S., 1978.

Band 4 Günther Grewe: Straßenverkehrsdelinquenz und Marginalität. Untersuchungen zur institutionellen Regelung von Verhalten. 148 S., 1978.

Band 5 Dieter Haberstroh: Strafverfahren und Resozialisierung. Eine Studie über Verstehen und Nicht-Verstehen, über Verstanden-Werden und Nicht-Verstanden-Werden und deren Bedingungen in der Hauptverhandlung. 202 S., 1979.

Band 6 Thomas Vogt: Die Forderungen der psychoanalytischen Schulrichtungen für die Interpretation der Merkmale der Schuldunfähigkeit und der verminderten Schuldfähigkeit (§§ 51 a.F., 20, 21 StGB). 182 S., 1979.

Band 7 Andreas Michael: Der Grundsatz in dubio pro reo im Strafverfahrensrecht. Zugleich ein Beitrag über das Verhältnis von materiellem Recht und Prozeßrecht. 214 S., 1981.

Band 8 Ilias G. Anagnostopoulos: Haftgründe der Tatschwere und der Wiederholungsgefahr (§§ 112 Abs. 3, 112 a StPO). Kriminalpolitische und rechtssystematische Aspekte der Ausweitung des Haftrechts. 1984.

Band 9 Helga Müller: Der Begriff der Generalprävention im 19. Jahrhundert. Von P.J.A. Feuerbach bis Franz v. Liszt. 1984.

Band 10 Frowin Jörg Kurth: Das Mitverschulden des Opfers beim Betrug. 1984.